未来十年的改革

要素市场化改革研究

宋晓梧　主　编
石小敏　樊　纲　副主编

中国财政经济出版社

图书在版编目（CIP）数据

未来十年的改革：要素市场化改革研究／宋晓梧主编．—北京：中国财政经济出版社，2015.11（2020.4 重印）
ISBN 978－7－5095－6470－7

Ⅰ.①未… Ⅱ.①宋… Ⅲ.①中国经济－经济体制改革－研究 Ⅳ.①F121

中国版本图书馆 CIP 数据核字（2015）第 265776 号

责任编辑：付克华　　　　责任校对：胡永立
封面设计：汪俊宇

中国财政经济出版社 出版

URL：http：//www.cfeph.cn

E－mail：cfeph @ cfeph.cn

社址：北京市海淀区阜成路甲 28 号　邮政编码：100142

营销中心电话：88191537　北京财经书店电话：64033436　84041336

北京富生印刷厂印刷　各地新华书店经销

787×1092 毫米　16 开　14.25 印张　323 000 字

2015 年 11 月第 1 版　2020 年 4 月北京第 2 次印刷

定价：68.00 元

ISBN 978－7－5095－6470－7/F·5211

（图书出现印装问题，本社负责调换）

本社质量投诉电话：010－88190744

打击盗版举报热线：010-88191661　QQ：2242791300

发展无止境，改革无禁区

（代序）

2015 年 6 月 28 日

彭　森

一位外国政治家曾经指出：中国的经济体制改革是 20 世纪人类历史上最伟大的实验。从 20 世纪 70 年代末至今，中国的改革已走过了 37 个年头，如果把波澜壮阔的中国改革比作一条大河，那么这条大河不知冲破过多少激流险滩，演绎过多少动人故事和壮美篇章。发生在 30 年前的巴山轮会议就是一个至今仍让改革人津津乐道的动人故事，它在中国改革的历史画卷上留下了浓墨重彩的一笔。

第一，巴山轮会议对中国经济改革目标模式的演进和确立做出了重大贡献。必须指出，1978 年召开的十一届三中全会，开辟了中国改革的道路，但是改革目标模式的确立是有一个过程的。改革的目的是为了解放和发展生产力，最初的共识是：不改革死路一条。经过农村改革的试验和探索，1984 年召开的十二届三中全会做出《关于经济体制改革的决定》，改革的重点从农村转向城市。当时改革的目标模式存在争议，最后提出“有计划的商品经济”，是一个重大突破，但是《决定》还有保留，表述为“就总体上说，我国实行的是计划经济，即有计划的商品经济”。《决定》的贡献在于强调：实行计划经济不等于指令性计划为主，指导性计划主要依靠运用经济杠杆的作用来实现。要有步骤、适当地缩小指令性计划的范围，适当扩大指导性计划的范围。改革计划体制，首先要突破把计划经济与商品经济对立起来的传统观念，等等。但改革的目标模式，是计划还是市场？这成为中国改革理论和实践上必须突破和回答的问题。正是在这种大背景下，中央领导委托国家体改委，用体改研究会的名义，联合社科院和世界银行，组织一次国际研讨会。会议的重点有三：一是社会主义条件下，政府与市场经济的关系；二是从中央计划经济到市场经济转轨的相关问题；三是正确处理计划与市场关系方面的国际经验。会议围绕这个宗旨和任务开展了热烈讨论，科尔奈教授在会议上提出了1A、1B、2A、2B四种经济模式。多数专家的共识是，1A即指令性计划经济模式，是改革的起步状态；1B即运用经济手段间接控制的计划经济模式，比较接近当时的状态；2A即自由放任的市场经济；2B则是有宏观控制的市场经济，应为可选择的目标模式。尽管囿于当时的理论和思想束缚，这些概念在表述上还比较委婉，有些遮遮掩掩，但是已为中国的改革者进一步解放思想，在目标模式上达成共识提供了振聋发聩的理论基础。巴山轮会后，体改委所写的报告强调最多、位置最突出的就是这个问题。1987年党的十三大提出“国家调控市场，市场引导企业”和1992年党的十四大提出“社会主义市场经济”等理论，与上述重大理论观点也是一脉相承的。

第二，巴山轮会议为中国宏观经济学理论和宏观调控体系的建立和发展做出了重大贡献。20世纪80年代初，宏观经济理论刚刚引入中国经济理论学界，而宏观调控体系和相关政策，还没有进行实际运用。典型的例子是，作为以城市改革为重点的全面改革的启动标志，十二届三中全会的《决定》，只是强调了国企改革是中心环节，价格改革是成败关键，而以财政、金融体制为代表的宏观管理体制的改革任务，根本没有提及。宏观经济的四大调控指标当时还没有成为每年政府工作报告的内容。GDP纳入国民经济核算体系正式开始统计，也是1985年的事。更不要说失业率、PPI、M2这些重要指标。人们对市场经济的传统性概念是，盲目竞争、生产过剩和经济危机。而1984年下半年至1985年上半年，中国出现的银行信贷失控、投资和消费过热、物价超过两位数的上涨等也加剧了人们对放松集中控制的担忧。因此，会议重点讨论了经济转轨的步骤和不同阶段，包括直接控制取消、放松行政管制的必要性和风险。专家们肯定了中国的渐进式改革道路，尤其是生产资料价格双轨制是一个有用的发明。但也强调指出，在形成商品市场的同时，建立劳动市场和资本市场的必要性，以及在微观改革的同时，必须抓紧推进宏观体制改革。针对中国当时出现的经济过热和工资物价螺旋上升的压力，中外专家提出改革中保持经济稳定的重要性，一致认为自由放任的市场经济在中国是没有出路的，在突破中央集权的计划经济的同时，必须加强总需求管理，并综合运用财政、货币和收入政策等工具对经济进行间接控制。林重庚先生曾经用“宏观调控”这个概念的产生，说明巴山轮会议对中国经济理论的意义。在此前，中国理论界只有宏观控制、宏观调节的概念，为了给“Macro - management”这个大会主题词找个科学译法，经过讨论，创造了一个新词，叫“调控”。众所周知，“宏观调控”已成为广泛理解、普遍接受，各种文件出现频次很高的经济学概念。

第三，巴山轮会议为中外专家提供了一次思想碰撞、共襄改革大计的舞台，也为中国的国际交流合作提供了一次前无古人的范例。这里，我们首先要感谢十二届三中全会《决定》创造出的对外开放的大环境，明确要求推进改革“必须认真总结我国的历史经验”，必须“吸收和借鉴当今世界各国包括资本主义发达国家的一切反映现代社会化生产规律的先进经营管理方法”。同时，我们要感谢当时会议组织者的胆识、魄力和组织能力，会议请到了一批最顶级的外国经济学家和改革专家，他们包括：美国教授詹姆斯·托宾，他刚刚因论证金融市场与消费、投资政策的关系而获得诺贝尔经济学奖，时任美国白宫经济顾问；英国学者阿莱克·凯恩克劳斯爵士，他曾任英国政府首席经济学家、牛津大学圣彼得学院院长；德国学者奥特玛·埃明格尔，他是国际知名的货币政策专家，曾多年担任德国央行行长；波兰经济学家布鲁斯和匈牙利经济学家科尔奈，他们在波、匈经济转轨过程中的理论贡献在中国也是闻名遐迩的。此外，还有几位来自法国、南斯拉夫、日本和世界银行的著名学者和专家。

中方的专家也是阵容强大、很有分量、很有代表性的。其中有德高望重的老专家，如安志文、薛暮桥、马洪等；也有在经济学和改革界很有影响的专家，如高尚全、刘国光、吴敬琏、项怀诚、杨启先、赵人伟等；还有一些初露头角的年轻学者，如郭树清、楼继伟、李克穆等。这里我还要特别提到会议的组织策划者，包括世界银行驻华首席代表林重庚先生，国家体改委的高尚全、洪虎等，没有他们的努力，会议的成功召开是难以想象的。上述与会的中外专家有一些已经不在人世，但他们的理论学问，他们对中国改革的贡献，永远值得我们怀念；也有几位因为年事过高或公务繁忙，未能出席今天的会议，我们也要借此机会向他们表示敬意和祝福；还有几位当年与会的专家不辞辛劳，克服困难，来渝参会，等一下还要发表精彩的讲话，我在这里再次表示感谢，祝他们永葆改革者的青春。

中国的改革实践是一个大学校，涌现出很多理论和人才。巴山轮会议也是一个著名的大讲堂，6 天的行程中，会上会下，夜以继日的研讨，不仅形成了重大的理论成果和政策建议，也使一些中国青年学者开阔眼界、受益终身。巴山轮会议是中国改革进程中解放思想、实事求是的最佳案例，也是当代中国对外思想开放的最佳范例。实践证明，市场经济是没有社会属性的；市场经济的一般规律作为科学，其发现和传播是没有国界的；市场经济的宏观理论和政策，可以与中国改革发展实践相结合，不断创新，生根发芽，不断壮大，也是毋庸置疑的。

斗转星移，在纪念巴山轮会议召开 30 周年的今天，中国的改革已掀开了新的篇章。党的十八届三中全会、四中全会，做出了全面深化改革、全面依法治国的重要决定。新一轮改革目标明确，方向坚定，坚持市场化改革的方向，充分发挥市场在资源配置中的决定性作用，更好发挥政府的作用，已成为改革者的共识。改革坚持顶层设计，涵盖经济、文化、政治、社会、生态文明各个领域，高度重视改革的系统性、整体性和协同性。改革坚持问题导向，强调倒逼机制，立足解决经济发展中的重大体制障碍。

当前，在世界经济复苏乏力和我国经济进入“三期叠加”新常态的大背景下，中国经济砥砺前行，征途上充满风险和挑战。2015 年一季度经济形势比较严峻，开局困难，虽然经济增长 7% 仍在计划的区间之内，但是投资、消费、外贸等指标明显回落，经济下行的压力持续加大，通缩的风险也在增加。虽然国家近期出台降息降准，促进公共投资、稳定房地产市场等一系列保障经济平稳运行的政策措施，但是政策发挥作用还有时滞，社会信心有待恢复。当前“稳”的因素尚不足以抵消“下”的惯性。从二季度经济运行情况预测来看，内需不足、动力不足、市场信心不足、政策力度不足的问题还未改观。

表面来看，经济持续下行的原因是外需低迷、内需不振以及产业结构主动调整等，实际上是长期以来中国依赖的投资驱动、资源驱动、外需拉动的高速增长模式已不可持续，旧的内生动力正在消退。而市场驱动、创新驱动、消费带动的新的增长模式还不成熟，新的内生动力还没有很好地发育成长。要解决这些问题，仅靠宏观政策的调整、加大投资力度是不行的，从根本上说，还是要靠改革开放、靠市场竞争、靠创新驱动。发展无止境，改革亦无止境。习总书记特别指出，人类社会总是在不断创新、创造中前进的，要破解中国发展中面临的难题，化解来自各方面的风险挑战，除了深化改革别无他途。

未来中国的改革，要面对大量热点、难点、重点问题，期待着有志改革的专家、学者发表精彩的观点和建议。让我们继承巴山轮会议的优良传统，坚持解放思想、实事求是、与时俱进、求真务实，一切从实际出发，既总结国内的成功做法，又借鉴国外的有益经验，努力推进理论和实践创新，争取为全面深化改革、全面依法治国、全面建设小康社会做出新的贡献（此文是为纪念巴山轮会议30周年所作，题目为编者所加）。

第一章　市场决定劳动力资源配置研究*

党的十八届三中全会《中共中央关于全面深化改革若干重大问题的决定》（以下简称《决定》）对全面深化改革做出了重大部署。《决定》的核心是经济体制改革，突出强调处理好政府与市场的关系，充分发挥市场在资源配置中的决定性作用，更好地发挥政府的作用。劳动力市场作为整个社会主义市场经济体系的重要组成部分，充分发挥劳动力市场的决定性作用，对于提高劳动力资源配置的效率，实现与其他生产要素资源的有效配置，促进更加充分和更高质量的就业，进而促进经济社会持续、健康、稳定发展具有重大意义。

一、劳动力市场的内涵及其属性

（一）劳动力市场的内涵

1. 劳动力市场概念在我国的形成

劳动力市场是一个涵盖内容广泛、内涵和外延相对模糊的概念。总的来说，劳动力市场是生产要素市场之一，是劳动力资源配置的方式、运行机制及其形成的社会关系。在我国，人们对于劳动力市场内涵的理解经历了一个逐步深化的过程。改革开放伊始，计划经济体制下僵化的劳动管理体制被逐步打破，劳动者开始在用人

* 本章由刘燕斌撰写，课题组成员：邱妍、孟续铎、曹佳、黄湘闽、俞贺楠、韩巍。

单位内部和用人单位之间流动。20 世纪 80 年代中后期，人们开始用“劳务市场”来解释劳动力通过相关组织机构或场所在部门、企业间流动和交换的现象。当时，人们对劳务市场的认识也仅局限于职业介绍机构或者劳动力交流场所。随着改革开放的不断深入，1993 年党的十四届三中全会通过的《中共中央关于建立社会主义市场经济体制若干问题的决定》明确提出，要建立社会主义市场经济体制。同时提出要“改革劳动制度，逐步形成劳动力市场”，并要求把培育劳动力市场作为培育市场体系的重点之一。此后，劳动部部长李伯勇在全国劳动工作会议上的讲话中指出，“劳动力市场是指在价值规律和竞争规律的作用下通过劳动力供求双方的双向选择配置劳动力资源的一种机制”。在实践中，随着劳动制度改革的深入，“劳动力市场”概念得到了社会的普遍认同。

2. 理论界对劳动力市场内涵的理解

理论界对劳动力市场内涵的理解经历了一个逐步深化的过程，学者们从各自角度对劳动力市场给予了不同定义，概括起来主要有以下七种：一是“场所说”，将劳动力市场定义为“劳动力进行流动和交换的场所”①。这种观点仅考虑到劳动力市场上供求双方在交换过程中的关系，而未考虑到双方在生产过程中的关系。二是“过程说”，把劳动力市场看成是“那些雇佣和供给一定数量的劳动力去从事某项职业的活动，以及决定从事某项工作者应获得多少报酬的过程”②。这种观点揭示了劳动力市场所涉及的基本内容，但未能明确说明劳动力供求与工资决定之间的相互关系。三是“契约说”，是指某一专业的劳动力的供给与需求双方自愿进行的劳动力使用权转让与购买的一系列活动③。这种观点反映了劳动力的供给、需求以及价格推动下的劳动力使用权的自由交换。四是“劳务说”，将劳动力市场直接等同于劳务市场，用劳务市场的概念代替劳动力市场的含义④。这种观点其实是混淆了劳动者与劳动力的概念。劳动者指的是劳动的主体即人自身，劳动力指的是劳动者的劳动能力。劳动者在劳动力市场上交换的不是其自身，而是自己的劳动能力。五是“机制说”，即“劳动力市场是生产要素市场的一个组成部分，是按市场规律对劳动力资源进行

① 黄劲松：“我国劳动力市场问题讨论综述”，《岭南学刊》，1994 年第 5 期。

② 戴维·皮尔斯：《现代经济学辞典》，北京航空航天大学出版社 1992 版。

③ 李强：《劳动力市场学》，中国劳动社会保障出版社 2006 年版。

④ 温海池：《劳动经济学》，南开大学出版社 2000 年版。

配置的一种机制"[1]。六是"关系说"，认为劳动力市场是劳动力商品买卖关系的总和，是劳动力的买者和卖者之间的商品交换关系[2]。七是"统一说"，认为劳动力市场是实现劳动力资源市场化配置的方式，是其内在机制和实现形式的统一[3]。

不同的研究者基于不同的角度，从不同的立场对劳动力市场给出的上述定义，都在一定范围内阐释了劳动力市场的内涵，但又有各自的局限性。

3. 劳动力市场的基本内涵

在综合各方研究的基础上，本书认为劳动力市场的基本内涵包含了以下几个方面的要点：

第一，劳动力市场是现代市场经济中最重要的生产要素市场，是劳动力的供给方和需求方通过市场竞争自主达成劳动契约关系，构成劳动力市场的三个基本要素是劳动力的供给、需求和价格；

第二，劳动力市场是生产要素市场的重要组成部分，是按照市场规律对劳动力资源进行配置和调节的一种机制；

第三，劳动力市场是劳动力资源配置的方式和运行机制及其形成的社会关系的总和。

从劳动力市场涉及的不同主体来看，基于不同角度也可以对劳动力市场有不同的认识：（1）从劳动者角度来说，劳动力市场是劳动者从进入到退出劳动力市场的全过程，包括劳动者得到工作机会、人力资本的增加、获取劳动报酬、失业转业直至退出市场等内容。（2）从雇主角度来说，是用人单位雇佣员工的全过程，包括招聘、工资支付、职工培训、提供劳动保护、给予福利待遇、辞退更新员工等环节。（3）从劳动关系角度来说，是劳动合同确立、调整、终止的全过程，还涉及在劳动关系运行过程中出现的各类劳动争议的处理等。（4）从市场中介组织角度来说，是市场中介组织提供的求职招聘、就业登记、职业介绍、职业指导、职业培训、劳务输出、劳务派遣等各项服务。（5）从政府角度来说，是政府制定规则、提供服务、开展监管的一系列活动，包括信息引导、法律规

① 李天宝："我国劳动力市场的深层理论问题探讨"，《西北大学学报（社会科学版）》，1995年第4期。

② 孙月平主编：《劳动经济问题研究》，人民出版社2004年版。

③ 孙月平主编：《劳动经济问题研究》，人民出版社2004年版。

范、市场监督、社会保障、宏观调控等方面。

（二）劳动力市场的运行机制

从动态的运行机制来看，劳动力市场的运行机制包括供求机制、价格机制、竞争机制、保障机制等，通过这些相互交织联系的机制，劳动力市场得以顺利运行，从而提高劳动力资源的配置效率。

1. 供求机制

供求机制是指市场主体通过双向选择确立劳动关系。在劳动力市场上，劳动力作为一种商品被劳动者所有，劳动者作为就业主体，有自由支配自身劳动力的权利，根据自身劳动能力素质、身体特征以及劳动环境来选择用人单位。同样，用人单位作为劳动力市场的用人主体，可以根据单位的生产需要以及单位岗位特点，通过自由购买劳动力商品来选择劳动者。劳动者和用人单位的自主权利以劳动力的市场价格即工资为信号，通过劳动者为就业岗位竞争和用人单位为招聘高素质劳动者竞争，实现双向选择，并通过双方签订劳动合同确立劳动关系。也就是说，劳动力市场的供求以市场价格即工资为信号逐渐趋于均衡状态，实现就业是供求机制发挥作用的结果和表现形式。

2. 价格机制

价格机制是指劳动力市场以市场价格——工资为信号，调节劳动力资源配置。在劳动力市场上，劳动者根据劳动力价格信号来选择是否进入或退出劳动力市场（就业或失业的状态）；而用人单位则根据劳动力价格信号和生产经营需求来调整单位雇佣数量。劳动力市场通过价格信号来确定劳动力供求总量和均衡点，但其劳动力的供求关系不是一成不变，市场主体围绕劳动力市场价格展开竞争，调节劳动力的流向、流速和流量并进行劳动力资源的重新配置，直到达到均衡状态。

3. 竞争机制

竞争机制是指由于劳动力市场固有的稀缺性而产生的竞争行为。一方面，劳动力市场以优质劳动力资源的稀缺为常态，用人单位之间要借助薪酬、保障、晋升以及情感等手段为争取优秀人才开展竞争，在经济发展方式由粗放式转向集约式、更依赖高素质劳动力的情况在用人单位之间的竞争会日益加剧；另一方面，劳动力市场上劳动者之间也要为争取优质的雇主和更高的就业质量而展开竞争，在市场经济条件下，这种竞争以劳动者人力资本水平为依托，在劳动力市场供大于求的情况更常见。当前，随着劳动力资源对经济发展的重要性不断提升，劳动力市场的竞争已经超越了用人单位和个体劳动者层面，而是在一国内不同地区、国家之间展开。

4. 保障机制

保障机制包括市场规则体系、社会保障体系以及市场服务体系。通过市场规则体系，劳动力市场中的各方得以对市场运行产生一个共同、稳定的预期，减少了市场中的道德风险行为，促使市场在一个公认的轨道上顺利运转；劳动者在劳动过程中存在工伤、失业、疾病等客观风险以及退休养老的社会需求，社会保障体系使劳动者在暂时或者永久退出劳动力市场的情况下得到保护，促进了劳动力的生产和再生产；市场服务包括就业咨询、职业指导、职业培训、职业介绍、高层次人才寻访等多种服务，多层次、多形式、全方位的劳动力市场服务体系有助于扫清劳动力供求对接障碍、促进劳动力在全社会范围内的合理流动，保证市场对劳动力资源配置起决定性作用。

（三）劳动力市场的特征

作为生产要素市场的重要组成部分，劳动力市场具备了要素市场的普遍性特征，包括以价格机制为核心的市场竞争性、以自由流动为关键的市场开放性、以各部分共同作用为支撑的市场系统性。同时，由于劳动力市场以极具能动性的劳动者为核心内容，所以它也具备了一些独特性特征。

1. 劳动力市场的生产要素市场共性

第一，市场竞争性。市场机制的核心是价格机制，市场价格机制作为一种资源配置机制，其根本特征是价格随着市场供求关系的变化而不断波动，将价格信息传递、利益分配、资源配置紧密地结合在一起，将经济调节、控制系统与实际经济运行结合为一体，表现为对经济运行的一种自动调节过程。与资本、土地等其他生产要素一样，劳动力价格也是产品价格的组成部分，其价格比重大小以及变化趋势都会不同程度地反映到生产成本中，进而影响劳动力市场主体的选择和判断。因此，劳动力市场中的劳动者和用人单位通过劳动力价格信号作用分别选择是否提供劳动力和购买劳动力，劳动力供求关系通过竞争性价格规律来调节劳动力资源配置，以达到劳动力市场均衡状态。

第二，市场开放性。现代生产要素市场本质上具有开放的属性，劳动力市场是整个市场体系的一个重要组成部分，因此，同样具有开放性的特点。劳动力市场本身要求劳动力要素和其他生产要素自由组合，不断创造更高的生产效率，要求劳动力要素能够在不同所有制之间、地区之间、城乡之间自由流动。在全球化条件下，一国的劳动力要素会同另一国的资金、技术等生产要素结合，从而降低成本，创造更高的生产效率。在这一过程中形成了国际劳动力市场，用人单位和劳动者在全球范围内以各种方式实现相互选择，创造了巨大的社会财富。

第三，市场系统性。与其他生产要素市场一样，劳动力市场也是由各类要素和子系统组成。成熟的劳动力市场同时具备多层次、多角度、全方位合理的市场体系和完整的社会服务、社会保障体系。劳动力市场主要包括劳动力价格体系、就业服务体系、社会保险体系、职业技能培训体系、劳动法律体系等。这些要素体系和子系统构成了一个完整的劳动力市场，它们相互影响、相互作用，支撑着劳动力市场的运行与发展。

2. 劳动力市场的特殊性

与土地、资金等生产要素不同，劳动力要素永远不可能离开劳动者本身而单独存在，而劳动者有劳动权益、人的尊严和特殊保护的需要，因此劳动力市场有其自身的特殊性。劳动力与其他生产要素的根本区别在于，劳动力进入市场之后仍有其能动性。即使劳动力通过市场发生了支配权的暂时转移，但其所有权却永远属于劳动者本身。因此，严格地说，劳动力市场不是一种买卖市场，而是劳动者借助市场实现自身劳动力价值的一种让渡方式，或者说劳动力市场是与其他商品市场不同的一种特殊的租让市场。由此可见，劳动力市场有以下特殊性：

第一，基于劳动者的主动性、能动性，劳动力市场具有复杂性。与土地、资本等生产要素不同，劳动力市场的标的是劳动力，而劳动力附着在劳动者身上，所以劳动力要素的市场配置难免要考虑到劳动者的能动性问题。首先，劳动者的能动性表现在劳动力具有成长性，通过劳动者的学习可以提升其人力资本，从而促进劳动力的成长，因而市场对劳动力要素的配置不仅仅是实现供求对接，更要在成长中促进供求均衡。其次，劳动者的能动性表现在劳动者具有生命和人权，所以劳动力要素的市场配置要考虑社会伦理，在配置过程中不仅要提高效率，更要促进公平正义，在劳动者权益和生产效率之间达成平衡。最后，劳动者的能动性表现在劳动者具有主观意愿，因而在劳动力要素配置中产生了劳动者与用人单位之间的劳动关系问题，而劳动关系的稳定有序是提高配置效率的基础，因而化解劳动用工风险、促进劳动关系和谐也是劳动力市场的内容之一。

第二，基于劳动力所有权的延续性，劳动力市场具有持续性。劳动者对劳动力的所有权不仅表现在交换过程中，而且会延续到生产过程中。对其他生产要素市场来说，供求双方的关系一般只发生在市场交换过程中，一旦成交即发生了商品所有权的转移，至于在生产过程中如何使用完全听由买方处置，与卖方毫无关系。而劳动力市场则不同，用人单位在市场上取得对劳动力的支配权后，仍然要通过劳动者来使用劳动力。因此，无论在交换过程中还是在生产过程中都存在着劳动力供求双方的关系。

第三，基于就业形态的丰富性，劳动力市场具有多样性。就业是劳动力市场的结果，而在劳动力市场上，随着经济发展水平不断提高，就业形式也日趋多样，即使传统的就业形态下，也出现了企业类型更加多样、企业规模差异加大、用工方式更加多元的特点，这些都使劳动力市场呈现出多样化的特征。差别性的劳动力市场，其运行规则也存在差异。

二、劳动力市场的沿革与现状

（一）劳动力市场的产生和发展

1. 劳动力市场的起源

14、15 世纪，意大利的威尼斯、佛罗伦萨，西北欧的尼德兰等地的一些城市出现了资本主义的萌芽。资本主义的主要特征是雇佣关系，萌芽阶段的雇佣关系主要出现在手工工场里，雇佣的规模比较小，地域也比较分散，劳资矛盾也不是社会的主要矛盾，此时劳动力市场的概念也仍然处于一种萌芽阶段。工业革命爆发以后，机器大生产的规模化也带来雇佣关系的扩大化，劳动力市场概念逐渐形成和显现，众多学者对其进行了深入研究，形成了丰富的理论体系。

2. 工业革命后劳动力市场的形成

工业革命以前，由于雇主与雇员不是社会的主要力量，劳资关系也不是社会的主流关系；但工业革命之后，世界主要资本主义国家的雇佣关系扩大，劳动力市场格局逐渐形成。在此期间，如英国等国的政府出台了工资、工时等劳动法律，强化了对劳工的控制，虽然在一定程度有助于维护劳工权益，但从总体上来说，这一阶段政府对劳动力市场还是持不干预或者说是干预不足的态度。此时的劳动力市场格局是一种资强劳弱的态势，工人的工作条件十分恶劣，形成了“血汗工厂”制度。在这一阶段，工人和雇主基本上都是无组织的，劳动力的供求双方通过劳动契约达成合作，但同时也产生了工作时间不断延长、工资不断压低以及不顾工作环境等不利于工人的社会问题。为了改善工作条件，工人开始进行反抗，而此时的劳资冲突仍以单个工人与雇主进行斗争为主，并且主要以激烈对抗形式出现。劳资关系在对抗与合作、冲突与妥协、暴力与和平中不断发展。

3. 二战前劳动力市场的发展

随着工业化程度的提高和资本主义国家的发展，劳动力市场也不断发展变化，到二战前已经形成了现代劳动力市场的雏形。首先，随着工人运动发展迅速，工人组织化程度快速提升，劳动力市场中的劳资双方从单个个体的对立到工会与单个雇主的较量，再到雇主联合起来形成劳资双方的集体谈判制度。这一时期，工资决定开始形成由工会与雇主协会协商决定的机制。同时，由于长期斗争，工人的工作时间、工资及其他工作条件都有了较大改善。其次，政府开始出台劳动标准和法律法规，干预和规范劳动力市场，以缓解突出的失业问题和高涨的工人运动。德国在 19 世纪 80 年代颁布了一系列社会保险相关法律，从而形成了现代第一个比较完整的社会保险体系，其主要目标就是为工人及其家人的收入提供保障，从而缓解社会矛盾。日本政府在 1911 年颁布了《工厂法》，要求企业提高工资待遇、改善工作条件以及长期留用工人等，企业开始把家的观念引入企业管理，实施家族主义经营，日本的终身雇佣、年功序列等制度初步形成。20 世纪 30 年代大危机后，美国失业问题突出，劳资双方关系恶化，美国政府也开始积极干预劳动力市场，并着手建立了社会保障制度。

4. 二战以后劳动力市场的完善

二战以后，世界上主要资本主义国家的劳动力市场快速完善。在此期间，劳动力市场体系逐步成熟，形成了以标准雇佣关系为基础的劳动关系体系，形成了规范化、系统化的劳动法律体系，劳动关系发展总体态势趋向和谐，劳资之间大规模的激烈对抗冲突大为减少，代之以制度化的劳动关系协调机制和矛盾处理机制。工人受教育水平提高，劳动生产率提升，工资增长，失业率迅速降低。同时，政府进一步调整和扩展了社会保障制度，形成了以社会保险为重点的社会保障安全网，出现了以英国为代表的福利国家，政府建立了从“摇篮”到“坟墓”完善的社会保障制度，促进了社会稳定。此外在日本，企业以终身雇佣、年功序列、企业内工会等制度为框架，为建立稳定和谐的劳动关系奠定了基础；政府还颁布了《劳动组合法》等法律，承认工人的结社、谈判、罢工等权利，工人工资不断提高，社会地位得以提升。

5. 石油危机后劳动力市场的自由主义倾向

20 世纪 70 年代，世界发生了两次石油危机，给西方主要国家经济社会发展带来了巨大冲击，各国在经济上开始出现自由主义反思，也对劳动力市场的发展产生了较大影响。石油危机发生后，各国经济增长乏力、失业率居高不下，为改变局面，政府开始采取一系列措施进行劳动力市场的改革，包括打击工会、分散集体谈判制度、削弱工会的力量、限制工资的增长速度、增加工作时间的灵活性、支持灵活就业方式尤其是非全日制就业。与此同时，进行失业福利制度改革，降低失业服务水平，严格申领者的工作义务，并进一步实施积极劳动力市场政策，促进失业者就业，重返劳动力市场。而企业不断减少长期雇佣的员工数量，增加合同工和派遣工等形态的用工比例，社会就业趋向短期化、差异化、灵活化倾向。这一时期，劳资双方都感到需要加强合作共同对抗经济危机，劳资关系呈现相对缓和的状态。

6. 当前全球劳动力市场的新形势

近年来，在全球金融危机影响下，全球劳动力市场面临诸多挑战，表现为：就业方面，全球失业人数居高不下，就业岗位缺口较大，就业质量下滑，青年就业等重点群体就业问题突出；社会保障方面，经济危机使社会保障的重要性愈加凸显，但西方发达国家社会保障制度的可持续性面临挑战，发展中国家扩大社会保障覆盖面工作任务艰巨；经济危机下的劳动关系更显复杂，且呈现多样化形态，世界经济下行造成劳动者工资下降、雇佣条件受损，罢工经常性、密集型爆发；发达国家收入分配不平等程度不断扩大，中等收入群体在萎缩，而发展中国家收入不平等状况有所改善，但程度有限。在这样的大背景下，各国政府都在通过扩张性财政政策和积极劳动力市场政策来降低失业率、减少公共债务、刺激总需求、促进经济恢复增长。

（二）我国劳动力市场的发展阶段

1. 计划经济时期的劳动力资源配置（1949～1977年）

新中国成立后，经过3年的经济恢复，国民经济得到根本好转，工业生产已经超过历史最高水平，但那时我国仍是一个落后的农业国，工业水平远远落后于发达国家，同时也落后于许多发展中国家。为了实现经济上赶超的目标，我国实行了优先发展重工业的发展战略。第一个五年计划提出集中主要力量发展重工业，建立国家工业化和国防现代化的初步基础；相应地发展交通运输、轻工业、农业和商业；相应地培养建设人才。随着这种战略格局的确定，一系列相关的制度安排把资本和劳动力的配置按照地域、产业、所有制等分类严格划定下来。

这一时期劳动力资源配置的主要内容是：（1）着力解决建国初期的失业问题。新中国成立初期，面对城镇400万的失业人口，国家采取"包下来"的政策和生产自救、以工代赈等措施，稳妥地解决了当时的就业问题。同时，努力消除造成新的失业的社会根源。20世纪50年代，国家对招工实行统一介绍，同时也允许企业自行招工。1953年，经政务院批准，劳动部门曾经举办了劳动介绍所，后因失业问题得到缓解而停办。60年代初，受3年自然灾害影响，经济陷入困境，城镇又出现大量失去工作人员，为此国务院曾发布《关于全国大中城市建立劳动力介绍所的通知》，许多城市恢复或建立了劳动力介绍所，但在"文化大革命"前夕被撤销。（2）户籍管理制度的建立，导致城乡人口和劳动力配置固化。1958年全国人民代表大会通过了《中华人民共和国户口登记条例》，确定在全国实行户籍管理制度，从此形成了延续几十年、限制城乡人口迁移和劳动力流动的制度框架。计划经济时期，户籍制度的建立对于形成城乡二元经济结构、分割城乡劳动力资源配置发挥了根本性作用。（3）劳动关系双方的利益主体身份缺失，行政性的僵化劳动关系长期存在。1957年，国务院发布通知，规定使用临时工的指标需经过中央主管部门或省级政府批准，并将政府负责安排的人员范围扩展到城镇中全部需要就业的人员，自此形成了"统包统配"的劳动用工制度。（4）等级工资制形成。1956年6月，国务院颁布了《关于工资改革的决定》，对当时的多种形式工资制度实行统一标准，这次改革所建立的等级工资制度奠定了计划经济时期工资制度的基础。采取等级工资制度便于对个人工资收入直接干预，实现工资总额的总量调节；但是也造成平均主义的“大锅饭”现象出现，影响了劳动者的工作积极性，同时工资水平缺乏制度化的调节机制，造成“文革”时期工资水平基本冻结的现象。

计划经济时期，实行政府行政部门直接调配劳动力资源和进行工资分配的劳动管理制度，劳动力资源与资金、技术等其他生产要素不能有效结合，劳动者收入分配与企业效益不相联系，劳动制度僵化，劳动者流动困难，工作效率低下。“铁饭碗”“大锅饭”是当时劳动管理和收入分配制度弊端的典型表现。

2. 突破“统包统配”的劳动管理体制，实行“三结合”就业方针（1978～1983年）

1978年12月，党的十一届三中全会做出实行改革开放、把工作重点转移到社会主义现代化建设上来的战略决策，成为中国经济社会发展的历史转折点。1979年，党的十一届四中全会决定实行家庭联产承包责任制，为农业产出的提高和农民收入的迅速增长提供了保证，也为后来农村富余劳动力外出务工奠定了政策基础。1984年5月，国务院制定《关于进一步扩大国营工业企业自主权的暂行规定》，扩大了国营工业企业在生产经营计划、产品销售、产品价格等十个方面的自主权，国营企业改革势在必行。

这一时期，劳动制度改革取得突破性进展：（1）个体经济开始发展，出现雇工现象。1981年7月国务院发布的《关于城镇非农业个体经济若干政策性规定》允许个体雇工，雇佣劳动快速发展起来。全民所有制和集体所有制经济单位也开始出现不同程度和规模的雇佣劳动，多种经济成分的出现促进了城乡劳动力的流动。（2）实施“三结合”就业方针。针对“文革”结束后大批知识青年陆续返城导致城镇待业人员大量增加的问题，1980年8月全国劳动就业工作会议提出“在国家统筹规划指导下，实行劳动部门介绍就业、自愿组织起来就业和自谋职业相结合”的“三结合”就业方针，把原来国家的“统包统配”转变为国家、集体、个人一起开拓就业渠道。自此，劳动力配置逐渐被分为两部分：一部分仍然由国家劳动行政部门直接管理，另一部分则由劳动者自己组织起来就业、自谋职业，打破了原有的由劳动部门“统包调配”劳动力资源的格局。（3）就业服务机构开始出现并初步发挥作用。1979年国家号召安置待业青年，厦门建立了劳动服务公司，这种服务方式因其成效显著得到了大力推广。随着改革步伐的加快，我国的人才服务机构和人才交流中心相应诞生，这为我国劳动力资源的进一步合理配置奠定了基础。（4）对劳动力流动的控制。1981年，国务院《关于严格控制农村劳动力进城务工和农业人口转为非农业人口的通知》要求，严格控制农村人口迁入城镇，对农村富余劳动力采取发展社队企业和城乡联办企业等办法加以吸收。1982年，中央提出在城市实行合同工、临时工、固定工相结合的多种用工形式的同时，又进一步强化了对农村劳动力流动的管理。

这一阶段，国家在城镇已经开始打破了长期实行的“统包统配”的劳动管理制度，劳动者可以通过劳动部门介绍就业，也可以自愿组织起来就业和自谋职业。与此同时，国家对农村劳动力向城镇流动依然实行着比较严格的限制。

3. 出现劳动力市场的萌芽（1984～1991年）

1984年10月，党的十二届三中全会《关于经济体制改革的决定》提出，社会主义经济是以公有制为基础的有计划的商品经济，并规定了改革的任务、性质和各项基本方针政策，从而也为市场配置劳动力资源奠定了思想基础。1986年，国家先后出台《关于进一步推动横向经济联合若干问题的规定》《中华人民共和国企业破产法（试行）》和《关于深化企业改革增强企业活力的若干规定》等重要文件，工业企业改革拉开帷幕，企业劳动用工制度改革也同时启动。

这一时期劳动制度的改革为劳动力市场孕育和发展奠定了重要的理论和实践基础：（1）改革用工制度和试行劳动合同制。1986年，国务院先后颁布了一系列关于改革国营企业用工制度的规定，初步建立了劳动合同制度、退休制度、待业保险制度和职工违纪辞退制度，标志着我国劳动制度改革进入全面推进阶段。用工制度的改革使得企业有了部分用人自主权，劳动合同制的实行开始实现劳动力供需双向选择，工资在一定程度上起到调节劳动力供求的作用。（2）劳务市场和政府就业服务机构开始建立。20世纪80年代中后期，随着国营企业劳动制度改革和农村富余劳动力向城镇转移，一些地区开始形成劳务市场以及人才交流服务体系。与此同时，作为劳动力蓄水池的劳动服务公司发展迅速。1990年劳动部颁布了我国第一个职业介绍方面的行政规章《职业介绍暂行规定》，使职业介绍所的职责更加明确，职业介绍等就业服务政策也更加具体明确。（3）农村劳动力加快向城镇流动。从1984年开始，国家允许农民自筹资金、自带口粮进入城镇务工经商。之后，国家出台多项政策措施允许企业从农村招工，允许农村劳动力跨地区流动和劳务输出。农村劳动力的转移和流动满足了企业的用工需要。

这一时期，随着经济体制改革的不断深入，劳动制度改革也取得重要进展，“铁饭碗”“大锅饭”等旧体制被打破，各地开始出现“劳务市场”。与此同时，理论界也对劳动者和其他生产资料相结合的这样一种要素市场问题开展了热烈的讨论，特别是对于这种市场应称作“劳务市场”“劳动市场”还是“劳动力市场”问题，进行了激烈的争论。有专家学者提出，劳动力作为最主要的生产要素之一，也要投入市场，以便发挥市场配置劳动力资源的积极作用，这样一种要素市场应当称为“劳动力市场”。[①]

4. 劳动力市场的建立与发展（1992～2012 年）

1992 年，党的十四大确定了我国经济体制改革的目标是建立社会主义市场经济体制，劳动力市场的建设和发展也成为改革的重要目标。1993 年 11 月，党的十四届三中全会《关于建立社会主义市场经济体制若干问题的决定》第一次在党的纲领性文件中提出了劳动力市场的概念，并强调“要改革劳动制度，逐步形成劳动力市场”，劳动力市场建设得到明确的定位。1993 年，劳动部在《关于建立社会主义市场经济体制时期劳动体制改革总体设想》中提出，劳动体制改革就是要使市场机制在劳动力资源开发利用和配置中起基础作用，要“建立一个竞争公平、运行有序、调控有力、服务完善的现代劳动力市场”。党的十四届三中全会后，国家先后出台一系列重大决定，成为国有企业改革和转换机制的最强大推动力。1998 年党的十五届三中全会通过了《关于农业和农村工作若干重大问题的决定》，使得大批农村富余劳动力从农村转移到非农经济的建设中。进入新世纪，党的十六大报告提出，在更大程度上发挥市场在资源配置中的基础性作用，健全统一、开放、竞争、有序的现代市场体系。发展产权、土地、劳动力和技术等市场[②]。在报告精神指引下，我国劳动力市场的基础性作用得到进一步发挥。2007 年，党的十七大特别指出，要“建立统一规范的人力资源市场，形成城乡劳动者平等就业的制度”[③]。由

---

① 宋晓梧：《劳动力市场》，光明日报出版社 1993 年版。

② 党的十六大报告，中国经济网，www. ce. cn/ztpd/xwzt/guonei/2003/sljsanzh/szqhbj/t，2003－10－9。

③ 党的十七大报告，新华网，http：//news. xinhuanet. com/newscenter/2007－10/24/content_6938568. htm。

此，劳动力市场建设发展进入到公平、开放、人本、和谐的新阶段。

这一时期，劳动法制及劳动力市场建设都得到长足发展：（1）劳动法律法规体系的建立与完善。1994 年《中华人民共和国劳动法》的颁布，进一步从法律上明确了劳动合同制度的地位和作用。作为劳动制度改革的重要内容，它标志着劳动保障法制建设进入一个全新时期。随后，国务院和劳动部门又先后颁布了一系列劳动法规和规章，有关劳动者保障、监察执法队伍建设以及农民工权益保障的制度体系也在不断完善，这些重大举措标志着劳动力市场建设进入了法制化、规范化轨道。（2）劳动力市场中介组织的大发展和公共就业服务体系的建立完善。在国家政策的支持和引导下，1993 年以后，职业介绍所获得快速发展。民营机构和外资机构也纷纷开展职业介绍业务，一大批以网络为依托的就业服务机构随着网络技术的发展不断涌现。1994 年 8 月，中组部、人事部提出《加快培育和发展我国人才市场的意见》，强调要建立多层次、多功能、覆盖全社会的人才社会化服务体系。1999 年开始，劳动力市场科学化、规范化、现代化建设试点工作在全国 100 个大中城市全面铺开。与此相对应，人才服务机构也得到了快速发展。2004 年 6 月，劳动和社会保障部下发了《关于加强就业服务制度化、专业化和社会化的通知》，大力开展人本服务，使就业服务水平再上新台阶。2007 年，《就业促进法》和《就业服务和就业管理规定》颁布，提出要培育和完善统一开放、竞争有序的人力资源市场。（3）大规模农村富余劳动力跨区转移，统筹城乡就业取得积极进展。1992 年以来，国家对农村劳动力实施鼓励、引导和宏观调控下的有序流动的政策。实行了以就业证卡为中心的农村劳动力跨地区流动的就业制度，着手对小城镇的户籍管理制度进行改革，建立针对农村劳动力流动就业的用工管理、监察、权益保障、管理服务基本制度，发展各种服务组织，完善信息网络和监测手段，强化区域协作和部门配合，鼓励和引导农村富余劳动力逐步向非农产业转移和地区间有序流动。与此同时，针对长期城乡分割制度所导致的种种对进城务工农民的限制性规定，自 2003 年以来国家陆续颁布了一系列政策措施，改善农民进城就业环境，加强农民工职业培训，着手解决进城农民工子女的教育问题，将农民工纳入城镇社会保险体系，为农民工劳动就业和社会保障制度的完善创造条件。（4）积极的劳动力市场政策。2002 年，中共中央、国务院发布《关于进一步做好下岗失业人员再就业工作的通知》，要求多渠道开发就业岗位，强化就业服务，组织开展再就业培训，加大对下岗职工再就业的社会保障力度。2004 年，劳动和社会保障部在“三年千万”再就业培训计划基础上，又实施了新的再就业培训计划。2005 年以后，国家就业政策的重点从再就业转向促进就业与再就业，政策对象从下岗失业人员转向以失业人员为主，同时高度重视大学毕业生和农村劳动力的就业问题，政策定位从以城镇为主转向统筹城乡就业。同时，还加大了弱势和特殊群体就业政策的落实和完善。积极的就业政策有力地动员了社会各方面的力量，有效地促进了就业，保持了就业局势的稳定，保障了就业人群的劳动权利。

这一时期，我国劳动力市场快速成长，劳动力市场供求主体形成并完善，劳动力市场机制开始运行。以市场为导向的劳动力跨区域、跨所有制流动已成趋势，在一定程度和范围内，工资受供求关系制约并调节劳动力流向的格局已开始形成。劳动力市场的完善过程是不断消除各种不足的过程，劳动力市场向着统一开放、竞争有序的局面快速发展。

5. 劳动力市场起决定性作用的确立（2013 年至现在）

2013 年 11 月，党的十八届三中全会提出经济体制改革是全面深化改革的重点，其核心问题是如何处理好政府和市场的关系，使市场在资源配置中起决定性作用和更好地发挥政府作用。这些决定对劳动力市场的发展具有重大指导作用。2014 年，中国经济新常态被提出并且有了全面阐述和解读，“中国能否抓住新的机遇，应对新常态下的各种挑战和风险，关键在于全面深化改革的力度”。新常态下的经济结构优化、增长动力切换、制度环境改变等诸因素对劳动力市场也提出了相应的挑战与机遇。

当前及今后一段时期劳动力市场发展的关键包括：（1）市场的决定性作用明显加强，政府与市场的关系进一步清晰。随着党的十八届三中全会精神深入贯彻落实，市场在资源配置中的决定性作用进一步发挥。劳动力作为生产要素中最为活跃的组成部分，不断受到市场更大程度的调节。（2）新一轮更加积极就业政策体系的制定。党的十八大提出推动实现更高质量就业的新要求，同时提出“劳动者自主就业、市场调节就业、政府促进就业和鼓励创业”的新时期就业方针。党的十八届三中全会《决定》明确了健全政府促进就业责任制度、创新高校毕业生就业工作机制等就业领域重点改革任务。实施更加积极的新一轮促进就业政策成为未来完善劳动力市场的重点之一。（3）社会保障事业发展迅速。在 2015 年十二届全国人大三次会议上，关于养老金全国统筹、延迟退休、养老保险基金入市等社会保障问题引起了全社会的关注。近年我国社会保障发展迅速，养老、医疗、失业、工伤、生育等社会保险在覆盖范围、管理水平和服务质量上均有不同程度的提高。社会保障的顶层设计和养老保险金的征缴管理也将进一步影响劳动力市场的成熟与发展。

当前，经济新常态对劳动力市场领域产生着重大、全面而深远的影响。形势变化显著，矛盾相互交织，情况复杂多变，深层次矛盾显现，解决问题的难度加大。劳动力市场正处于“形势变化的拐点期”“政策制度的调整期”“劳动力供求双方的适应期”三期叠加阶段，今后一段时期必须要坚持市场决定劳动力资源配置的方向和要求，并进一步发挥好政府的作用。

（三）我国劳动力市场发展现状

1. 我国劳动力市场的规模、结构与效率

第一，劳动力市场供给总量逐年上升。从劳动力市场的规模来看，我国劳动力供给总量逐年上升，但其占人口比重趋于下降。1992～2014 年，我国就业人口由 66 152 万人上升为 77 253 万人（见图 1－1）。同时，根据国家统计局最新数据显示，2013 年末我国经济活动人口达 79 300 万人，但 1992～2013 年就业人口占经济活动人口的比重却由 99.1% 下降到了 97.1%（见图 1－2）。

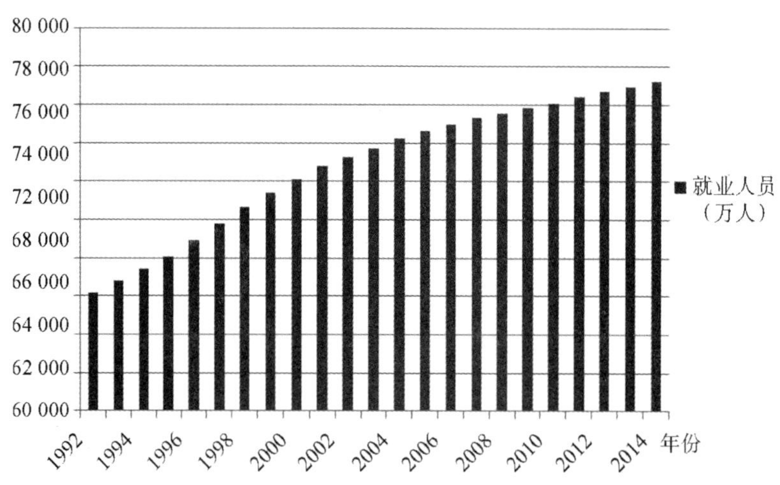

资料来源：根据国家统计局数据整理。

图 1－1 全国就业人员数（1992～2014 年）

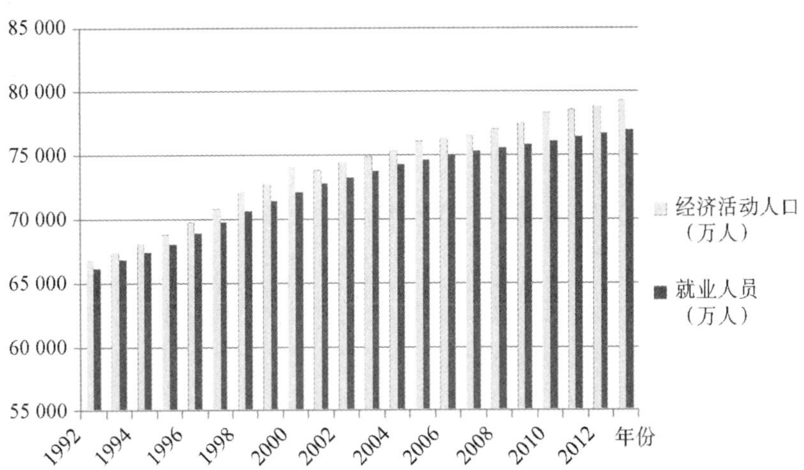

资料来源：根据国家统计局数据整理。

图 1－2　全国经济活动人口与就业人员数（1992～2013 年）

从农民工的规模上来看，2008 年以来，农民工总量以及外出农民工人数、本地农民工人数均有所增加（见表 1－1）。根据国家统计局抽样调查结果，2014 年全国农民工总量为 27 395 万人，比上年增加 501 万人，增长 1.9%。其中，外出农民工 16 821 万人，比上年增加 211 万人，增长 1.3%；本地农民工 10 574 万人，增加 290 万人，增长 2.8%①。

表 1－1　农民工规模　单位：万人

指标	2008 年	2009 年	2010 年	2011 年	2012 年	2013 年	2014 年
农民工总量	22 542	22 978	24 223	25 278	26 261	26 894	27 395
1. 外出农民工	14 041	14 533	15 335	15 863	16 336	16 610	16 821
（1）住户中外出农民工	11 182	11 567	12 264	12 584	12 961	13 085	13 243
（2）举家外出农民工	2 859	2 966	3 071	3 279	3 375	3 525	3 578
2. 本地农民工	8 501	8 445	8 888	9 415	9 925	10 284	10 574

资料来源：根据国家统计局数据整理。

第二，劳动力市场的结构变化明显。从劳动力市场的结构来看：第一，性别结构总体稳定，女性占比有所下降。城镇女性就业人员比重逐年

① 国家统计局：《2014 年全国农民工监测调查报告》。

下降，2012年城镇女性就业人员比重为35.8%，2013年进一步下降为35%。第二，就业人员平均学历有所提升，特别是高学历所占比重明显增加。2013年末，就业人员中大学专科及以上学历人数上升至14.5%，较上一年增长0.82个百分点。第三，就业结构得到改善。从城乡就业结构看，2013年城镇就业人员进一步增加，由2012年的3.71亿人上升到3.82亿人，占比49.6%；乡村就业人员由3.96亿人下降到3.87亿人，占比50.3%。从产业就业结构看，我国的产业就业结构正逐渐形成“三、二、一”的倒金字塔形态。2014年末，第一、二、三产业的就业人员比例为0.295∶0.299∶0.406，第三产业的强劲发展使其成为吸纳就业人员的绝对主力（见图1-3）。

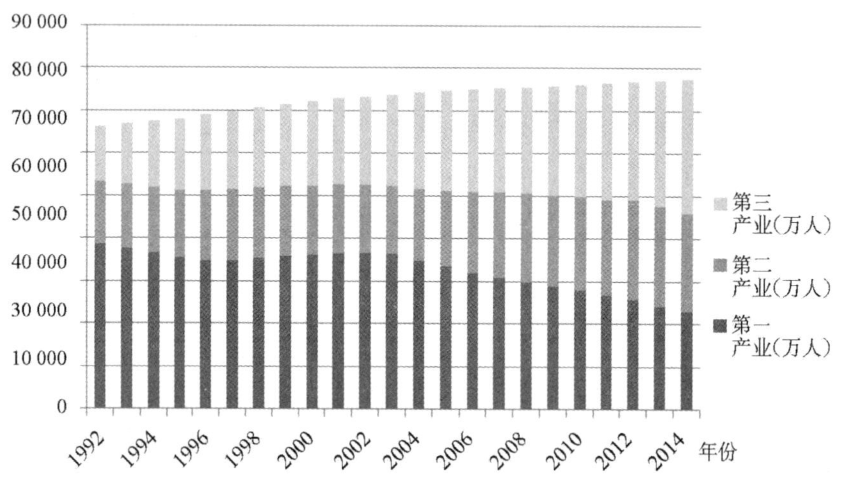

资料来源：国家统计局网站。

图1-3 1992~2014年全国三次产业就业人数统计图

第三，劳动参与率呈下降趋势。劳动参与率是衡量我国全部劳动力资源参与劳动力市场行为程度的重要指标。2008~2013年，经济活动人口中15岁以上劳动年龄人口逐年上升，但劳动参与率以年均0.85%的速度下降。2008年的劳动参与率为73.96%，2013年已降至69.72%，下降4.24个百分点，持续保持下降趋势，但下降程度有所缓和（见表1-2）。劳动参与率下降在一定程度上是由于妇女保持较高劳动参与率的情况下，新成长劳动力受教育年限延长所致，这表明我国劳动力素质有所提高。

表 1－2　　2008～2013 年劳动参与率演变

年份	经济活动人口（万人）	15 岁以上人口（万人）	劳动参与率（%）
2008	79 243	107 142	73.96
2009	77 510	108 791	71.25
2010	78 388	111 832	70.09
2011	78 579	112 571	69.80
2012	78 894	113 117	69.75
2013	79 300	113 743	69.72

资料来源：根据历年《中国统计年鉴》整理，中国统计出版社出版。

第四，城镇登记失业率相对稳定。失业率是评价一个国家或地区就业状况的主要指标，反映了一定时期内可以参加社会劳动的人数中实际失业人数所占的比重。2008～2014 年，我国城镇登记失业人数从 800 万人增加到 952 万人，年均增长 13.82 万人。城镇登记失业率一直围绕 4.15% 上下波动，特别是 2010～2014 年，城镇登记失业率一直保持 4.1% 的水平，相对比较稳定①。2003～2014 年全国城镇登记失业人数和失业率变化情况如图 1－4 所示。分地区来看，北京市的城镇登记失业率为 1.3%，居于全国最低水平；黑龙江城镇登记失业率则居于全国最高水平，达到了 4.4%，如表 1－3 所示。

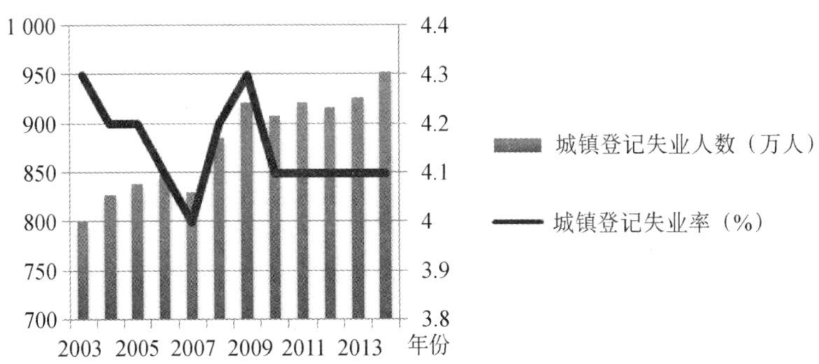

资料来源：历年《人力资源和社会保障事业发展统计公报》。

图 1－4　2003～2014 全国城镇登记失业情况统计图

① 人力资源和社会保障部：《2014 年国民经济和社会发展统计公报》。

表 1－3　　2013 年分地区城镇登记失业率统计表

地　区	登记失业率（%）	地　区	登记失业率（%）
北　京	1.3	上　海	4.0
天　津	3.6	江　苏	3.0
河　北	3.7	浙　江	3.0
山　西	3.1	安　徽	3.4
内蒙古	3.7	福　建	3.6
辽　宁	3.4	江　西	3.2
吉　林	3.7	山　东	3.2
黑龙江	4.4	河　南	3.1
湖　北	3.5	云　南	4.0
湖　南	4.2	西　藏	2.5
广　东	2.4	陕　西	3.3
广　西	3.3	甘　肃	2.3
海　南	2.2	青　海	3.3
重　庆	3.4	宁　夏	4.1
四　川	4.1	新　疆	3.4
贵　州	3.3		

资料来源：《中国统计年鉴（2014）》，中国统计出版社 2014 年版。

第五，劳动生产率稳步提高，但增长率下降趋势明显。全员劳动生产率①是考核企业经济活动的重要指标，是企业生产技术水平、经营管理水平、职工技术熟练程度和劳动积极性的综合表现。2010～2014 年，我国全员劳动生产率稳步提高，从 53 827 元/人上升到 72 313 元/人，年均增长 4 621.5 元/人。但劳动生产率增长率下降趋势较为明显，从 2010 年的 12.1% 下降到 2014 年的 7.0%。2010～2014 年全国全员劳动生产率及增长率变化情况如图 1－5 所示。

2. 劳动力市场中的劳动条件与保障

第一，就业人员工资水平不断增长。2008 年城镇单位就业人员平均工资为 28 898 元，2013 年达到 51 483 元，以年均 4 517 元的水平实现稳

① 目前我国的全员劳动生产率是将工业企业的工业增加值除以同一时期全部从业人员的平均人数来计算的。其计算公式为：全员劳动生产率＝工业增加值/全部从业人员平均人数。

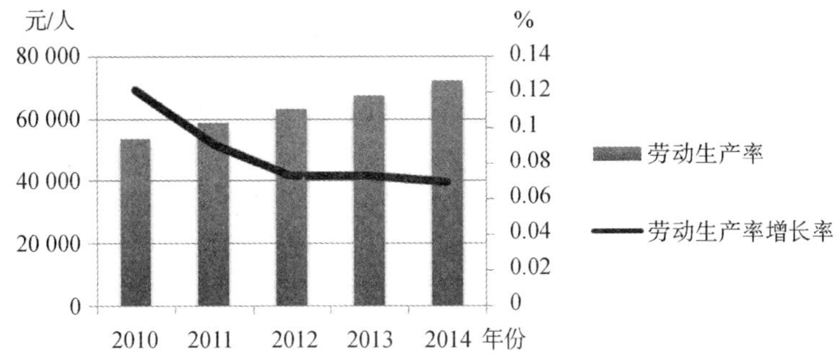

资料来源：历年《国民经济和社会发展统计公报》。

图 1－5　2010～2014 年全国全员劳动生产率及增长率统计图

定增长。其中，2011 年较上一年工资上涨幅度最大，达到 5 260 元[①]。与此同时，各地区的最低工资标准也不断上调。进入 2015 年来，先后有湖南、海南、西藏、天津、深圳、北京等多个地区宣布提高最低工资标准，其中，深圳提高到 2 030 元/月，最低工资标准首次超过两千元，成为目前全国最高的地区。而北京将非全日制从业人员小时最低工资标准由每小时 16.9 元提高到每小时 18.7 元，成为全国最高的小时最低工资标准。2004～2013 年城镇单位就业人员平均货币工资及指数变化情况如图 1－6 所示。

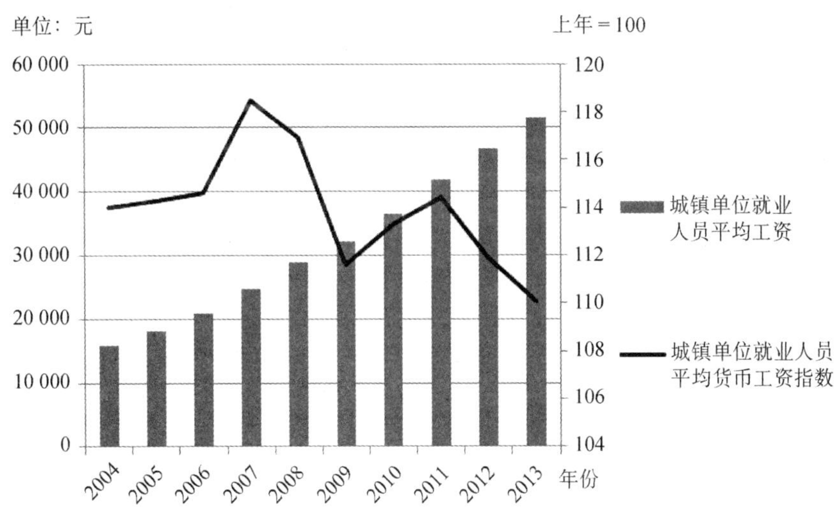

资料来源：国家统计局网站。

图 1－6　城镇单位就业人员平均货币工资及指数

① 数据来源：《中国统计年鉴（2014）》，中国统计出版社 2014 年版。

第二，就业人员的劳动时间仍较长。我国城镇就业人员周平均工作时间从 2008 年的 44.6 小时/周延长到 2013 年的 46.6 小时/周，且仍有进一步延长的趋势，在 2010 年达到最高值 47.0 小时/周。其中，城镇男性就业人员周平均工作时间均高于城镇就业人员周平均时间及城镇女性就业人员周平均工作时间，2013 年城镇男性就业人员周平均劳动时间达到 47.5 小时/周。表明我国就业人员劳动时间较长，加班现象较为普遍。

第三，社会保险覆盖面不断扩大。社会保险是维护职工劳动权益，实现职工基本生活需要的基本保障。2008 ~2014 年，基本社会保险覆盖面逐年增加，其中，基本养老保险、城镇基本医疗保险及生育保险的年均增长率均过 10%，但近两年“五险”的参保率增幅均有所下降。2008 ~2014 年五项社会保险参保人数如图 1 –7 所示。

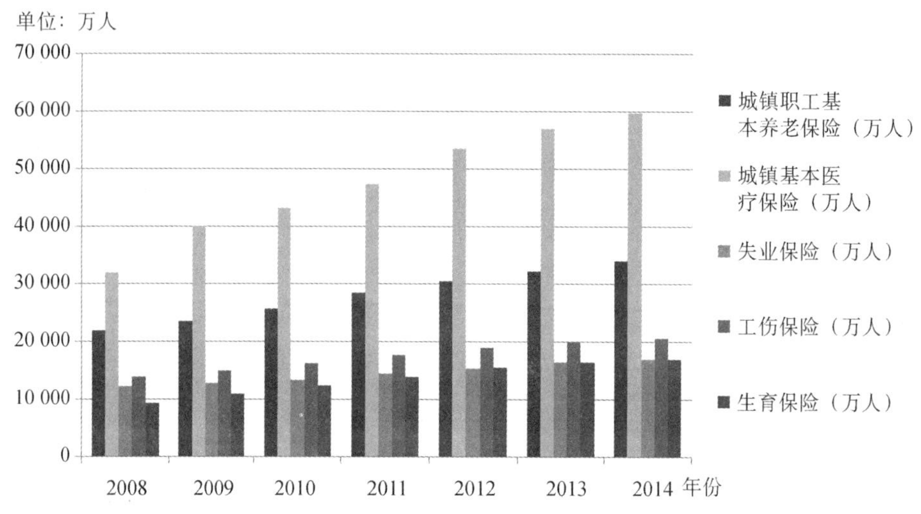

资料来源：历年《人力资源和社会保障事业发展统计公报》。

图 1 –7　近年来社会保险参保人数

第四，劳动者职业安全状况持续改善。2014 年全国安全生产实现了“三个继续下降、两个进一步好转”，安全生产工作进一步加强。全国安全生产状况持续改善，但相比发达国家仍有一定差距。2014 年各类生产安全事故共死亡 68 061 人。亿元国内生产总值生产安全事故死亡人数为 0.107 人，比上年下降 13.7%；工矿商贸企业就业人员 10 万人生产安全事故死亡人数为 1.328 人，下降 12.9%；道路交通事故万车死亡人数为 2.22 人，下降 5.1%；煤矿百万吨死亡人数为 0.255 人，下降 11.5%。2005 ~2014 年全国安全生产事故死亡人数如图 1 –8 所示。

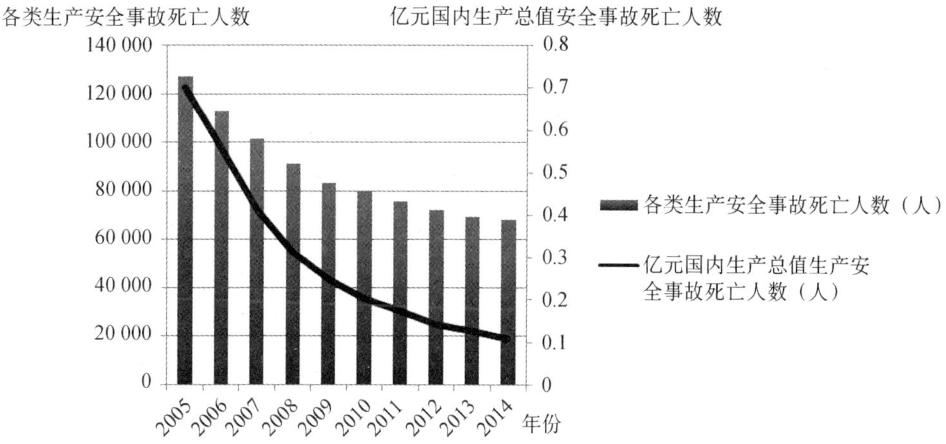

资料来源：历年《国民经济和社会发展统计公报》。

图1－8 全国安全生产事故死亡人数

3. 劳动力市场中的劳动关系

第一，基层工会组织及会员人数稳步增长。工会是代表职工利益、依法维护职工合法权益的群众组织，其数量的上升意味着劳动者加入工会和通过工会维护自身劳动权益的意识有所提高。近年来，我国基层工会组织数量逐年上升。截至2013年，我国共有基层工会组织数276.7万个，已建工会组织的基层单位的职工数为29 946.2万人，已建工会组织的基层单位的会员人数28 786.9万人，工会专职工作人员人数115.6万人①。2004～2013年我国基层工会组织建设情况如图1－9所示。

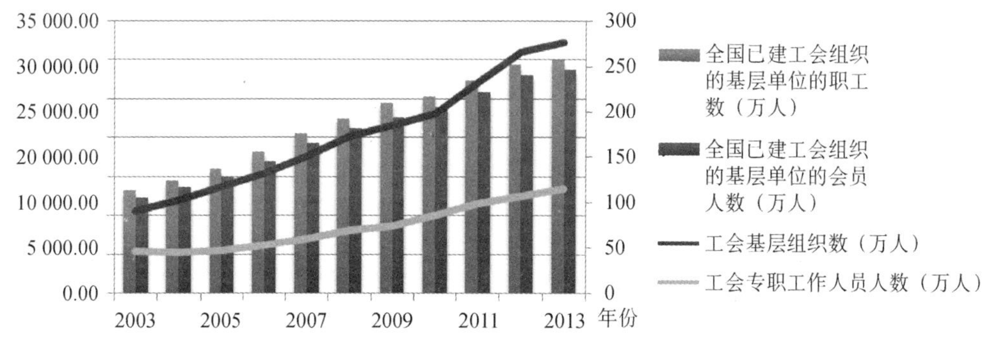

资料来源：根据国家统计局数据整理。

图1－9 近年来我国基层工会组织建设情况

① 数据来源：《中国统计年鉴2014》，中国统计出版社2014年版。

第二，劳动者法律意识不断增强。自2008年起，《劳动合同法》《劳动争议调解仲裁法》和配套规定先后实施，为劳动者依法维护自身权益提供了坚实的法律保障。从劳动争议案件规模来看，2008～2009年我国劳动争议案件数量较前几年明显上升，2009～2011年有所下降，2011～2013年又开始呈现上升趋势。2013年，劳动争议调解仲裁机构共受理争议案件66.58万件，结案争议案件66.90万件，当年受理劳动者申诉案件64.119万件，共处理仲裁调解劳动争议案件31.18万件，处理仲裁裁决劳动争议案件28.33万件。从劳动争议案件结构来看，劳动者维权的范围涉及劳动报酬、社会保险、变更劳动合同、解除和终止劳动合同等，且每一方面的争议案件处理数量都呈现出逐年上升的趋势，说明劳动者的法律意识正逐步深化到权利的方方面面。2013年，劳动报酬争议案件受理数22.3万件，社会保险争议案件受理数16.6万件，解除、终止劳动合同争议案件受理数14.8万件①。从劳动争议案件当事人数来看，依靠法律维护自身权益的劳动者的广度有所增强。2003～2008年，受理劳动争议案件和集体劳动争议案件的劳动者当事人数总体呈现上升趋势。2008～2009年，当事人数有所下降，2009～2013年，当事人数再一次呈现逐年上升的趋势。2013年，受理劳动争议案件和集体劳动争议案件的劳动者当事人数分别为88.9万人和21.9万人。2003～2013年我国劳动争议案件处理情况如图1－10所示，劳动争议案件涉及人数情况如图1－11所示。

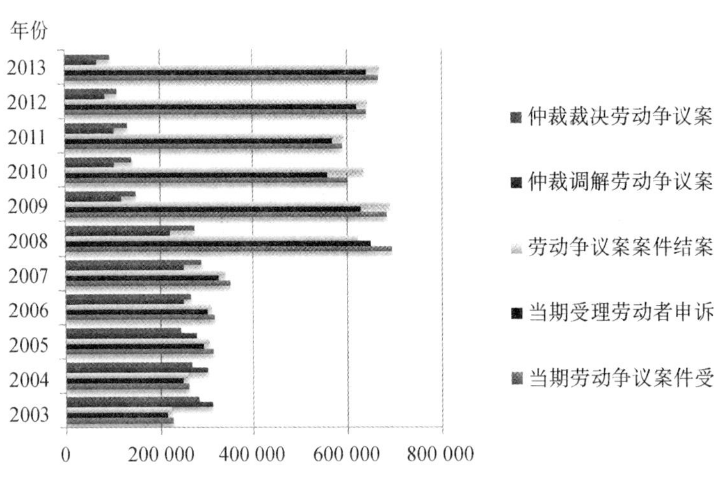

资料来源：根据国家统计局数据整理。

图1－10　我国劳动争议情况统计图（1）

① 数据来源：国家统计局。

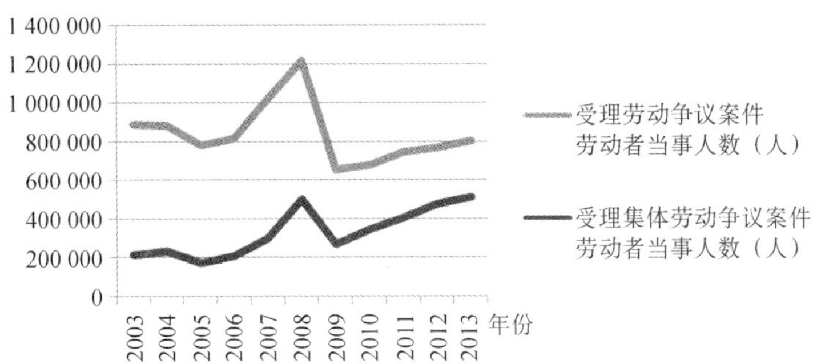

资料来源：根据国家统计局数据整理。

图 1－11 我国劳动争议情况统计图（2）

4. 劳动力市场的制度建设

现代市场经济是法治经济，党的十八届四中全会强调了依法治国的重要意义。在劳动力市场中，政府要通过劳动立法为劳动力市场的运行设定规则，通过法律规范约束劳动力供求双方的行为，促进劳动力资源配置效率的提升。目前，我国劳动力市场法律制度以《中华人民共和国劳动法》（以下简称《劳动法》）为龙头，具体包括了调整劳动关系、具体劳动标准、促进就业和社会保险以及劳动执法监察四个方面的内容①。

第一，调整劳动关系的法律规范以《劳动法》《劳动合同法》《劳动争议调解仲裁法》为核心，配套的行政法规有《企业劳动争议处理条例》《劳务派遣暂行规定》《禁止使用童工规定》等，配套的部门规章有《工资集体协商试行办法》《劳动争议仲裁委员会办案规则》《集体合同规定》《企业经济性裁减人员规定》《企业劳动争议调解委员会组织及工作规定》等。

第二，劳动标准以化解工业风险、保障劳动力再生产为目标。除了《劳动法》中对工作时间、休息休假、工资、劳动安全卫生、女职工和未成年工特殊保护等做的一般性规定之外，还有专门配套的行政法规和部门规章，包括《女职工劳动保护规定》《关于修改〈国务院关于职工工作时间的规定〉的决定》《最低工资规定》《工资支付暂行规定》等一系列劳动基准。

第三，促进就业的法律法规中包括就业调控、反就业歧视、就业服务、就业管理、职业培训、就业援助等内容。我国的《就业促进法》是促进就业最主要的法律，还包括《失业保险条例》《劳动就业服务企业管

① 沈琴琴、杨冬梅、巨文辉：“劳动力市场法规体系建设与劳动者权益保护”，载于孔泾源、胡德巧：《中国劳动力市场发展与政策研究》，中国计划出版社2006年版。

理规定》《职业介绍规定》《劳动力市场管理规定》《关于就业训练若干问题的暂行办法》等。

第四，社会保险法律法规以生存保障、秩序维持和激励自足为目标。我国社会保险法律法规以《社会保险法》为引领，包括了五大险种相关的条例或者试行办法、《社会保险行政争议处理办法》等行政法规和部门规章。劳动监察执法方面，《劳动法》《安全生产法》和《职业病防治法》对监督检查、法律责任做了原则性规定，配套有《劳动保障监察条例》《煤矿安全监察条例》《特种设备安全监察条例》等行政法规，以及《劳动监察员管理办法》《劳动监察程序规定》《劳动行政处罚若干规定》《劳动行政处罚听证程序规定》等部门规章。这些劳动力市场法律制度的实施，规范了劳动力市场的运行秩序，维护和保障了劳动者与企业的合法权益，提升了劳动力资源配置的效率，为市场在劳动力要素配置中发挥决定性作用创造了积极的制度环境。

三、劳动力市场存在的主要问题和原因分析

随着经济体制改革进一步深化，我国劳动力市场供求关系也发生了深刻变化，劳动力市场与其他生产要素市场发展不协调、劳动力市场主体地位不够清晰、市场分割、价格扭曲、结构性矛盾等问题突出，市场配置劳动力资源的决定性作用远没有充分发挥，需要进一步处理好政府与市场的关系，市场配置资源的效率有待进一步提高。

（一）劳动力市场与其他生产要素市场发展不协调

1. 劳动力市场作用发挥程度较低

劳动力、土地、资金等各项资源配置受市场决定程度不同，并受不同体制机制制约。我国劳动力市场发展滞后于其他要素市场发展，没有充分发挥市场调节的决定性作用。在计划经济时期，劳动力资源主要靠行政手段安排配置，不同劳动群体被分割，在收入、就业、福利上形成了制度性、结构性的不平等[①]。改革开放以来，市场才逐步代替计划成为配置资源的主要手段，传统体制下壁垒森严的劳动力资源城乡分割被打破，形成

① 吴江：《劳动力资源配置的理论与实践》，暨南大学出版社2010年版。

体制内和体制外劳动力市场。在体制内市场上，微观放权的改革使企业劳动效率提高，冗员现象显性化，并且在国企所依托的这个劳动力市场上，职工工资并不是由劳动的边际生产力决定的，而是由制度决定的。在体制外市场上，农村转移剩余劳动力的收入是由市场决定的，大量农村剩余劳动力的进入和非国有企业用工量的不断增加，促进了体制内劳动力市场的改革。体制内外两个市场的矛盾迫切需要建立一个由市场发挥作用的统一劳动力市场。劳动力市场作用发挥程度较低的主要原因是由于我国劳动力市场受到传统资源配置方式的影响，即过分依赖政府强制性的行政干预，从而干扰了市场机制功能的正常发挥。

2. 劳动力市场受更多体制机制制约

根据新制度经济学原理，制度与劳动、土地、资本一起成为影响生产与交易成本的稀缺资源，而制度性因素对劳动力市场具有实质性的作用，劳动力市场要比大多数其他市场更多地受到制度过程的支配。其原因主要在于：同其他生产要素相比，劳动力在流动中具有主观能动性，是生产过程中最积极的生产要素，劳动力的使用过程就是生产过程、与生产资料结合的过程，整个过程不仅生产财富，而且生产使用价值并创造价值。

我国劳动力市场长期以来受到户籍制度的影响，并且在传统的城乡二元结构的共同作用下，形成了劳动力市场的城乡二元结构。从更深层次来看，财税制度、就业制度、土地制度、教育制度等都是与户籍制度相关联的影响劳动力市场的系统制度，在这些制度的共同影响下，劳动力市场的主体地位难以确立，也影响了劳动力的自由流动。另外，我国的社会保障制度，特别是失业保险制度，是为劳动力供求双方自由进出劳动力市场解除后顾之忧的一项制度安排，然而目前失业保险制度运行中存在的基金滚存数额庞大、失业保险给付水平不高、覆盖面亟待扩大、失业保险的缴费缺乏激励机制等问题，既不利于劳动者个人自主择业权的发挥，也不利于用人主体用人自主权的发挥。

（二）劳动力市场主体地位有待进一步确立

1. 劳方主体地位问题

在改革开放之初，由于资本要素缺乏、劳动力供大于求以及政策制度的倾斜等原因，我国的劳动关系表现出明显的“强资本弱劳工”特征。“资强劳弱”的格局使得劳资双方在契约关系的规则制定、利益分配的调整等许多方面严重不对等，也使劳资双方的冲突持续发生。在这种情况下，就需要各级工会组织积极发挥保护劳动者权益的作用。然而，目前有的基层工会组织，特别是有的中小企业的工会组织定位不够明确，作用发挥不够充分。有的企业工会职能“大而全”，职责交叉，战线过长，内容过多，职工群众希望做好的事情干得不够扎实，使得部分劳动者，如部分农民工的工资、社保、职业安全卫生等劳动权益没有得到充分的保护。劳方主体地位问题产生的主要原因，一方面是由于有的工会组织内部工作制度、民主制度不健全，或者说是履行得不坚决、不彻底；工作定位不准确、不全面，并且自身宣传力度不够；另一方面，劳动力自身的择业自主权由于受制度性限制、自身受教育程度和技术水平的限制以及劳动力市场的分割而未能得到充分保护。

2. 企业及企业组织地位问题

劳动力市场的主体除了劳动力提供者以外，还有劳动力需求方，在我国劳动力市场上表现为企业和其他用人单位。近年来，我国企业数量呈现不断增加的趋势。据第三次经济普查的数据，截至2013年底，我国共有第二产业和第三产业的法人单位1 085.7万个，比2008年末（第二次经济普查年份）增长52.9%。企业作为劳动力需求方，其存在的问题主要在于组织不健全，组织作用没有充分发挥。组织不健全的一个明显特征就是管理组织结构设计不当，机构重叠，功能缺陷，管理流程不当。组织作用没有充分发挥主要体现在许多企业的基础工作薄弱，存在无章可循、有章不循、违章不究的现象，人才选拔、工作绩效考核及工资奖励制度不完善，这就容易造成人浮于事、效率低下，妨碍组织的正常运行[①]。另外，有的地方政府过多干预国企或其他企业的职工招聘及辞退工作，使企业用工受到了限制，影响了企业劳动力市场主体地位的发挥。企业及企业组织地位问题产生的原因，一方面是由于没有处理好政府和市场的关系，政府过多干预市场行为；另一方面，企业自身没有认清其劳动力市场的主体地位，管理组织存在内在缺陷，基础工作比较薄弱，并且缺乏社会监督和咨询服务体系。

（三）劳动力市场分割问题突出

根据经济学劳动力市场分割理论，劳动力市场远非统一的和完全竞争

① 罗帆和佘廉：“我国企业组织管理的实证分析”，《武汉科技交通大学学报（社会科学版）》，1999年第12期。

的市场，劳动者并不能够像传统经济学假定的那样可以完全自由地进出各种劳动力市场，他们的市场行为除了受到其他劳动者的影响外，还受到来自其他非竞争性因素的制约，这种非竞争性因素即是劳动力市场分割。在不同制度和不同发展阶段的国家都可以找到明显的劳动力市场分割的现象。在我国，劳动力市场上存在着城乡分割、地区分割、行业分割以及身份分割等问题。

1. 城乡分割

根据二元经济理论，发展中国家的经济可以划分为城市的现代工业部门与农村的传统农业部门。由于现代工业部门的工资高于传统农业部门，农村剩余劳动力会持续向城市流动，直至这些农村剩余劳动力被吸收完毕，城市的现代工业部门的实际工资提高为止。但是这个理论有一个重要的假设条件，即劳动力在工业和农业部门之间流动是没有任何限制的。从我国劳动力市场的实际情况来看，我国长期以来受到户籍制度的影响，并不具备劳动力城乡间自由流动的条件。因此，以户籍制度为典型代表的制度安排和传统的城乡二元经济结构共同作用，形成了我国劳动力市场的城乡二元结构，即劳动力市场的城乡分割。这种分割不利于我国新型城镇化发展，一方面造成农村转移劳动力难以融入城市，子女教育、社会保险、住房等问题凸显；另一方面，在农村，转移劳动力留守儿童的养育问题、留守老人的赡养问题也是影响劳动力转移的重要问题。据国家统计局的统计数据显示，2014 年我国城镇人口占总人口的比重为 54.77%，全国居住地和户口登记地不在同一个乡镇街道且离开户口登记地半年以上的人口（即人户分离人口）为 2.98 亿人，比上年末增加 944 万人，其中，流动人口为 2.53 亿人，比上年末增加 800 万人。另据全国妇联发布的《中国农村留守儿童、城乡流动儿童状况研究报告》指出，中国农村留守儿童数量超过 6 000 万人，总体规模不断扩大；全国流动儿童规模达 3 581 万人，数量大幅度增长。

2. 区域分割

我国幅员辽阔，由于历史条件、地理位置、物产资源、国家政策等方面的不同，导致各个区域的经济发展程度各异。改革开放之后，孔雀东南飞，劳动力开始流动，经济发达地区成为劳动力主要输入地，经济欠发达地区成为劳动力主要输出地。由于劳动力市场的区域分割，各地一些制度性的限制，将劳动力分为本地劳动力和外来劳动力。对于外来劳动力还存在着或明或暗的就业歧视，如在有的地区，外来劳动力需要办理暂住证，虽然很多城市对于办理了“暂住证”的外来劳动力提供了“市民待遇”，但是他们的工作、生活、子女教育等方面仍然受到很多限制：社会保险的统筹层次较低，就业失业、社会保障登记制度与管理尚未形成省级乃至全国联网，外来劳动力社保接续问题突出；另外，一些地方政府为了降低本地的登记失业率，往往首先考虑辞退外来劳动力，以给本地的劳动者腾出岗位。劳动力市场的区域分割，制度性的因素是其主要原因，尽管随着市场经济的发展，一些传统的不合理的政策和做法正在被逐渐取缔或完善，但政策的惯性作用将很难使经济机体在短期内步入良性轨道。

3. 行业垄断

按照劳动力市场分割理论，劳动力市场不是一个统一的一元化的市场，不同行业之间、企业之间存在着诸多影响劳动力流动的障碍，特别是企业的内部劳动力市场为外部劳动力的进入设置了诸多壁垒，这就使得劳动者之间不能进行充分竞争，同样的人力资本积累并不能获得相同的投资回报，企业内部高效率的劳动力资源配置是以企业外部低效率的劳动力资源配置为代价的。在我国劳动力市场上存在着行业垄断，行业之间的劳动力市场是分割的，劳动力进入特定的行业，如进入垄断行业，往往会遇到不同的障碍，总是存在着一些正式的规则或者是潜规则，这样就妨碍了劳动力自由进入，形成“二元市场”，从而使得垄断行业高于其他行业的生产率只有垄断行业内部人可以获益。我国已有学者通过分析得出平均工资较高的部门大部分是垄断部门，垄断收益是这些部门或行业高收入的源泉的结论。据《中国统计年鉴（2014）》数据显示，2013 年城镇单位就业人员平均工资排在前三位的行业为金融业、信息传输、软件和信息技术服务业、科学研究和技术服务业，其平均工资分别为 99 653 元、90 915 元和 76 602 元，其水平远远高于非垄断行业的农林牧渔业（25 820 元）、住宿餐饮业（34 044 元）。

4. 身份分割

身份制度是我国在计划经济体制下的一种人事管理制度，一直沿用至今。在目前的社会体系中，正常从业人员有农民、工人、干部三种身份，农民归农业部门管理，工人归劳动部门管理，而干部归人事部门管理，从而造成了劳动力市场和人才市场的分割，严重影响了人力资源的统一管理和公共就业服务的规范实施，公共人才服务与公共就业服务体系亟待在机构、职能、服务场所等方面进行整合。随着市场经济的发展，现在很多单位都在弱化干部身份这一概念，但是这一概念仍然影响着我国的劳动力市场，如已毕业尚未就业的大学毕业生大多不愿去办理就业失业登记证，因为一旦办理就会失去其干部身份，会影响其工资、福利、职称等。另外，随着用工形式的多元化，劳务派遣等新的用工形式出现，这样一个企业就会出现派遣员工与企业自身员工不同的身份区别；此外，由于我国劳动力市场的不规范，还导致了同工不同酬问题的存在。

（四）劳动力市场价格扭曲

1. 收入分配差距过大使市场供求结构失衡

一般而言，劳动力资源的供求对比状态决定劳动力资源的配置及价格。虽然劳动力价格受很多非经济性因素的影响，但是以供求为核心的市场性因素是最主要的因素，在不考虑非经济因素的条件下，劳动力供求状况决定工资状况，工资变动又会反过来影响劳动力的供求。

目前，我国劳动力市场上存在着收入分配差距过大导致市场供求结构失衡的问题，主要表现为基尼系数较高，不同地区、不同行业、不同所有制企业收入分配差距大。据国家统计局的数据显示，2014 年我国基尼系数为 0.469，主要经济体中只有巴西高于我国，其他国家如美、英、法、德、意、日、俄、印度等国均低于我国，这说明我国收入分配的差距程度要高于这些主要的经济体。2014 年世界主要经济体基尼系数如图 1－12 所示。

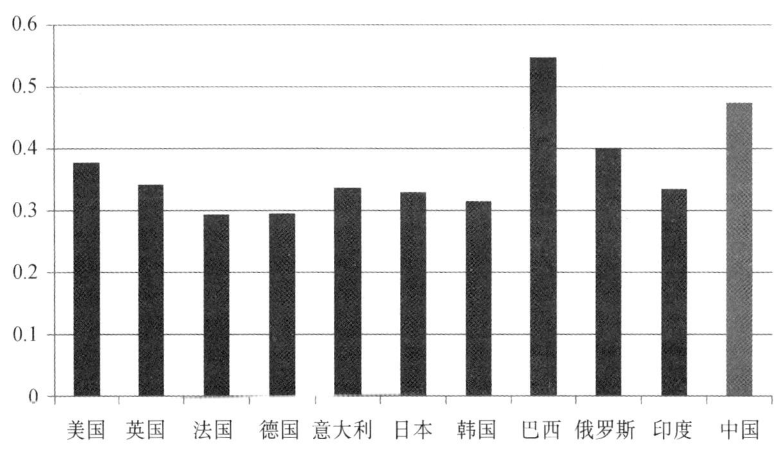

资料来源：国家统计局网站。

图 1－12　2014 年世界主要经济体基尼系数

另据《中国统计年鉴（2014）》数据显示，就不同地区而言，2013年城镇单位就业人员平均工资第一位的是北京市，最后一位是河南省，河南和北京的差距为54 705元，北京市的平均工资是河南省的1.43倍；就不同行业而言，2013年城镇单位就业人员平均工资第一位的是金融业，最后一位是农林牧渔业，两者的差距为73 833元，前者是后者平均工资的2.86倍；就不同所有制企业而言，少数垄断行业的央企、国企工资过高，吸引大量劳动者求职，而作为国民就业最主要渠道的个体私营企业、小微企业从业人员的工资水平偏低，社保缴纳的负担较重。2013年城镇私营单位就业人员平均工资为32 706元，比城镇单位就业人员的平均工资低了18 777元。劳动者根据工资收入的高低“用脚投票”，收入高的行业和企业吸引了大批劳动者求职，甚至造成少数行业企业招不到人和一些行业企业求职人员供过于求的“两难”的局面。收入分配差距大的原因主要受地理位置、产业结构、资源配置、教育水平、人力资源差异等多方面因素的影响；不同地区间、行业间对人力资本的要求不同，劳动者表现的环境以及影响效率提高的环境也存在差异，造成了工资的差异；另外，所有制的垄断也是造成工资差异的重要原因，不同领域体制转型的不同步性造成了少数垄断企业工资过高。

2. 企业职工工资的决定和正常增长机制尚未形成

近年来，随着我国社会主义市场经济体制逐步完善，市场在工资决定中的决定性作用越来越显著。但是我国劳动力市场的价格，即收入分配方面却还存在着企业职工工资增长制度不完善、正常增长机制尚未形成等问题，这容易引发职工的心里不满和抱怨，影响工作的积极性和稳定性，造成人员的频繁流动，同时也会对最低工资调整后中小企业在短期内的经营能力和承受能力提出挑战，已经成为影响企业甚至整个社会稳定的潜在因素。据国家统计局的数据显示，2004～2013年我国城镇单位就业人员的平均工资呈现不断上涨的趋势，但是从平均货币工资指数[①]的变动情况来看，其由2004年的114上涨至2007年的118.5之后就呈震荡下降的趋势，2013年降为110.1，这说明我国城镇单位就业人员平均工资呈现震荡上涨的趋势，这其中并未排除物价变动等因素的影响，但仍能从一定程度

① 平均货币工资指数是指报告期职工平均工资与基期职工平均工资的比率，反映不同时期职工货币工资水平变动情况的相对数。

上说明我国城镇单位就业人员平均工资的正常增长机制还未形成。这主要是由于我国企业工资集体协商机制作用没有充分发挥，工资不能发出正常的调节劳动力流向、流量、流速的信号。2004～2013年城镇单位就业人员平均工资及平均货币工资指数如图1－13所示。

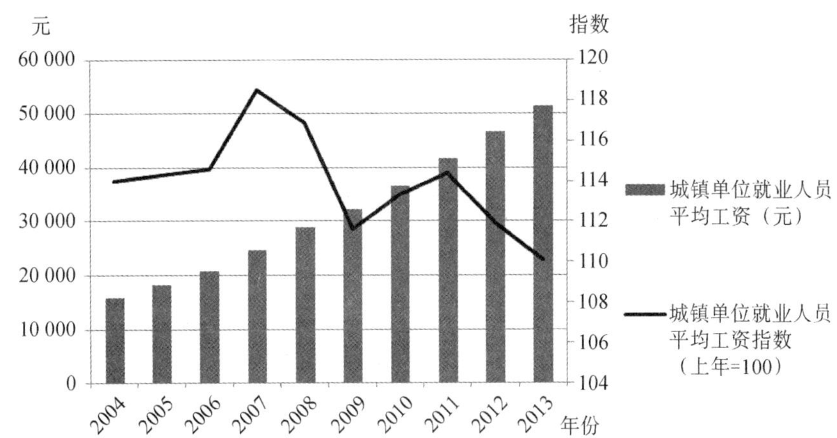

资料来源：《中国统计年鉴》（2009～2014）及国家统计局网站数据计算而来。

图1－13　2004～2013年城镇单位就业人员平均工资及平均货币工资指数

3. 机关事业单位与企业工资收入分配关系没有理顺

分配方式是由生产方式决定的，分配方式又分为初次分配和再分配。企业职工的工资收入一般属于初次分配，机关事业单位工作人员的工资收入一般属于再分配。但是不管分配方式如何，工资收入都与个人的切身利益息息相关，也影响着社会稳定和国民经济的发展。目前，我国劳动力市场还存在着机关事业单位与企业工资收入分配关系没有理顺的问题，主要表现在：不管是事业单位还是企业，都比照公务员工资制度，事业单位“不公不企”，国有企业“亦公亦企”，没有根据其生产方式进行收入分配，这种情况不利于调动机关事业单位和企业职工的积极性、主动性和创造性。

（五）劳动力市场结构性问题成为日益突出的主要矛盾

1. 市场分割使得结构问题突出

目前，我国劳动力市场劳动年龄人口基数仍然巨大，劳动力供给总量还处于高位，劳动力市场的总量矛盾依然存在，与此同时，劳动力市场的分割使得就业结构性矛盾日益突出。其表现之一即就业结构明显落后于三次产业结构变化。2014 年，我国第三产业就业人数比重为 40.6%，不仅远远低于发达国家，而且明显低于与我国经济发展水平相当的发展中国家。2014 年我国第一产业增加值仅占国内生产总值比重的 9.2%，而第一产业却使用了 29.5% 的劳动力。这种状况不仅妨碍了第一产业劳动生产率的提高，也不利于充分开发我国的劳动力资源。另外，随着产业转型升级，劳动力行业结构问题突出，表现之一即在化解过剩产能过程中，职工的就业问题有待解决。如到 2017 年底①，河北省钢铁行业 42.6 万人、水泥行业 6.5 万人、平板玻璃行业 5.6 万人将受到化解过剩产能的影响，这些行业职工的再就业问题需要引起重视。

2. 劳动力供需不对接，“招工难”与“就业难”并存

当前我国就业结构性矛盾集中表现为“招工难”与“就业难”同时并存。一方面，部分地区、部分行业和部分企业招工难，并逐步呈现常态化；另一方面，部分劳动者由于各种主客观因素，难以顺利实现就业。突出表现在以下方面：第一，普工难招渐呈常态化。时间上，从季节性招工难到常年招工难；从区域看，从东部部分地区向中西部蔓延；从行业看，逐步从制造业、纺织服装、餐饮服务等行业向电子加工、建筑业和其他行业扩展。第二，技能人才供需缺口大。人力资源市场供求信息监测数据显示，2010—2013 年，技工、高级技工和技师的求人倍率（市场岗位空缺数与求职人数的比率）已经超过 2∶1 的水平，意味着总量空缺一半。第三，部分大学生就业难突出。近年高校毕业生离校时的初次就业率保持在 75% 左右，意味着每年有 100 多万名应届毕业生在毕业之前找不到合适的工作。第四，大龄低技能劳动者成为市场弱势群体。近几年，人力资源市场中 45 岁以上劳动者的需求一直不足，求人倍率长期维持在 0.8 左右，而青年劳动者的求人倍率保持在 1 以上。大龄低技能劳动者在劳动力市场被边缘化，他们的就业再就业问题仍然突出。

造成这一“两难”局面主要有以下几个方面的原因：第一，劳动力供给从无限到有限转变，劳动力结构深刻变化。2012 年，我国劳动年龄人口出现绝对数量减少，劳动年龄人口供给总量已由持续增加转向逐步缩减通道；劳动力年龄结构显著变化，青年人口比例持续下降，劳动年龄人

① 黄湘闽：“化解产能过剩中的就业与职工安置问题”，《中国劳动保障发展报告（2014）》，社科文献出版社 2014 年版，第 398 页。

口向大龄化转变，劳动者受教育程度显著提高，尤其青年受教育年限延长。第二，职业培训技术教育培训不足，新兴产业、高新技术产业、服务业所需的技能人才供给短缺，不能满足市场需求。第三，过多设立普通院校，专业设置不符合市场需求，高校毕业生数量短期快速增加与市场相应岗位供给不足矛盾日益突出。这种劳动力供给格局的变化，与经济社会发展现阶段所能提供的就业需求之间形成一定程度的不匹配，导致了各类就业结构性矛盾的形成。

（六）劳动关系矛盾凸显并多发

1. 劳动争议案件数量居高不下

劳动关系是生产关系的重要组成部分，是最基本、最重要的社会关系之一。劳动关系是否和谐，事关广大职工和企业的切身利益，事关经济发展与社会和谐。党和国家历来高度重视构建和谐劳动关系，制定了一系列法律法规和政策措施并做出工作部署。党的十八大提出要健全劳动关系协调机制，这对政府如何更好地履行劳动关系的调节、监管、管理职能提出了新要求。就我国劳动关系存在的问题来看，劳动争议案件数量居高不下是主要问题之一。据《中国统计年鉴（2014）》的数据显示，劳动争议案件结案数和当期劳动争议案件受理数都呈现震荡上升的趋势。其中，劳动争议案件结案数由2004年的258 678件上升至2013年的669 062件，上涨了1.59倍；当期劳动争议案件受理数由2004年的260 471件上升至2013年的665 760件，上涨了1.56倍。这主要是由于随着企业改革的不断深化和经济结构的调整，我国劳动用工形式日趋复杂化及劳动关系多样化造成的。具体而言，一是由于企业用工制度的灵活性加大，在市场机制下劳动力流动更加频繁，变更、解除、终止劳动合同争议数量上升，辞职、辞退案件数量上升；二是随着我国社会保障制度的逐步完善，职工维权的意识逐渐增强，社会保险福利、经济补偿金、赔偿金、劳动报酬争议案件的数量增加；三是改革过程中的企业兼并、重组、破产、改制这些过程中极易发生集体劳动争议案件；四是社会转型时期出现的劳动关系主体多元化、矛盾冲突化、争议内容多样化的特征更加突出，新类型案件不断出现。2004～2013年劳动争议案件结案数及当期劳动争议案件受理数如图1－14所示。

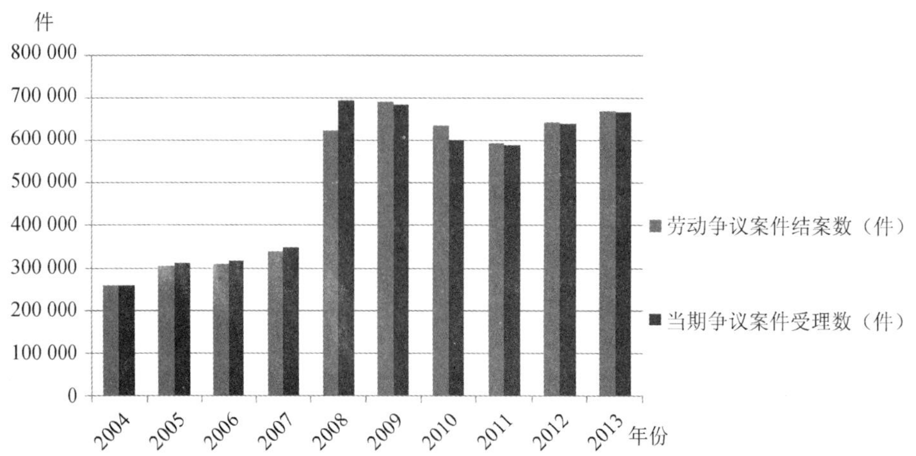

资料来源：《中国统计年鉴》（2005—2014），中国统计出版社出版。

图 1-14　2004～2013 年劳动争议案件结案数及当期劳动争议案件受理数

2. 拖欠农民工工资等损害职工利益问题突出

农民工是我国城乡二元经济体制下特有的名词，而拖欠农民工工资也是我国劳动关系领域存在的突出问题之一，全国拖欠农民工工资的形势依然严峻。据山东省的数据显示[①]，2014 年仅山东省各级劳动保障监察机构查处的拖欠工资案件就达 15 273 件，涉及 14.83 万名农民工，追讨工资 9.35 亿元。造成拖欠农民工工资现象的主要原因有以下几点：一是工程的预先垫资、层层转包，或者是由于政府工程资金缺口大，造成拖欠；二是将拖欠工资作为留住人的一种手段，这种现象在建筑行业特别普遍；三是一些企业因经营管理不善，使农民工的工资不能按时发放。

3. 集体停工和群体性事件时有发生

群体性事件是指一定数量的劳动者为改善劳动条件、实现自己的经济利益而进行的停工、怠工、罢工、上访、静坐、集会、游行等通过阻碍企业正常运营进行对抗的行为，其中停工、怠工、罢工被认为是最基本的手段。近年来，集体停工和群体性事件时有发生，如 2009 年吉林通钢事件、河南林钢事件等国有企业改制的职工停工事件，2010 年南海本田停工事件，2011 年广东省的“乌坎事件”，2012 年由江苏南通市政府对日本王子制纸之制纸排海工程项目的批准触发的“启东事件”，2013 年的聚众斗殴的“陆丰事件”等。据中国社科院法学研究所发布的《2014 年中国法

① 冯天伟：“依法整治恶意拖欠农民工工资者”，《农村工作通讯》，2015 年第 3 期。

治发展报告》，对近 14 年间的群体性事件特点进行的梳理，发现过半数以上群体性事件是因平等主体间纠纷引发，官民矛盾引发位居其次。各个省份中，广东以占全国总数 30.7% 的比例居首。

（七）劳动力市场政策法规不完善，就业服务不足且不均等

1. 劳动力市场立法不完善

针对不同历史时期劳动力市场的问题，国家都出台了有针对性的政策，各省市也针对各自的实际情况出台了一系列的政策措施文件、管理意见等，在解决和规范劳动力市场的用工、就业等方面起到了积极的作用。但是，就目前我国劳动力市场的立法来看，还存在着如下问题：首先，缺乏人力资源市场统一的法规。目前在人才市场和劳动力市场上分别实行的是“人才市场条例”、“劳动力市场条例”，要化解这种由于身份分割带来的市场分割，人力资源市场统一的法规必不可少。其次，劳动力市场的法律中缺乏反对就业歧视的专门法律。目前，由于劳动力市场的分割造成的就业歧视现象逐渐凸显并已成为一个社会问题，受到社会各界的广泛关注，而我国目前法律对就业歧视范围的界定过于狭窄，无法覆盖现实生活中存在的多种多样的就业歧视现象，法律规定缺乏可操作性，如《劳动法》第四十六条和《妇女权益保障法》第二十四条都规定了同工同酬，但对什么是同工同酬，什么构成报酬歧视缺乏具体判断标准。再次，公共就业保障服务与私营服务的范围内容有待明确，这样有利于政策法规的执行操作。

2. 劳动力市场的基本标准不完善

我国在劳动力市场的建立和服务工作方面还缺乏全国性的统一规范标准，突出表现在政策依据、管理制度、工作制度、服务平台建设、人员编制以及待遇、服务流程以及规范、信息化网络建设等方面。首先，从公共就业服务机构的名称上来看，全国 105 个省级各类公共就业服务机构中，名称就不统一，多达 58 种之多，诸如公共就业（人才）服务中心、人才交流中心、人才交流服务中心、人才开发服务中心、信息市场、交流中心等等。其次，从政策本身的对象界定来看，已经出台的政策中对于一些政策对象的认定范围过于宽泛，比如，对于就业困难人员的认定，没有特别地解释清楚其概念和特指的人群，比如失地农转非中包含有二十多岁的失地农民，这部分群体本就不属于就业困难群体，但是按照定义应该包含在

就业困难群体中；还有就业困难群体中“难以就业人员”的认定不清楚，需要在政策中解释清楚，将这些人群分清楚哪些是能力缺失、机会缺失、观念缺失等，以便进行分类职业指导，提供个性化的服务，便于地方操作。由此看来，各地公共就业服务机构规范标准不统一，容易给公众造成混淆，也容易给工作人员造成困扰，不利于政府公共就业部门服务形象的树立，更不利于服务质量和水平的提高。

3. 劳动力市场服务体系有待加强

在政府、社会各界的关注和努力下，我国劳动力市场公共服务体系正逐步向良性化的方向发展，但是在制度化、专业化、标准化、信息化等方面仍然有待加强。首先，我国劳动力市场还存在基层公共服务机构不健全的问题。随着经济社会的发展，人民群众对于公共服务机构特别是基层公共服务机构的需求呈现刚性化的趋势，但是当前基层公共服务体系还存在平台和网络不健全、职能不完善、人员队伍薄弱、服务能力不足、经费有限等问题，不能满足信息化、现代化发展的需求，基层就业和社会保障服务能力亟待加强。其次，职业资格许可、认定、管理中的问题。在职业资格的许可和认定方面，目前职业资格数量繁多，并且存在很多计划经济色彩浓厚、矛盾比较集中、行业基础薄弱的职业资格，应该按照《国务院机构改革和职能转变方案》及任务分工安排，进一步减少职业资格许可和认定；而在职业资格的管理方面，目前还缺乏科学设置、规范运行、依法监管的职业资格管理体系，国家职业分类体系、职业标准和评价规范都有待进一步地完善。再次，社会保险接续问题。由于劳动力市场的区域分割，一定程度上导致外地劳动力社会保险的异地接续问题，这在一定程度上影响了劳动力市场的自由顺畅流动。

四、完善劳动力市场的思路和对策

（一）明确劳动力市场的发展方向

党的十八届三中全会提出：“建设统一开放、竞争有序的市场体系，是使市场在资源配置中起决定性作用的基础。”建立统一开放、竞争有序的市场体系，为进一步发展与完善我国的市场体系指明了方向。统一而非分割的、开放而非封闭的、竞争而非垄断的、有序而非混乱的市场体系，是社会主义市场经济的本质要求，是市场机制充分发挥决定性资源配置作用的基本条件。从总体上看，我国市场体系发展不平衡，市场分割问题已经严重制约生产要素资源在更大范围内的优化配置，进而影响我国经济的持续健康稳定发展。作为要素市场的重要组成部分，统一开放、竞争有序的劳动力市场能够更有效地发挥优化配置劳动力资源的决定性作用，提高全要素劳动生产率，促进经济增长和社会发展。

1. 建立健全统一的劳动力市场

以城乡分割、行业分割、地区分割、身份分割为主要表现的劳动力市场分割问题，阻碍了劳动力要素的自由流动，阻碍了全国统一市场的形成，既损害了劳动者的权益，也使得劳动力使用方的利益受到损失。因此，劳动力市场在配置劳动力资源时，必须突破各种非经济的约束，让企业和劳动者能够在更大的空间范围内实现自由双向选择，从而使劳动力与资本、土地等生产要素能够有效地结合。建立统一的劳动力市场主要是指企业和劳动者可以跨地区、跨部门、跨行业进行相互选择，在全国范围内实现劳动力与其他生产要素的最佳组合，最大限度地发挥劳动者的能力与积极性。

2. 建立健全开放的劳动力市场

开放的劳动力市场意味着劳动力在城乡之间、地区之间、行业之间、企业之间、所有制之间等的流动不受阻碍。因此，应采取有效措施，加大户籍制度的改革力度，有效消除城乡劳动力流动障碍；加大国有企业的改革力度，消除垄断行业、企业与竞争性企业劳动力流动的障碍；加大干部人事制度的改革力度，消除劳动者的身份界限，使机关事业单位与企业的劳动者能够相互交流。

此外，在经济全球化的时代大背景下，应进一步促进国内劳动力市场与国际市场紧密结合，使国内劳动力资源能够与国际资本有效结合，同时，促进国内外劳动力根据劳动力市场的需求双向顺畅流动，以便充分发挥劳动力市场调节劳动力资源的决定性作用。

3. 建立健全竞争的劳动力市场

公平竞争是市场经济的本质要求，也是市场机制发挥作用的必要条件。我国市场经济体制已经建立并不断完善，但市场分割和行业垄断等问题还在一定程度上制约着市场经济的发展。市场分割和垄断问题的存在，妨碍了我国劳动力市场的充分竞争，进而限制了劳动力市场决定性作用的发挥。如国有垄断行业与一般竞争性行业的分割，使得高额的垄断收入中的一部分以工资、奖金、福利等形式分配给垄断企业职工，形成这些企业超常的高收入。这也是造成收入分配不公的重要原因。只有打破劳动力市场的行业分割，充分发挥劳动力市场的竞争性，才能实现市场配置劳动力资源的高效率。首先，要保证劳动力供求双方都有自主选择权，实现平等的双向选择。其次，要使工资真正成为调节劳动力市场供求的风向标。当劳动者供大于求时工资下降，反之则上升。

4. 建立健全有序的劳动力市场

劳动力市场的有序运行是发挥市场决定性作用的基本保障。市场有其自身难以克服的缺陷，如劳动力市场在劳动力严重供大于求的情况下追求效率，往往会出现过度压低劳动力价格的行为，从而损害劳动者的基本权益。同时，如果缺乏市场规则，市场主体间也易造成过度无序竞争，从而扰乱正常市场秩序，损害用人单位和劳动者双方利益。因此，建立有序的劳动力市场，就要建立市场规则、加强市场监管、实行统一的市场监管。

尽管政府不应直接干预劳动力市场的竞争，但政府有责任保证劳动力市场的有序运行，建立并不断完善使劳动力市场得以公平、公开、公正运行的制度框架。在这一过程中，政府的主要职责在于建立与完善相关劳动法律、法规和标准，并负责监察执行；政府应不断完善社会保障体系，为劳动力市场的有序运行提供稳定器和安全网；政府可运用个人税收补贴等方式来解决一部分因市场分配机制造成的收入差距过大的问题；政府还可以提供劳动力市场宏观信息，以提高劳动力配置的效率，减少劳动力盲目流动。

（二）完善劳动力市场的运行机制

1. 确立劳动力市场主体地位

在我国，劳动者和企业的主体地位还需要进一步加强。从劳动者目前的主体地位看，受劳动力市场分割、劳动力市场歧视、劳动力价格扭曲、社会保障水平差异及转移障碍、劳动力市场信息不完全等因素的影响，劳动者尚难以完全实现自主择业，其在劳动力市场中的主体地位尚未完全确立，造成劳动力无法真正实现自由流动。从企业目前的主体地位看，尽管我国民营、外资等非国有经济企业在劳动力市场中的主体地位得到较好的确立，但国有企业主体地位的确立仍然存在较大障碍，相当一部分国有企业仍然保留着相对封闭和独立的内部劳动力市场，很少与外部劳动力市场进行劳动力流动。

同时，工会组织和企业组织主体地位有待进一步明确。在劳动力市场上，与单个雇主相比，单个劳动者处于弱势的地位，因此劳动者需要组织起来与雇主或雇主组织形成对等关系。国际经验表明，劳动力市场中的个体行为要受组织行为的制约，因此作为劳方组织的工会在协调劳动关系、维持劳动力市场秩序方面具有重要作用。行业组织和雇主组织是劳动力市场中企业组织行为的典型代表，但我国的行业协会和雇主组织由于定位不清，还难以充分发挥企业组织在维护企业合法权益、维持劳动力市场秩序方面的作用。特别是在协调劳动关系方面，有的行业协会和雇主组织实际上还没有发挥直接与工会平等协商确定劳动条件标准的功能作用。劳动力市场中组织行为在某种程度上的缺失，影响了劳资双方建立正常的集体协商机制，进而也影响了各自合法权益的有效保护。

确立劳动力市场主体地位可以同时从个体和组织两个方面入手：首先，逐步消除户籍、垄断、身份、所有制、公共服务不均等、地方保护主义、历史遗留等造成劳动力市场分割的因素，让劳动力实现真正意义上的自由流动，打破各类显性的、隐性的、制度设计上的对企业用人自主权的约束，进一步确立劳动力供求双方的市场主体地位。其次，改变基层企业工会对资方高度依附的局面，一方面要细化《工会法》对加强基层工会人员个人权益保护的法律条款，打消企业工会人员担心资方对己不利的顾虑，使基层工会真正发挥应有的职能；同时赋予工会可以委托第三方代表开展谈判的权利，让基层企业工会真正成为代表劳动者权益的市场主体。再次，明确雇主组织（企业联合会）在劳动力市场中的法律地位，提高我国雇主的组织化程度，让雇主组织发挥与劳方市场主体进行协商、加强雇主自律的作用。

2. 完善集体谈判机制

集体谈判是劳动力供求双方以劳动条件为主要内容而进行的博弈，是劳动力市场调整劳动关系的重要途径之一，有利于避免劳动争议特别是集体劳动争议，保护劳动力供求双方的合法权益。当前我国经济进入新常态，劳动关系领域进入矛盾多发期，劳动关系双方主体结构发生巨大变化，非公企业已经成为用工主体，而新生代产业工人的法律维权意识也显著增强。经济新常态加快了经济发展方式的转变和产业结构的调整，使得集体劳动争议发生概率增加，因此需要进一步完善我国的集体协商制度，充分发挥其调整劳动关系的有效作用。

首先，要进一步健全集体协商和集体合同的法律法规体系。制定集体协商和集体合同的专门法律，对主体双方的权利义务、内容、程序、集体合同实施与管理、争议处理方案等具体可操作条款进行全面规定，规范主体双方的行为。加快完善《中华人民共和国劳动合同法》等配套规章政策以及有关劳动标准的法律法规，增强有关法律的可操作性，特别是进一步规范劳务派遣用工行为和经济性裁员行为。还要进一步完善工资、工时、社会保险等法律法规体系，从而为开展集体协商、签订集体合同提供更为坚实的制度保障。其次，要进一步明确集体谈判主体双方的权利和义务，促使劳资双方形成均衡的对等关系展开协商。具体来讲，通过立法明确劳资双方开展集体协商的权利和义务，通过地区性行业性工会组织与企业组织开展协商，由工会委托第三方与雇主开展协商，通过一定的民主程序扩展代表性企业的集体协议在本地区本行业的覆盖范围，使更多的劳动者和企业分享集体协商的成果。

3. 加强调解和处理集体劳动争议

在集体谈判过程中，由于劳资主体双方出于各自权利与利益的考虑，往往在订立和实施集体合同时发生各种争议，这不利于劳资关系的稳定，甚至会影响到正常的生产经营活动以及社会生活秩序，因此政府有必要对劳资争议进行积极的疏导和有效的调解，从而保证集体合同的顺利履行。

首先，完善协调劳动关系的三方机制，共同制定社会政策，协调劳动关系，指导行业、地区、大企业的集体协商。吸纳工商联、专家学者等方面的代表参与三方机制，增加其代表性。建立劳动关系三方的信息沟通与定期会商制度，研究解决劳动关系的重大问题。向街道、社区、工业园区等基层区域推进三方机制，形成多层次的协调劳动关系体系，加强劳动关系基层工作机构的建设，发挥基层社区平台的管理服务功能。其次，细化劳动争议调解仲裁工作，一方面帮助企业建立健全劳动争议调解委员会，推动建立小微企业聚集区的区域性劳动争议调解组织，增强企业及区域调整劳动关系和解决劳动争议的能力；另一方面，根据案件复杂程度和标的高低对劳动争议案件进行区别对待，提高案件审理效率。再次，及时妥善处理重大劳动争议引起的集体性停工事件，特别是政府有关部门要提前制订预案，实时监控预警，及早介入劳资谈判，协助双方解决集体争议。

（三）多措并举消除劳动力市场流动障碍，促进劳动力合理流动

1. 进一步改革户籍、住房、子女教育等制度和政策，稳定农村劳动力转移就业

我国长期存在的城乡二元户籍制度是造成劳动力市场分割的重要因素之一，且其他因素与户籍制度捆绑在一起，进而带来农业转移人口在住房、社保、子女教育等诸多方面的不公。为此，应进一步深化户籍制度改革，并最终剥离附加在户籍制度之上的住房、社保、子女入学等特殊社会功能。逐步消除城乡二元经济社会结构，通过基本公共服务均等化使得这部分人有平等的就业机会，促进有意愿、有能力的农村劳动力及其家庭向城市转移。

2. 继续推进新型城镇化发展，积极适应产业结构转型升级的变化，进而促进稳定就业

坚持走新型城镇化道路。推进以人为核心的城镇化，是党的十八届三中全会提出的新要求。新型城镇化从根本上来说也是农业转移人口逐步实现"市民化"的必然过程。近年来，国家通过积极发展新兴战略产业，以工业化带动城市化，创造了大量的就业岗位和就业机会。应加大对农村转移劳动力的职业培训力度，促使劳动者能够适应产业结构的变化。一方面，通过提升技能进而提高这部分劳动力的收入水平，实现稳定就业；另一方面，通过建立农业转移人口市民化的新型城镇化发展目标，分步骤解决有意愿、有能力的农业转移人口逐步落户城镇，进而实现稳定就业。

3. 制定专门反就业歧视法律，确保劳动力市场公平公正

党的十八届三中全会明确提出"规范招人用人制度，消除城乡、行业、身份、性别等一切影响平等就业的制度障碍和就业歧视"。当前，我国劳动力市场的"买方市场"格局和各种历史因素所形成的二元经济社会结构客观存在，这也是造成劳动力市场存在歧视的重要原因。尽管《劳动法》《就业促进法》等法律以及相关法规对反就业歧视做了规定，但是尚没有对歧视的具体情况与处罚措施等做出明确规定，可操作性还不够强。为此，应进一步细化相关法律法规，制定并实施专门的反就业歧视法律，如制定并出台《反就业歧视法》，最大限度地实现我国劳动力市场的公平公正。

4. 进一步打破干部与工人之间的身份界限，加速推进全国统一人力

资源市场的形成

长期以来，受计划经济体制、行政机构设置等诸多因素影响，我国存在着干部身份与工人身份之分，进而出现了“人才市场”和“劳动力市场”，形成了市场分割。建立统一的人力资源市场，是实现市场“统一性”大目标的重要举措之一。推动人才市场和劳动力市场的整合，需要进一步打破干部与工人之间的身份界限。还要对具有经营性质的人力资源服务机构进行规范管理和有效监督。同时，对当前诸多职业中介机构、人才中介服务机构等进行规范和整合，加快制定统一的“人力资源市场条例”，推进统一的人力资源市场的形成。

5. 逐步减少各类不合理的职业资格许可和认定，鼓励劳动力根据自身能力顺畅流动

近年来，依法行政、简政放权等已经成为国家治理工作的一个重点，也是党的十八届四中全会提出的新要求。实践证明，逐步减少并取消各类职业资格许可事项，可以大大降低普通劳动者的就业成本、就业门槛，减轻其经济负担，进而促进劳动力顺畅、合理流动。因此，应尽快取消各类不合理的职业资格许可和认定，重点取消准入类职业资格，特别是无法律法规依据的准入类职业资格应一律取消。对水平评价类职业资格，建议由政府部门统一制定职业标准和评价规范，由行业协会、学会等社会组织承担具体认定工作，为劳动力顺畅、合理流动创造条件。

（四）改革收入分配制度，使工资发挥劳动力市场调节作用

1. 扭转收入分配差距过大的局面

扭转收入分配差距过大局面的关键是完善劳动力市场机制，规范初次分配，其中，增加就业、促进劳动力流动和规范分配秩序是缩小收入差距的重要政策。增加就业机会和提高劳动者特别是中低收入人群的收入水平，是缩小收入差距和消除贫困的基本政策。只有增加低收入群体的就业机会，并且通过法律手段确定最低的工资收入水平，才有可能使其能够分享我国经济快速发展的成果。从增加就业的角度出发，应大力发展第三产业和小微企业，从而创造更多的就业机会，实现社会就业更加充分的目标。与此同时，改善市场环境，特别是营造良好的创业氛围，继续出台各种优惠政策，营造大众创业、万众创新的良好氛围。促进劳动力流动的关键在于努力消除劳动力流动的制度性障碍，突出表现为城镇内部不同行业

之间的劳动力市场分割和城镇公共服务对进城务工农村劳动力的歧视。规范分配秩序主要是通过法律手段消除市场不公平竞争的因素、加强对合法收入的监管和打击各种非法收入，以市场机制来保障各主体按贡献获得合理收入的平等机会。要重点对垄断行业进行深入改革，引入竞争机制，进行价格和收入分配管制；简化和明确收入形式，增强收入来源的透明度；强化法制监管，坚决取缔、打击各种破坏市场秩序的牟取暴利的不法行为。

政府对收入分配的有效调控既要通过社会保障和税收等手段对收入结果进行调控，以实现缩小收入差距的目的；也要高度重视收入的形成过程和决定机制，促进分配过程的公正性，从根本上保证收入差距的合理化。政策重点主要在于运用经济的、法律的手段，营造公平的竞争环境，加强对非竞争领域的管制，推进平等协商的工资决定机制并健全收入分配的调控体系。

2. 建立工资正常增长机制

从长远来看，建立职工工资正常增长机制是调整国民收入分配格局和提高劳动者报酬占 GDP 比重的重要途径，是我国经济持续、健康、平稳增长的重要保证。改革开放以来，我国职工平均工资有了较快增长，但出现了劳动者报酬占 GDP 的比重不断下降、行业收入差距扩大、企业负责人与普通职工间收入差距过大、农民工和劳务派遣工工资偏低等一系列突出的收入分配问题。市场体系的不完善和垄断行业特权所形成的高额垄断利润是垄断行业收入畸高的根本因素，也是造成行业收入差距扩大的主要原因。长期以来，我国低端劳动力供给相对过剩且劳资双方力量悬殊，使农民工工资长期被低估，而现行相关法律的不完善给一些企业对劳务派遣工实行歧视性差别工资政策提供了可操作空间。企业内部工资分配中劳动关系失衡问题是造成企业内部普通职工和企业负责人之间收入差距过大的重要原因。

建立工资正常增长机制的关键在于在劳资双方之间建立起一个行之有效的利益平衡机制，赋予和有效保护劳动者与雇主平等博弈的权利，实现职工工资由工会组织和企业或企业组织等多方共决的机制。在建立机制的总体思路上，首先要完善制度设计，建立健全工资法、工资集体协商等相关法律制度，明确劳动者及劳动者代表组织与资方进行工资增长博弈的权利。其次，大力推行集体协商机制，充分发挥工会协调劳资关系、通过集体谈判决定工资增长、保护劳动者合法权益的作用。再次，政府要加强执法监督，确保有关政策措施的贯彻落实，为工资增长提供保障。

在具体机制的建立上，根据我国现有不同组织形式的工资特点进行分类，有针对性地推进职工正常工资增长机制的建立。其中，国有企业应重点围绕负责人与职工的分配关系、垄断行业职工收入过高、劳务派遣工待遇偏低等突出问题展开。非公有企业具有最庞大的就业群体，因此其职工正常工资增长机制的建立涉及更多内容，具体包括：政府指导下的企业职工工资市场定位、建立劳资双方制衡机制、全面落实最低工资保障制度、政府履行劳动监察责任等内容。机关事业单位职工工资正常增长应主要考虑劳动力市场上工资的平均水平，以及基本生活费用、经济社会的发展状况、物价水平变动情况等因素来决定。

3. 加强工资支付保障

按时足额发放工资是劳动者获得稳定合法收入、维持正常生活秩序的保证，完善工资支付制度是建立与维护和谐劳动关系的重要基础。目前在我国劳动力市场中，由于资本较劳动力的强势地位、部分企业违法成本较低、劳动者（特别是低收入群体）普遍维权意识淡薄、立法不完善、执法监督力量不足等原因，出现了违反最低工资规定、克扣或无故拖欠工资、不依法支付加班工资等各种现象，严重影响了劳动者的收入和生活，进而造成收入分配差距扩大和社会不稳定。

加强工资支付保障的关键是要完善工资支付的制度安排。一是完善现行工资支付法律制度，明确工资支付的范围、方式、时间，防止相关争议的产生，强调工资支付的优先权。二是建立企业工资支付信用档案并作为行业准入和工商年检的重要审核条件。三是发挥工会与资方集体谈判、协调工资支付问题的作用，提高劳动者维权能力。四是减少运动式专项检查行动，建立日常性监督巡查工作机制，提高资方违法处罚力度。五是减化现行法律程序，增加相关法律援助，降低劳动者维权成本。

（五）全面深化改革并完善社会保障制度，增强劳动力市场稳定性

1. 尽快实现人人享有社会保障，增强市场的稳定性

经过多年努力，我国的社会保障已经实现制度全覆盖，但尚未实现“人人享有社会保障”的目标，社会保障总体水平偏低，特别是社会保险中个别险种的基本功能尚未得到有效发挥。为此，应从顶层设计的高度尽

快实现人人享有社会保障，增强劳动力市场的稳定性。

首先，在城乡居民社会保险体系建立的基础上，加大对城镇灵活就业人员、农村转移劳动力等群体参加社会保险的支持力度，使其有能力、有意愿参加社会保险。其次，在经济新常态的大背景下，综合考虑企业负担能力与职工参保缴费意愿，制定进一步降低社会保险费率的办法，避免城镇灵活就业人员、农村转移劳动力等群体因无力承担参保费用而被排除在制度之外。再次，结合实际，进一步完善国家及各级政府财政支出结构，持续加大对社会保障基金的转移支付力度，更好地发挥社会保障再分配功能，促进社会保障制度自我平衡、自我发展功能的实现。再次，坚持兜住底线，在制度设计中贯穿公平、正义、共享的理念，在适当降低缴费基数、费率及强化激励参保缴费两个方面下大力气，建立适度、普惠的社会保障制度，进而强化社会保险制度的强制性与责任共担机制，积极扩大社会保障覆盖范围，最终实现人人享有公平、可持续的社会保障。完善的社会保障制度是保障市场在劳动力资源配置中起决定性作用的关键因素。

2. 加快提升社会保障统筹层次，更大范围统一市场

由于我国社会保险统筹层次较低，且不同险种的统筹层次参差不齐；此外，各地的管理制度、政策和具体办法也不尽一致，尤其是在社会保险经办过程中还难以有效衔接，致使劳动力无法顺利实现自由有序的转移流动，由此引发了一系列问题，也在很大程度上影响着统一劳动力市场的形成。为此，应加快提高社会保障统筹层次，以促进在更大范围内统一劳动力市场的发展。

首先，应理性看待社会保险不同险种的基金收支模式。对于养老保险而言，应尽快实现基础养老金全国统筹，改变当前省级统筹的现状；对于医疗保险，应试点先行，适时考虑提高统筹层次。其次，进一步协调中央与地方、地方与地方之间的利益关系，在强化制度建设、依法治国的背景下，深入研究制定社会保障基金收缴与管理制度，加强对社会保障基金的信息管理，总体考虑提升社会保障统筹层次，在制度确立、费率调整、经办管理、计发办法等改革的基础上，尽快实现基础养老金统收统支。尽快实现基础养老金全国统筹，是促进我国社会保障统筹层次总体提升的关键一步，也能够为劳动力自由、有序流动创造条件，在更大范围内加快实现劳动力市场的统一。

3. 完善城乡社会保障公共服务，促进劳动力有序流动

当前，我国城乡之间、地区之间的社会保障发展极不平衡，基本公共服务差距悬殊是表现之一。各地在社会保障基本公共服务方面的水平不一，加大了劳动者在不同区域流动时原有社会保险权益在某种程度上受到损害的可能，增加了劳动力在自由有序流动过程中的诸多风险，进而阻碍了劳动者在城乡之间、地区之间的合理流动。为此，应加快完善城乡社会保障基本公共服务体系。

首先，针对我国农村地区社会保险发展滞后、城乡居民养老保险等制度尚未有效解决基本公共服务非均等化等现实问题，应进一步明确各级政府的财政责任，将基本社会保险服务项目向基层下沉，结合各地经办实际，采取政府购买服务等方式，确保农村地区劳动力基本权益，并享受到及时、有效的基本公共服务。其次，应以推进基本公共服务均等化为契机，创新城乡社区治理模式，最大限度地缩小城乡之间社会保障制度在保障项目、参保范围、待遇水平、筹资模式、运行机制和服务提供等方面的差距。再次，应抓紧落实国务院办公厅《城镇企业职工基本养老保险关系转移接续暂行办法》以及人力资源和社会保障部、财政部《城乡养老保险制度衔接暂行办法》，加快制定城乡养老保险制度有效衔接的具体操作细则，确保城镇职工、城乡养老保险制度有效衔接。同时，加快完善医疗保险异地就医、异地结算等办法，加强城乡社会保障基本公共服务，进而促进劳动力自由、有序流动，从更大范围内推进劳动力市场的整合。

4. 全面深化失业保险制度改革，发挥制度基本功能

党的十八大报告提出，要增强失业保险对促进就业的作用。失业保险具有保障失业人员基本生活、预防失业和促进就业三大功能，而现行的失业保险制度重点还局限在发挥保障基本生活的作用，进而造成当前我国失业保险基金结余较多的局面。1999 年国务院颁布的《失业保险条例》规定，失业保险制度旨在保障失业人员的基本生活，促进其就业，并对其接受职业培训和职业介绍给予补贴。但从《失业保险条例》实施后的实际情况来看，失业保险在促进就业方面的作用比较有限。实践证明，北京、浙江等七省市进行的扩大失业保险基金使用范围的试点，进一步增强了失业保险预防失业、促进就业的功能，通过实行失业保险基金支付岗位补贴、社会保险补贴、培训补贴和就业补贴等政策，鼓励企业稳定就业岗位、吸纳失业人员就业，构建了促进和稳定就业的长效机制，切实增强了失业保险对就业的促进作用。应全面深化失业保险制度改革，发挥制度基

本功能，为“市场在劳动力资源配置中起决定性作用”提供制度保障。

首先，建议将现行扩大失业保险基金使用范围的试点经验总结、完善并固化为政策加以长期执行，在执行现有补贴政策的基础上，今后要随着就业形势的发展变化再相应地扩大支出项目，以全面发挥失业保险制度的功能。其次，建议缩短失业保险金的领取期限，适当提高失业保险金的给付水平，研究制定增强劳动力在失业期间再就业主动性的激励办法。最后，针对灵活就业人员及就业困难人员适时开展就业援助政策，进一步加大公益性岗位的开发力度，尤其针对零就业家庭开展促就业、鼓励创业等服务工作，避免就业困难人员因无业而陷入贫困，帮助这部分人群及家庭增加劳动收入，从根本上发挥失业保险的基本功能。

（六）改革教育及培训机制，适应劳动力市场需要并改善供求关系

1. 统筹考虑人才需求与专业设置，加大高等教育改革力度

2012年，教育部在《国家中长期教育改革和发展规划纲要（2010～2020年）》的基础上又印发了《高等教育专题规划》，提出“围绕提高质量，改革创新、优化结构、办出特色，主动适应经济社会发展和人的全面发展需要”等目标任务。但是，随着高等教育大众化水平的逐步提升与大学毕业生人数的逐年增加，我国高等学校专业设置不合理、教育区域布局失衡等问题愈加显现，造成大学生就业匹配度不高，无法满足劳动力市场的需求。为此，建议围绕国家、区域经济社会发展战略、产业结构调整升级和特殊行业实际需要，统筹修订研究生和本科学科专业目录，建立动态调整机制，不断推进学科专业建设，完善区域布局，形成学科专业特色；逐步构建国家和省级高等学校学科专业人才需求预测、预警系统和毕业生就业监测反馈系统。

同时，在加大高等教育改革力度方面，一方面，以“科学办学层次类型、学科专业结构和区域布局更趋合理”为目标，进而培养出适应不同区域经济社会发展需要的高校毕业生；另一方面，建议现有高等学校各安其位，各展所长，办出特色，重点扩大各类应用型、复合型、技能型人才培养规模，重视培养具有国际视野、通晓国际规则、能够参与国际事务和国际竞争的国际化人才，培养出更多符合劳动力市场需求的各类人才。

2. 促进学历文凭和职业资格并重，大力发展现代职业教育

近年来，我国职业教育事业快速发展，职业教育体系建设稳步推进，

每年培养中高级技能型人才1 000多万名，开展各类培训1.5亿人次，为提高劳动者素质、推动经济社会发展和促进就业做出了重要贡献。2014年5月，国务院出台《关于加快发展现代职业教育的决定》（国发［2014］19号），在“推进人才培养模式创新”中提出“积极推进学历证书和职业资格证书‘双证书’制度”；同时，还强调了“坚持校企合作、工学结合，强化教学、学习、实训相融合的教育教学活动”，“推行项目教学、案例教学、工作过程导向教学等教学模式”，“加大实习实训在教学中的比重，创新顶岗实习形式，强化以育人为目标的实习实训考核评价”等。基于适应劳动力市场需要并改善供求关系的考虑，建议促进学历文凭和职业资格并重，特别是推动学历证书和职业资格证书“双证书”制度，进而大力发展现代职业教育。

此外，还要进一步落实政府职责。建议逐步完善分级管理、地方为主、政府统筹、社会参与的管理体制，相关主管部门要有效运用总体规划、政策引导等手段以及税收金融、财政转移支付等杠杆，加强对职业教育发展的统筹协调和分类指导。地方政府要切实承担主要责任，结合各地实际推进职业教育改革发展，积极探索解决职业教育发展的难点问题；同时，也要加快政府职能转变，减少部门职责交叉和分散，减少对学校教育教学具体事务的干预。

3. 充分发挥政策引导作用，切实提高技能培训等工作效率

当前，国家高度重视技能培训工作，并建立专项资金鼓励各地各类职业技能培训工作的开展，具体包括再就业培训、农村富余劳动力就业培训、农民工技能提升培训、高技能人才培训等。然而这些大量的资金投入并没有从根本上解决我国技能人才短缺的局面，一些地区的培训资金尚未与投资回报匹配，存在着工作效率不高的问题。为此，建议充分发挥相关政策的引导作用，继续加大对各类技能培训的投入力度，有针对性地根据市场需求提供相应的技能培训，鼓励各类人员参与到技能培训中，切实提高技能培训等工作的效率。

同时，要加强前期市场调研分析工作，对重点稀缺的专业人才岗位进行需求分析，专门设立有针对性的技能培训课程和计划，鼓励有意愿、有能力从事此类人才稀缺岗位的人员参加到培训中，尝试创新培训资金的使用办法，杜绝“只讲效率、不讲效果”的不当理念，进一步完善此类工作的具体考核办法，提高技能培训等专项经费的使用效率，进而促进

“人岗匹配”以及劳动力市场的供需总体平衡。

五、市场决定劳动力资源配置中的政府职能

市场决定劳动力资源配置并不意味着政府这只看得见的手不在劳动力资源配置中发挥作用，相反，由于劳动力资源本身的特殊性，相较于其他要素的配置，政府在劳动力资源的配置中要扮演更加积极的角色。

（一）政府在劳动力资源配置中发挥作用的理论解释

作为一种经济活动，劳动力市场与其他市场相同，内生性的存在着其自身难以克服的失灵问题，或者说普遍存在的市场失灵现象在劳动力市场中以其自身的形式存在着。这些失灵既包括劳动力市场无法将劳动力资源进行有效率的配置，也包括劳动力市场无法有效实现效率以外的非经济目标。特别是在劳动力市场中，由于劳动力要素必须附着于劳动者，所以劳动力市场的运行就不能仅仅以经济效率为目标，还应有社会伦理方面的考虑，从而使劳动力市场中的失灵现象更加典型，这些都给政府介入劳动力资源的配置创造了空间。具体来说，政府在劳动力资源配置中发挥作用主要是基于以下几点：

第一，劳动力市场的垄断性失灵。在二元经济条件下，劳动力从劳动生产率低的部门流向劳动生产率高的部门，在一定时期内形成了劳动力无限供给的局面，也造成了劳动力市场的买方垄断情况。在买方垄断的劳动力市场中，劳动力供给规模庞大，并且这种廉价劳动力供给成为经济增长的比较优势。为了获取垄断利润，处于垄断地位的企业会制订过低的劳动力价格，从经济意义上来看，这种垄断价格会影响消费、劳动力再生产以及人力资本提升，给宏观经济的发展造成负面影响；从社会意义上来看，这种垄断价格使劳动者的收入水平低下，不利于社会公正的实现。

第二，劳动力市场中的信息不对称。劳动力资源在供求双方的有效配置是通过劳动力市场完成的，而由于交易双方的特殊性，劳动力市场中普遍存在着信息不对称的现象，包括雇主拥有确定的、充分的工作信息，但并不能获得相关求职者的全部信息；而求职者往往不能得到相关职业的可靠充分的信息，也不可能将个人全部情况告诉所有雇主。这种信息不对称造成两个方面的影响：一方面，是合适的供求双方都在劳动力市场上搜

寻，但无法有效对接；另一方面，由于需求方无法准确知晓供给方的人力资本积累，所以只能按照市场上的平均水平支付工资，从而造成劳动力市场上的"逆向选择"。

第三，市场经济下的收入不平等。在自由竞争的市场上，各种资源有可能获得合理配置，但是劳动力市场上的要素价格是由市场上的力量关系、个人能力、财产代际转移的情况、教育机会的可能性等多种因素共同决定的，所以会产生收入分配上的不平等，对于妇女、残疾人等一些社会上的特殊群体而言，更是如此。从各方面来说，这种劳动力要素价格的扭曲都需要加以矫正，而政府在其中的作用就是进行无损于最佳分配和经济效率的收入再分配，给劳动力市场的运行和整个宏观经济的运行发挥托底功能。

第四，宏观经济的波动。充分就业是宏观经济运行的四大目标之一，经济运行中的波动会对劳动力资源的配置产生直接影响，而宏观经济不会自动走向平衡，相反会出现周期性的经济变动，特别是对依靠廉价劳动力成本获取发展优势的中国经济而言，经济波动对劳动力市场的影响更加明显。所以，需要政府通过各种政策工具稳定宏观经济，从而优化劳动力资源配置。

（二）对劳动力市场实行调控

与宏观经济和其他要素市场的情况类似，由于存在不可避免的市场失灵现象，政府要运用经济手段对劳动力市场供求总量加以调节，促使劳动力资源的配置趋于最优。在宏观经济运行中，政府通常运用财政政策、货币政策、价格政策、产业政策等政策工具对宏观经济进行调控，在劳动力市场中，这些政策工具同样适用。

与此同时，在市场调节方面，劳动力市场有其特殊性。一方面，劳动力市场是由劳动力供给和需求构成的相对独立的要素市场，劳动力要素的配置和劳动力价格的决定都体现在劳动力市场上，连接两者的桥梁就是工资率这一劳动力市场的关键变量①；另一方面，劳动力要素又是整个宏观经济的重要组成部分，充分就业也是宏观经济发展总量目标之一，劳动力供求的均衡依赖于整个经济体系中各基本市场之间的联系，所以对劳动力

① 杨先明、徐亚非、程厚思：《劳动力市场运行研究》，商务印书馆（北京）1999年版。

市场的分析要放到更广阔的宏观经济视野中进行。基于劳动力市场这种双重属性，对劳动力市场的政府调控也分为两个部分。

作为一个相对独立的要素市场，对劳动力市场的政府调控是通过对决定劳动力供求的基本变量——价格，即工资率的调节实现的。根据新古典经济学的边际劳动生产率理论，工资应该是劳动的边际产品与产品价格的函数（即 MP×P），劳动生产率决定了边际产品，产品价格变化可用通货膨胀率表示，工资的增长率为两个增长率之和。如果工资增长率超过了劳动生产率和通货膨胀率之和，表明工资过高，劳动者持有的货币超过了产品，由此造成的后果是企业人工成本的上升和当期就业的减少，引发通货膨胀，并促使政府紧缩货币政策；如果工资增长率低于劳动生产率和通货膨胀率之和，在对外贸易保持稳定的情况下，会造成有效需求不足和就业量减少。因此，对工资水平的调控是政府调节劳动力市场的重要方面①。

在工资调控的手段方面，既包括直接的各项工资制度，也包括与工资相关的税收制度。在工资制度方面，我国目前已经建立了包括工资指导线制度、劳动力市场工资指导价位制度、人工成本信息指导制度和最低工资制度在内的各项制度，并且已经开展了覆盖全国的薪酬调查。这些制度的建立和实施有效促进了我国劳动力要素的合理流动和优化配置。

与此同时，消除阻碍劳动力流动的制度藩篱也是政府调控劳动力市场的重要内容。一方面，劳动力资源的有效配置依赖于劳动力的自由流动，通过在不同地区、不同行业、不同组织之间的流动，劳动力从边际效率较低的地区、行业、组织流向边际效率高的地区、行业、组织，从而提升整个社会的效率。但另一方面，劳动力的流动又受到种种藩篱的制约，其中既包括社会性的制约，也包括制度性的制约。社会性的制约是指劳动力受到社会关系的限制，无法像其他要素和商品一样不受约束的自由流转，劳动力的流动必须考虑社会影响和社会关系；制度性的制约是指劳动力市场中存在前文所述的地区之间、城乡之间、所有制之间、身份之间的分割，而这些分割的产生往往是由制度所设定和固化的，所以，为了提升劳动力市场的运作效率，必须拆除这些制度藩篱。

---

① 莫荣、廖钧："如何看待劳动力价格上升对就业的影响"，《中国发展观察》，2012 年第 12 期。

作为宏观经济的子系统，对劳动力要素配置的政府调控则要在宏观经济调控的背景中加以考察。财政政策和货币政策是进行宏观经济调控最重要的工具，主要针对企业、行业和整个市场，在就业方面的功能主要是创造岗位需求。

就财政政策而言，在增加国家财政支出促进经济增长的过程中，扩大就业的作用也同时得到发挥，针对那些吸纳就业能力更强的企业和行业实施的财政政策在扩大就业方面的作用更加突出，特别是在“就业优先”战略提出之后，实现充分就业成为经济社会发展的优先目标，促进就业也成为包括财政支出政策在内的宏观经济调控政策的重要变量，使得财政政策促进就业的功能更为凸显。与此同时，税收政策对就业促进的作用较财政政策更加直接，通过对弱势群体就业实行税收扶持政策、对能够创造更多就业岗位的投资主体和企业以较大的税收优惠、以多样化的征税方式适应多样化的就业方式等手段，可以有效提升就业水平。

就货币政策而言，其对就业的促进主要是通过货币供给总量调整、优惠利率、贷款投向调整、贷款条件设定等几个方面支持企业扩大就业和自主创业①。在货币供应量方面，政府应该在失业和通货膨胀之间进行适度权衡；在货币供应投向上，需要优先考虑对第三产业等就业密集部门和劳动者自主创业、灵活就业的贷款支持；在贷款条件上，需要放松对中小微企业的贷款限制。

（三）设定劳动力市场运行的规则体系

现代市场经济是法治经济。在劳动力市场中，政府要进行劳动立法，为劳动力市场的运行设定规则，通过法律规范约束劳动力供求双方的行为。

企业和劳动者是劳动力市场的主体，双方互相搜寻并进而开展交易的机制和过程就是劳动力市场。在这一过程中，存在一系列阻碍交易正常开展的约束条件，需要政府制定市场规则，明确市场参与者的权利义务关系，具体包括：劳动者和企业之间存在获取高工资和降低成本的目标冲突，有着以牺牲对方利益来实现自身利益的强烈动机，需要政府在公平与效率的原则下厘清双方的利益和责任，使双方的决策成本内在化，促进社

---

① 王诚：《促进就业的宏观调控体系》，中国社会科学出版社2012年版。

会整体福利最大化；劳动力市场中供求双方都是具有主观意愿的人，因而在劳动力要素配置中劳动关系的稳定有序是提高配置效率的基础，而建立劳动力市场规则体系有利于供求双方以制度化的方式协调劳动关系，化解劳动用工的风险，促进劳动关系和谐；在缺乏制度规范的情况下，会提高劳动力交易的费用，导致劳动力市场的稳定性不足，一方面，不利于就业增长和宏观经济发展，另一方面，也不利于改善企业和个人的人力资本投资激励结构，阻碍人力资本投资；另外，劳动力市场的供给方（劳动者）或者需求方（企业）内部存在一定程度的竞争关系，这种客观存在的关系也要求劳动力市场上存在一整套对其加以规范的规则。

目前，我国的劳动力市场法律制度以《劳动法》为龙头，具体包括调整劳动关系、具体劳动标准、促进就业和社会保险以及劳动执法监察四个方面的内容[①]。调整劳动关系的法律规范以《劳动法》《劳动合同法》《劳动争议调解仲裁法》为核心，配套的行政法规有《企业劳动争议处理条例》《劳务派遣暂行规定》《禁止使用童工规定》等，配套的部门规章有《工资集体协商试行办法》《劳动争议仲裁委员会办案规则》《集体合同规定》《企业经济性裁减人员规定》《企业劳动争议调解委员会组织及工作规定等》。劳动标准以化解工业风险、保障劳动力再生产为目标，除了《劳动法》中对工作时间、休息休假、工资、劳动安全卫生、女职工和未成年工特殊保护等做的一般性规定之外，还有专门配套的行政法规和部门规章，包括《女职工劳动保护规定》《关于修改〈国务院关于职工工作时间的规定〉的决定》《最低工资规定》《工资支付暂行规定》等一系列劳动基准。促进就业的法律法规中包括就业调控、反就业歧视、就业服务、就业管理、职业培训、就业援助等内容，《就业促进法》是我国促进就业最主要的法律，此外还有《失业保险条例》《劳动就业服务企业管理规定》《职业介绍规定》《劳动力市场管理规定》《关于就业训练若干问题的暂行办法》等法规规章。社会保险法律法规以生存保障、秩序维持和激励自足为目标，我国社会保险法律法规以《社会保险法》为引领，包括了五大险种相关的条例或者试行办法、《社会保险行政争议处理办法》等行政法规和部门规章。劳动监察执法方面，《劳动法》《安全生产

① 沈琴琴、杨冬梅、巨文辉：“劳动力市场法规体系建设与劳动者权益保护”，载于孔泾源、胡德巧：《中国劳动力市场发展与政策研究》，中国计划出版社 2006 年版。

法》和《职业病防治法》对监督检查、法律责任做了原则性规定，配套有《劳动保障监察条例》《煤矿安全监察条例》《特种设备安全监察条例》等行政法规，以及《劳动监察员管理办法》《劳动监察程序规定》《劳动行政处罚若干规定》《劳动行政处罚听证程序规定》等部门规章。这些劳动力市场法律制度的实施，规范了劳动力市场的运行秩序，维护和保障了劳动者与企业的合法权益，提升了劳动力资源配置的效率，为市场在劳动力要素配置中发挥决定性作用创造了积极的制度环境。

（四）完善劳动力市场监管体系

一般意义上的市场监管是指政府针对微观经济层面上的部分市场失灵而制定的公共政策和行政法律制度，它是行政机构通过法律授权，制定并执行的直接干预市场配置机制或间接改变企业和消费者供需决策的一般规则或特殊行为。在劳动力市场中，政府监管是相关部门针对劳动力市场在微观层面上的部分市场失灵而采取的执法活动，是法律授权有关部门执行的直接干预劳动力资源市场配置或间接改变企业和劳动者供需决策的特殊行为，是监管部门获取劳动力市场各主体执行劳动力市场法律法规及政策情况的信息并依法采取行动的过程。司法手段也是处理市场失灵的一种方式，作为两种不同的问题处理机制，政府监管与司法的不同之处在于解决问题的价值观不同：政府监管在价值上偏向于市场上的弱势群体，而司法手段则力求中立裁决。在劳动力市场上，由于劳动者处于相对弱势的地位，所以劳动力市场的监管主要是针对企业侵害劳动者权益的行为开展的，同时也对劳动者执行劳动法律法规的行为开展监管。劳动力市场监管与调控都是劳动及相关部门对经济的干预行为，但二者存在很大差异，与宏观层面的市场调控活动不同，市场监管是监管部门对市场主体微观行为的直接介入，具有直接性、微观性和强制性的特征。

从内容上来看，由于市场监管属于一种执法行为，所以劳动力市场监管的范围很广，涉及劳动力市场法律法规及政策的各个方面，在我国，根据承担监管职能部门的不同，劳动力市场监管的内容被分为劳动保障监察和职业安全卫生监察两个大类，其中，劳动保障监察的事项包括企业用工方式，招聘、使用童工女工和未成年工，工作时间和休假，工资，企业和劳动者签订劳动合同和缴纳社会保险的情况等，职业安全卫生监察的事项主要是职业病和职业安全情况。

从方式上来看，一般的市场监管手段有明令禁止特定行为、事前的行政许可、事中的认证审查和检查、行政性契约、信息披露以及行政裁决①，而根据《劳动保障监察条例》《矿山安全监察条例》等专门的劳动力市场监管法规的规定，劳动力市场监管的方式有审查批准或验收、日常巡查、书面审查、专项检查、受理举报投诉检查、重大案件检查，具体的监管手段有现场检查、询问、要求提供材料和说明、搜集证据、委托审计等：

现代化的劳动力市场监管体系应该具备以下几个方面的特征才能适应劳动力市场发展的需要：

第一，保持监管的独立公正。独立公正的监管是保证监管效能的价值前提，一方面，劳动力市场监管的目的更多的是约束企业行为和维护劳动者合法权益，这与企业的利润动机和地方政府的经济发展取向存在一定程度的冲突，在这种情况下，保证劳动力市场监管的独立公正就非常关键；另一方面，在缺乏有效制衡和监督的情况下，监管机构很容易做出不作为、滥用权力、歧视性执法和违背程序等违法行为，扭曲对劳动力市场的正常监管。基于这两点，需要从保持监管机构权力的相对独立性、完善监管程序制度和外部监督机制以及提升监管的公开透明性等方面做出努力。

第二，强大的监管信息获取能力。在劳动力市场中，监管对象与监管机构之间存在着较为严重的信息不对称，劳动及其他相关监察机构缺乏对监管事项的足够信息，极大地阻碍了监管效能的提升。针对这一问题，可以将以下几个方面作为着力点：一是完善各项日常巡查制度，在巡查频率、巡查时间以及随机性方面做出改进；二是运用信息化手段，通过部门间协调合作获取相应的信息，并对企业的劳动用工不当行为做出预警和报警；三是建立健全职工和社会举报制度，由于职工在获取相关信息方面比监管机构具备更多的便利性，也存在维护自身权益的动机，所以应该加强职工举报这一制度。

第三，法治导向的监管行为。由于劳动力市场监管权力的运用会给监管对象带来直接的利益损害，所以，监管权力的运用应该以严格的法律界定为基础，监管的整个过程都要严格按照法律法规的规定开展，做到监管人员职业化、执法活动规范化，同时要完善监管活动的信息公开制度。

① 余晖：《管制与自律》，浙江大学出版社 2008 年版。

第四，完备的监管基础设施。监管资源的充足是实现上述几点要求的基础，除了上述因素而外，有效的劳动力市场监管还有赖于监管机构软硬件设施的提升。在硬件投入方面，监管的人力、物力投入以及信息化网络的建设要与当地经济发展水平和监管对象的数量相匹配，保证监管的充分性；在软件投入方面，要随着技术进步提升监管人员的素质、监管的技术水平，确保监管的质量。

（五）提供面向劳动力市场的公共服务

劳动力市场上普遍存在着供求双方信息不对称现象，或者是劳动者缺乏职位空缺的信息，或者是劳动者缺乏市场工资信息，亦或者是企业难以搜寻到合格的劳动力，所以劳动力市场的无摩擦、无成本的运行是不存在的，价格机制在劳动力要素配置中的作用也不是即刻就能显现的。与此同时，由于劳动力市场中的信息是高度分散和隔离的，搜集、整理和发布这些信息需要消耗巨大的沉淀成本，这也使这种信息服务带有一些自然垄断的色彩，所以这种整体性的信息不对称使得劳动力市场的信息服务成为一种应当由政府提供的公共物品。虽然劳动力市场中存在一些人力资源服务企业，可以在一定程度上解决信息不对称的问题，但是，一方面，这些企业是营利性的，仅仅面向付费的劳动者和企业提供服务，服务对象有限；另一方面，单个企业所能拥有的信息量有限，业务领域也相对集中，难以对整个劳动力市场的运行产生总体性的影响。

具体来说，劳动力市场中的公共服务以信息服务为基础，并由此也衍生出了其他的服务内容（项目），包括以下几个方面：第一，供求信息对接服务。劳动部门应该运用现代化的手段全面、准确、迅速地搜集、整理和发布企业用工信息和劳动力供给信息，并对劳动力市场各个子系统和主要层次的信息进行统计、分析和预测，从而灵活、及时、有效地沟通劳动力供求关系。还要形成信息更新的有效机制，使劳动部门的数据库能够动态反映劳动力市场的实时变动。第二，职业能力提升服务。劳动力市场中的供需不对称不仅是数量上难以对接，还存在着劳动力素质供需不一致，特别是在二元经济背景下，大量劳动力由劳动生产率低的部门流入劳动生产率高的部门，使得这种供需不一致更加明显，也更需要政府介入提供公益性质的职业技能提升和资格鉴定服务，从而在确保劳动力市场趋于均衡的基础上促进宏观经济的发展。第三，社会保险服务。社会保险服务体系是企业和劳动者承担与获取社会保险制度所设定的责任和收益的微观基础，完备的社会保险服务体系能够促进劳动力的自由流动，增强劳动力市场的灵活性，可以在很大程度上弥补劳动力市场的地区分割，消除地区间的信息障碍。

这些普遍性的劳动力市场公共服务在微观上要为劳动者和企业的求职、用人提供便利，在宏观上则要促进劳动力市场的统一、灵活，所以劳动力市场公共服务体系的建设应该从以下几个方面出发：一是公共服务的城乡一体化。统筹城乡是经济发展的战略性举措之一，劳动力市场公共服务的城乡一体化是统筹城乡发展的重要方面，通过城乡一体化的公共服务，能够使农村剩余劳动力无障碍地流动到劳动生产率高的部门，深入挖掘人口红利带给经济增长的收益。二是公共服务的规范化。公共服务的规范化和标准化是提升公共服务水平和促进公共服务均等化的重要手段之一，通过制定规范化的服务项目、服务流程、服务时限、服务依据等标准，可以有效提升服务的规范化程度。三是公共服务的信息化。在劳动力快速流动、劳动力市场信息瞬息万变的情况下，一方面，公共服务应该以信息化为基础，运用前沿的信息技术获取和分析劳动力市场基础信息，确保信息的准确性、完整性、即时性；另一方面，公共服务的供给应该以信息化为重要手段，从传统的面对面式的服务逐步向网络化服务转变，提高服务的效率。

除了普遍提供的公共服务而外，针对劳动力市场的一些群体，劳动部门还要出台专门的帮扶性服务，帮助他们参与劳动力市场，一方面，尽可能挖掘和利用这部分群体的人力资本；另一方面，通过这些社会政策促进劳动力市场的公平正义。这类服务的对象主要包括：从学校毕业尚无就业经历、人力资本积累较少的青年，妇女，残疾人，文化和技能条件较差的农村转移劳动力，中老年无技能者，有犯罪记录的求职者等。

第二章　市场决定土地资源配置研究*

一、以土地谋发展的高速城市化

我国正处于快速的城市化进程中，每年从农村向城市迁移的人口超过1 500万，人口城市化率从2000年的36.2%上升到2014年的54.8%，城镇人口达到7.5亿。迅速的经济增长与城市化进程是以城乡二元的、非市场化的要素配置体系，尤其是土地要素的非市场化配置为基础的。

分税制改革之后，由于中央在预算内收入中所占份额大大提高，而同时地方政府实际的支出责任（特别是社保支出责任）因这一时期进行的大规模企业转制而显著增加，导致地方政府必须面对与日俱增的巨大的财政压力。为了扩大税基，地方政府开始大规模招商引资，并通过所谓的“经营城市”，开启了一个以城市化过程中非市场化的土地开发为基础的“空间城市化大跃进”，推动形成了一种非常具有中国特色的经济增长模式。

上述增长模式的一个最重要特点，就是地方政府在区域竞争中为了招商引资，不惜通过“竞次式”（race to bottom）的恶性竞争，为制造业投资者提供低价土地、补贴性基础设施，并降低劳工基本权益和环境保护

---

* 本章由陶然撰写。

等方面标准。随着发端于20世纪90年代中期的国有、乡镇企业改制、重组乃至破产逐渐完成，地方政府、特别是沿海地区地方政府，开始大规模建设各类工业开发区。2003年7月全国各类开发区清理整顿结果显示，全国各类开发区达到6 866个，规划面积3.86万平方公里，这些开发区到2006年底被中央核减至1 568个，规划面积压缩至9 949平方公里。但事实上，这些被核减掉的开发区大多数只是摘掉了“开发区”名称而已，多数转变成所谓的“城镇工业功能区”或“城镇工业集中区”，原有的开发区功能以及开发区的空间规模几乎没有任何改变。根据商务部的最新统计，2014年仅国家级经济技术开发区的数量就达到218个。

为吸引工业投资者，这些开发区一方面事先进行“三通一平”、“七通一平”[①] 等配套基础设施投资，另一方面制定各种税收和管理方面的优惠政策来招商引资。在2003年前后的一波开发区热潮中，各地制定的招商引资政策中几乎毫无例外地设置了用地优惠政策，包括以低价协议出让工业用地，按投资额度返还部分出让金等。这些开发区甚至每隔一段时间根据招商引资的进度，分析本地商务环境和生产成本的优劣，并随时调整包括用地优惠在内的招商引资政策。于是，经常出现的情况是：基础设施完备的工业用地仅以成本价、甚至是所谓的“零地价”出让给投资者50年。由于地方政府需要事先付出土地征收成本、基础设施配套成本，因此出让工业用地往往意味着地方政府从土地征收到招商入门这个过程中在财政上实际上是净损失的。以珠江三角洲这个中国最为活跃的制造业中心为例，20世纪90年代末期和本世纪初，很多市、县、镇级地方政府提出以“零地价”来争取工业发展。

地方政府如此不惜成本进行大规模招商引资的目的，其实不仅仅是希望获得制造业所产生的增值税和企业所得税，因为虽然增值税总额比较可观，但分税制后地方政府只能够获得其中的25%，剩下的75%被中央拿走，而且地方政府的招商引资优惠政策往往会对制造业企业开始几年的企业所得税的地方部分给予一些减免，比如一些地方会给外来企业投资从获利年度起2年免征、3年减半征收企业所得税的待遇，而有些企业在享受

---

① 所谓“三通一平”，即通水、通路、通电和土地平整。近些年为了招商引资，很多开发区甚至不惜巨资先进行“七通一平”建设，即通路、通电、通信、通上水、通下水、通燃气、通热力及宗地内土地平整。

完这些优惠政策后，可能会转移到其他地区继续享受新的优惠政策。

所以，如果仅从增值税角度考虑，如此不惜血本吸引制造业投资对地方政府未必是划算的。但地方政府为什么还要如此行动呢？这是因为地方政府在制造业投资竞争中获得的好处并不仅仅限于制造业投产后产生的、未来较稳定的增值税收入，还包括本地制造业发展对服务业部门增长的推动并带来的相关营业税和商、住用地土地出让金等收入，或者可以称为制造业发展的“溢出效应”。我们近年来在浙江、江苏、山东、成渝地区进行的大量实地访谈表明，地方政府官员都认为制造业发展将会大大推动本地服务业部门的增长。因此，如果能够通过提供廉价土地和补贴性基础设施之类的各种优惠政策吸引来更多制造业投资的话，将不仅直接带来增值税收入，也会间接增加地方政府从服务业部门获得的营业税收入，同时还会增加服务业的用地需求，从而有助于获得高额土地出让金收入。由于营业税、土地出让金收入完全归地方政府所有，地方政府在工业用地出让上的盘算，是只要吸引到投资后直接带来的未来增值税流贴现值和其对本地服务行业推动后间接带来的营业税收入流贴现值，以及土地出让金收入能超过地方政府的土地征收和基础设施建设成本，那么就值得继续低价出让工业用地。

正是出于上述盘算，地方政府在低价出让制造业用地的同时，往往高价招、拍、挂出让商、住用地来获得超额收益。如果我们仔细考察制造业和服务业的产业特点，这种差别性的出让策略并不难理解。制造业部门，特别是那些中国具有比较优势的中、低端制造业部门，有一个重要特点是缺乏区位特质性（location non - specificity）。换句话说，大部分制造业企业并不是为本地消费者进行生产，他们往往是为其他地区乃至其他国家消费者生产可贸易品（tradable goods）。在国内各地区乃至全球争夺制造业生产投资的激烈竞争下，这些企业对生产成本非常敏感，而且也很容易进行生产区位的调整。面对制造业部门较高的流动性，处于强大区域竞争压力下的地方政府不得不提供包括廉价土地、补贴性基础设施，乃至企业所得税减免、放松环境政策和劳动管制在内的一整套优惠政策包。在这种背景下，地方政府以协议方式来低价、乃至零地价或负地价出让工业用地不足为奇。他们往往并不预期工业用地出让能够给地方政府带来净收入，甚至可以接受短期财政上的净损失。

与制造业不同，大部分服务业部门提供的是被本地居民消费的服务，这些属于非贸易品（non - tradable goods）的服务必须在本地被提供和消费。由于中国地方政府基本垄断了本地商、住用地一级市场，从而在提供商、住用地上有很强的谈判能力，其结果是虽然工业用地由于各地投资竞争而形成“全国性买方市场”，但在商、住用地方面形成了众多“局域性卖方市场”。地方政府完全可以通过“招、拍、挂”方式高价出让土地，并将这种高地价转嫁给本地服务业的消费者。所以，我们自然会观察到地方政府通过设立“土地储备中心”来调节和控制商、住用地的供地规模，提高其商住用地土地出让金收入。

在上述非市场化的土地要素配置模式下，现有城市空间的扩张并没有为不断进入城市打工的迁移人口提供生活用地，而是主要用于以工业开发区为主体的生产建设用地和为既有城市居民住房改善的生活用地（房地产用地）以及基础设施用地。

在这个过程中，农村的流动人口更多地是被作为城市建设和城市工业、服务业发展所需要的“劳动力供给者”，而不是接受政府公共服务的“城市公民”。在城市房地产价格虚高、户籍改革也没有实质性突破的情况下，这些流动人口不能享受与拥有城市户口居民同样的公共服务，尤其是保障性住房服务和子女教育服务，从而无法在城市实现定居，在造成2亿半截子市民的同时，又在农村造成了4 800万留守儿童和数千万留守妇女及留守老人。与此同时，农村流动人口仍然无法放弃农村土地，并进一步导致两个不利结果：首先，农用土地产权稳定性无法得到切实保障，农村内部由于人口变动带来的土地调整压力不能随农村人口向城市实现永久性迁移而得到有效化解，必然出现农业小规模生产同农民增收之间的矛盾、农户分散经营与现代农业发展之间的矛盾；其次，由于农村人口不能实现永久性地向城市外迁，新增家庭不得不继续占用宅基地，农村建设用地快速扩展的局面就难以遏制，结果是农村宅基地户均、人均占地面积大，基础设施建设水平低下，而且一户多宅和“空心村”现象严重，闲置用地多，农村居民点外延式扩张，粗放利用突出。

传统的基于土地非市场化配置的城市化发展模式已走到尽头，我们必须在纠正传统城市化道路各种弊病的基础上，通过土地资源配置市场化、集约化等手段来解决城市化面临的各种问题，提高城镇化的质量。这对中国下一阶段经济与社会的全面可持续发展具有不可替代的战略性作用，并已成为社会各界的共识。

在上述背景下，中共十八届三中全会提出，健全城乡发展一体化体制机制，推进城乡要素平等交换和公共资源均衡配置。从城乡二元的土地制度到城乡统一的建设用地市场，实际上已经成为推进土地市场化、城乡要素平等交换和公共资源均衡配置的重大改革方向。

本章将对我国城乡二元建设用地市场的特征与问题进行系统梳理，特别指出，依靠土地资源非市场化配置的土地财政模式不可持续，地方债务风险不断增大，土地市场化改革迫在眉睫。他山之石，可以攻玉。本章第三部分对台湾城市化进程中一般征收、区段征收和市地重划等三种土地配置方式的背景、做法及效果进行了回顾与分析，以资大陆地区土地市场化改革之借鉴。第四部分讨论了目前已经推行的城市土地制度改革，特别地，我们讨论了集体经营性建设用地入市的既有突破和局限性，指出土地市场化改革的突破口在于城郊村的土地制度改革，在充分借鉴台湾经验的基础上，允许城中村、城郊村的本地农民为外来人口盖房子，实现土地“增值溢价捕获”，同时配套财税体制改革，解决外来人口的子女教育问题。对利用不集约的工业用地和开发区重整，同时腾出空余土地逐渐转化为商、住用地，增加住宅用地供给，逐步化解现有城市房地产泡沫，为地方政府筹集数额可观的土地出让金和各类房地产开发税收，并用于地方建设融资和巨额存量债务偿还。紧接着，本章分析了农村土地市场化改革的误区，指出当前农地确权方式成本高且可能激化矛盾，同时导致收益极小化；目前推行的增减挂钩的做法对推动土地市场化配置、城乡统筹发展有一定的正面意义，但也出现了缺乏公共参与，大规模、运动式的整村拆迁造成社会资源的浪费以及不尊重农民意愿等问题。我们认为，应该在积极稳妥、因地制宜、充分尊重农民意愿的原则下推进城乡建设用地增减挂钩政策的同时，培育以“增减挂钩结余指标”为内容的跨区土地发展权交易市场。积极推动农地整理，培育以“折抵指标”为内容的土地发展权交易市场。在农地整理基础上再进行确权，有利于解决农地细碎化问题，并进一步促进农业的规模化经营。本章的第六部分特别指出，土地要素市场化改革的方法论应以史为鉴，充分借鉴20世纪80年代经济改革中的双轨制经验，同时坚定不移地去杠杆。要实现有效去杠杆，土地管理体制的分权化与去垄断化是一个关键突破口。在土地和相关财政领域推动分权导向的“双轨制”改革，通过向地方政府与市场的分权，可以增加去杠杆过程中经济的弹性，并最终实现土地要素的渐进式市场化。

二、城乡二元建设用地市场的特征与问题

（一）城乡二元建设用地市场的特征

1982 年《中华人民共和国宪法》规定，城市土地以及矿藏、水流、海域、森林、山岭、草原、荒地、滩涂等自然资源属于国家所有，除法律规定属于国家所有以外的农村和城市郊区土地、宅基地和自留地、自留山，以及法律规定归集体所有的土地和森林、山岭、草原、荒地、滩涂，属于集体所有。从此，确立中国城市土地国有制和农村土地集体所有制并存的土地所有制架构。

1. 城乡二元的土地权利体系

在中国城市土地国有制和农村土地集体所有制并存的所有制结构下，衍生出城乡二元的土地权利体系。

第一，城市国有建设用地允许机构和个人拥有使用权。相比之下，法律规定农民可以用作集体建设用地的土地限于三类：农民集体兴办企业或者与其他单位、个人以土地使用权入股、联营等形式共同举办企业用地、集体公共设施和公益事业建设用地、农民宅基地。农村集体建设用地不允许出租，宅基地以集体经济组织成员身份获得，一户一宅，房地分离，宅基地使用权人依法对集体所有的土地享有占有和使用的权利，但没有收益权和转让权。

第一，城乡土地资本化的范围也不同。国有建设用地使用权享有担保抵押权。相比之下，农村允许抵押的土地及其相关财产只限于“以招标、拍卖、公开协商等方式取得的荒地等土地承包经营权”和“以乡镇、村企业的厂房等建筑物抵押的，其占用范围内的建设用地使用权一并抵押”以及“通过招标、拍卖、公开协商等方式承包的农村土地”，明确规定乡镇、村企业的建设用地使用权不得抵押。

2. 城乡二元且非市场化的土地配置方式

城乡二元的土地权利体系决定了城乡建设用地不同配置方式：第一，农地仅限于农地农用。第二，农地转为非农用地时，由市县政府实行征收与转让。第三，国有土地实行划拨供应和有偿使用的双轨制。除国家机关用地和军事用地、城市基础设施用地和公益事业用地、国家重点扶持的能

源交通水利等基础设施用地实行划拨供地外，其他各类建设用地一律实行出让、租赁、作价出资或者入股等有偿使用方式。第四，国有经营性土地实行政府独家垄断下的市场配置。工业、商业、旅游、娱乐、商品住宅等经营性用地以及同一土地有两个以上意向用地者的，采取招标、拍卖、挂牌公开竞价的方式出让。城市土地使用权既可以直接划拨给使用者，也可以通过政府和使用者之间达成协议有偿出让给使用者。

在城乡分治和不同配置方式下，土地市场处于城乡分割状态。

农村集体土地以村社为边界，集体成员可准入；农地流转主要处于无价格的非正规交易，例如，农村宅基地的地下交易长期存在；不同类型农村土地（承包地、宅基地、集体建设用地、非耕地）按不同准入规则进入市场。

城市土地由地方政府独家垄断土地供应、转让与回收；土地交易处于卖方垄断下的买方竞争。国有建设用地的供应方式一般分为有偿出让和无偿划拨两类方式[①]，在有偿出让中，又可分为招标、拍卖、挂牌的公开方式和协议出让这二大类。一般来说，可以用“出让面积占总供应量”和“招拍挂出让面积占出让面积”这两个指标来反映国有建设用地的市场化配置程度，前一个指标是指国有建设用地有偿供应的比例，后一个指标是指在有偿供应土地中以“招拍挂”方式出让的比例。

从“出让面积占国有建设用地实际供应量”这一指标看，我国近年来的土地市场化配置水平在降低。2006～2013 年间，以出让方式供应的国有建设用地占比从 75.9% 下降到 50.27%，短短 6 年间降低了近 26 个百分点。相反，以无偿划拨形式供应的非经营性用地占比从 24.1% 快速增加到 49.73%。有偿出让比重的不断下降，非常不符合我国土地资源稀缺的现实国情，构成了我国土地利用效率低下的最重要原因之一。

但从“招拍挂面积占出让面积的比重”这一指标看，以有偿出让方式供应的国有建设用地内部的市场化配置程度却在快速提高。2006～2013 年间，“招拍挂”面积占出让面积的比重从 28.5% 提高到 92.3%，其中 2007 年和 2008 年的“招拍挂”占比分别是 50.9% 和 83.9%，是这期间占比提高最快的两年（见图 2－1）。其主要原因是 2006 年和 2007 年相继出

① 有偿出让是针对“经营性用地”，无偿划拨用地则属于“非经营性用地”，非经营性用地的概念和范围可参照《中华人民共和国土地管理法》第五十四条规定。另外，划拨用地的具体范围，可参照在 2001 年国土资源部公布施行的《划拨用地目录》。

台了“要求工业用地和城市用地必须采取招标拍卖挂牌方式出让”的政策法规[①]，工业用地是国有建设用地出让的主要组成部分，因此将工业用地全部纳入到“招拍挂”出让方式，会大幅提高“招拍挂”出让方式的占比。

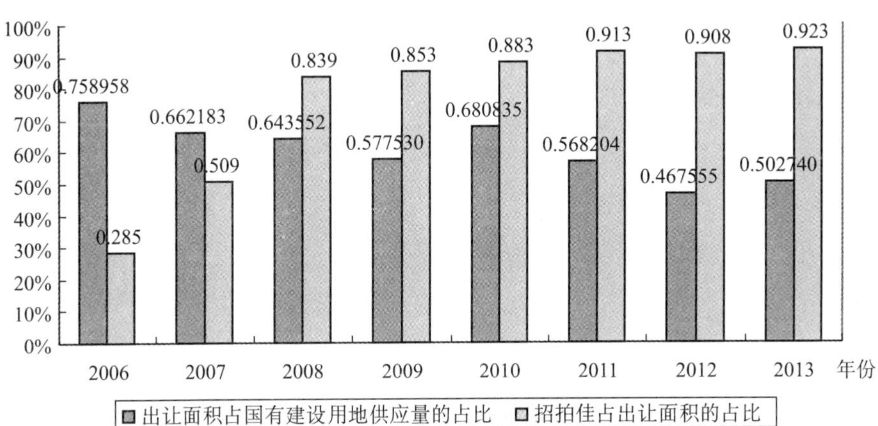

资料来源：WIND 资讯库。

图 2-1　国有建设用地出让面积占供应量的比重：2006～2013 年

（二）二元建设用地市场带来的问题

1. 征地带来的失地农民及相关的社会不稳定问题激增

2013 年国有建设用地供应 73.05 万公顷，均由地方政府实行征收与转让。征收时，按被征收土地的原用途补偿，征收耕地的土地补偿费、安置补助费最高不得超过被征收前 3 年平均年产值的 30 倍。征地补偿标准低，且征地后农民丧失未来土地增值收益分享权。征地补偿过低以及由此带来的土地增值收益不公成为群体性事件以及社会不稳定的根源之一。据中国社科院《2012—2013 年中国社会形势分析与预测》报告，2012 年因征地拆迁引起的群体性事件占所有群体性事件的 50% 左右。

更为严重的是，失地农民往往文化水平较低，就业技能单一，失去土地后难以获得新的工作岗位。从已经获得就业安置的情况来看，我国当前的就业安置以城市中的保洁、保安等岗位为主，收入较低且覆盖范围不够广。农民失地后失业、失去生活来源的情况较为严重，亦成为社会不稳定

---

① 2006 年《国务院关于加强土地调控有关问题的通知》（国发［2006］31 号）、2007 年《招标拍卖挂牌出让国有建设用地使用权规定》（国土资源部 39 号令）、2007 年《关于落实工业用地招标拍卖挂牌出让制度有关问题的通知》（国土资发［2007］78 号）。

因素之一。

2. 农村空心化与农村宅基地无序扩张并存

农村宅基地属于集体建设用地，是村级组织分配给村民的，属于农民集体所有，个人只能在上面建造房屋供自己使用，转让只能在村集体内部进行，农民住宅不得向城市居民出售，不能为在农村购买房屋的城市居民发放土地证和房产证。

在城镇化背景下，大量农村人口向城市转移，但由于城市相关社会保障不健全，流动人口难以实现举家永久性迁移，出于对未来不确定性的担忧，往往不愿意放弃农村的土地和宅基地。一方面，无论是利用外出打工收入建设的新房，还是数量巨大、没有翻建或改造的大量旧房，其利用率都非常低，被闲置，弃置住房也越来越多，许多农村成了名副其实的“空心村”。“空心村”内老宅基地闲置面积占比较高；另一方面，由于现有体制下农村没有形成合法的住房市场，新建家庭无法通过正常的市场交易获取农村住房，为了满足新成立家庭居住的住房需求，基层政府和社区组织不得不给新增家庭安排宅基地，导致村庄宅基地面积不断扩大。据中科院农业政策中心 2008 年 6 月至 10 月进行的一次大样本随机抽样调查，样本中拥有一处宅基地的占 90. 31%，拥有两处及以上宅基地的农户占到 6. 28%，有 3. 4% 的农户没有宅基地；平均每个农户的宅基地面积为 258 平方米，人均宅基地面积 57. 6 平方米，如果按照实际使用人计算，人均宅基地面积达 79. 1 平方米，远远超出规定的标准。

总体来看，由于宅基地使用现状与法律严重冲突，政府对宅基地使用的管理基本处于缺位状态，规划和用途管制无法实施，农民宅基地的扩张和盖房更是无序，甚至有蔓延之势。

3. 集体建设用地进入市场缺乏有效渠道

1998 年新《中华人民共和国土地管理法》（以下简称《土地管理法》）颁布并付诸实施。该法规定，农地转为建设用地，必须实行征地；建设需要用地，必须使用国有土地。农村集体建设用地只是以“农民集体兴办企业或者与其他单位、个人以土地使用权入股、联营等形式共同举办企业用地，以及集体兴办公共设施和公益事业建设用地除外”形式留下一个口子，但事实上，农地合法进入集体建设用地市场的通道已越来越窄。由此造成的结果是，集体建设用地量大大缩减，非法用地蔓延。从此，集体建设用地利用陷入制度困境。

一是农村集体建设用地利用大量处于法外状态。在建设用地指标管制下，集体建设用地量大大缩减，我国大部分县市每年能分配到的建设用地指标就只有300~500亩。农民集体为了增加农民收入和发展集体经济，不得不冒着风险自发将集体土地用于非农建设，许多集体建设用地处于法外状态。二是缺乏抵押融资功能，极大限制了集体建设用地的产出水平和农民财产性收入。现行的《土地管理法》不允许集体建设用地抵押、融资，限制了集体土地的资本化能力，因为所有投资项目都必须由自有资金支付，没有金融杠杆作用，大幅提高了集体土地上产业进入的门槛。另外，缺乏抵押融资功能的集体建设用地，其市场估值会大大降低，利用效率难以真正提升。三是没有纳入到城乡规划，抑制了集体建设用地的总体经济效益。一方面，在集体建设用地上搞产业、造房子，没有正式的规划编制，普遍存在“村民私搭乱建住房”等现象，集体建设用地的“碎片化”利用，大大降低了集体建设用地利用的规模效应。另一方面，村庄自主设计的各类规划不被政府承认，结果是市政基础设施的建设成本主要由村集体来支付，加大了村集体组织的财政压力。四是集体建设用地粗放式利用，产业结构难以升级。为规避法律和政策风险，集体组织私下出租集体建设用地，或者盖厂房出租，造成建设用地的低效利用，难以形成有规模、上档次的产业园区或产业带。五是集体组织治理结构改革滞后，阻碍了集体建设用地的高效配置。集体经济产权具有天然的模糊性，即使是在农村集体土地、厂房等资产转为股权后，“资产变资本、农民变股农”，但农村集体组织内部的矛盾仍然十分突出。

（三）土地市场化改革迫在眉睫

1. 国有建设用地利用结构不合理，工业用地低效问题突出

非市场化的建设用地配置方式以及各地杀价招商引资的恶性竞争，导致我国建设用地利用结构不合理，工业用地“粗放式利用”明显，工业和基础设施用地占比过高，而商住用地占比过低。以2013年为例，我国新增建设用地中，有28.8%用于工矿仓储，43.4%用于基础设施，而商服用地的比重仅为8.9%，住宅用地的比重为18.9%，如图2-2所示。从发达国家的经验来看，工业用地的比重一般在10%~15%，而商住用地比重为60%~70%。所以，我国建设用地的利用结构是较为扭曲的，一方面，导致工业开发区占地过大，土地利用效率极为低下，据国土资源部的调查，

即使在很多沿海经济发达地区，工业项目用地容积率也只有0.3～0.6；另一方面，商住用地开发强度过高，人居环境较为恶劣，且城市房价畸高。

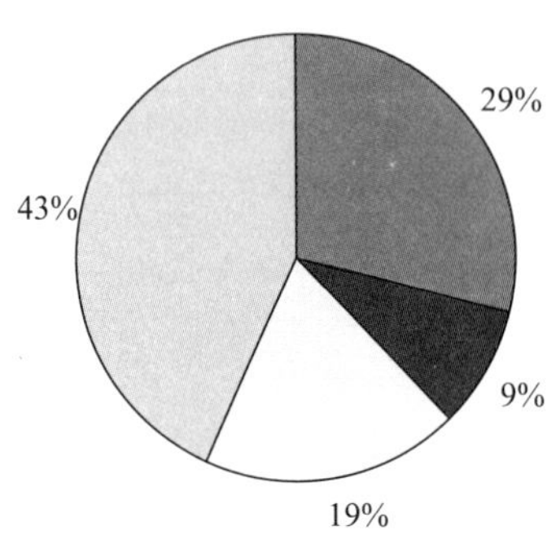

资料来源：2013年国土资源公报。

图2－2　我国2013年新增建设用地利用结构

2. “土地财政”不可持续，土地出让净收益快速下降

地方政府“以地谋发展”的一个结果，就是土地出让收入屡创新高，成为地方政府的重要财政收入来源。2000～2013年间，全国土地出让签订总价款从596亿元上升到42 000亿元，年均增长38.7%。出让收入占地方财政收入的比重也从2000年的9.3%增加到2013年的60.9%（见图2－3）。

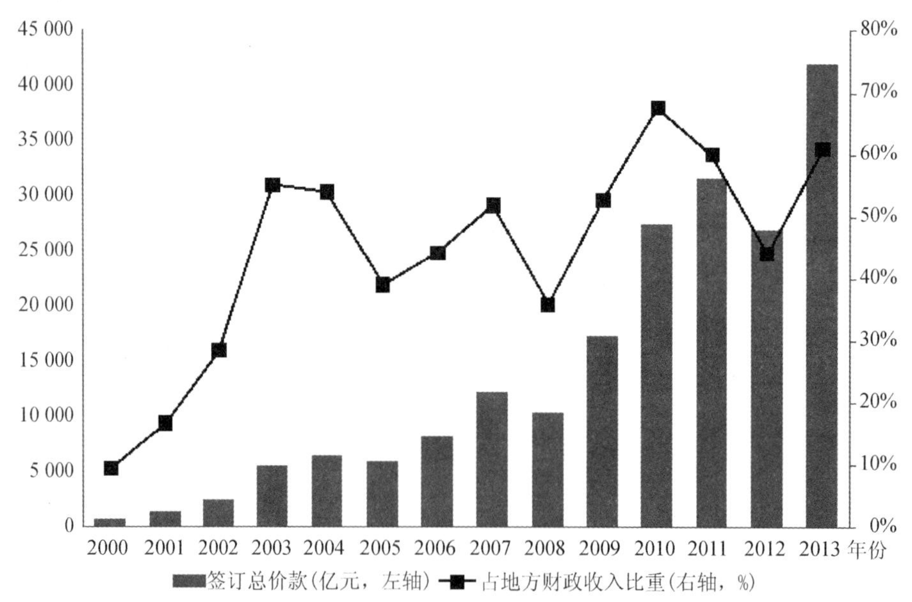

资料来源：WIND资讯库。

图2－3　全国土地出让签订总价款与占地方财政收入比重

第一，东部地区的土地出让收入仍然占绝对比重，波动幅度要大于中西部地区，但是中西部地区的土地出让收入增速加快，在全国土地出让收入中的比重逐步提高。2009 年和 2013 年是全国土地出让收入剧增的两年，增幅分别达到 67.4% 和 44.6%。2009 年，东部地区土地出让收入增幅是 83.9%，远高于中部地区的 25.8% 和西部地区的 44.9%。2013 年，东部地区土地出让收入增幅是 46%，仍然高于中部地区的 45.7% 和西部地区的 31.4%，但是增幅差距在快速缩小。但在 2011 年和 2012 年，东部地区土地出让收入增幅明显放缓、降幅则明显上升，2011 年东部地区 1.9% 的增幅远远低于中部地区 33.6% 和西部地区 40.1% 的水平，同样，2012 年东部地区 20.7% 的降幅也大大超过中部地区 5.9% 和西部地区 1.3% 的降幅（见表 2－1）。

表 2－1　　东中西部土地出让收入及增幅情况　　单位：亿元，%

年份	2009		2011		2012		2013	
	收入	增幅	收入	增幅	收入	增幅	收入	增幅
东部	12 583	83.9%	19 642	1.9%	15 579	－20.7%	22 748	46.0%
中部	2 772	25.8%	7 565	33.6%	7 119	－5.9%	10 374	45.7%
西部	1 823	44.9%	6 269	40.1%	6 188	－1.3%	8 128	31.4%
全国	17 179	67.4%	33 478	13.8%	28 886	－13.7%	41 250	44.6%

资料来源：财政部：历年《全国土地出让收支状况》。

注：表中的土地出让收入是按财政部口径统计的实际入库收入，区别于国土部统计的按签订合同价款计算的出让收入。

第二，尽管土地出让收入大幅提高，但是土地出让的净收益同比增幅却始终不高，其原因是各类成本性支出的增幅在大幅提高。如果把土地出让收入扣除各类成本性支出，就是土地出让的净收益，也就是政府实际可支配的出让收入，或者称为“土地财政”。从图 2－4 可知，“土地财政”占地方财政收入的比重从 2010 年以来就在持续下降，从 2010 年的 30.11% 快速下降到 2013 年前个 3 季度的 7.38%，这种自由落体式的下降，表明地方政府很难再从土地出让收入中获取足够的净收益。据此判断，在现有征地制度不改变的前提下，拆迁成本等各类成本性支出占比将会刚性上升，在土地出让收入总量不变的情况下，土地出让净收益将大幅下降，未来几年的“土地财政”已经没有可持续性可言。

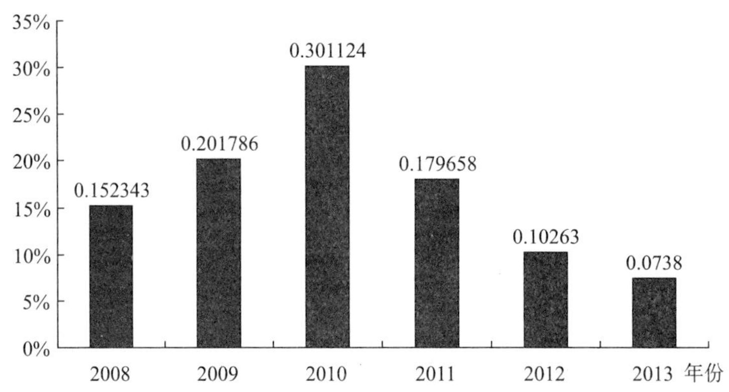

资料来源：WIND 资讯库。

注：2013 年的数据为前 3 个季度的数据。

图 2－4　实际可支配出让收入占地方财政收入比重

第三，依赖土地出让收益的民生领域支出具有不可持续性。2008 年以来，我国接连出台相关政策调整土地出让收益支出结构，将土地出让收益更多向农村建设、教育、水利、保障性安居工程等民生领域倾斜。2012 年，全国土地出让收益用于教育支出、农田水利建设支出、农村基础设施建设支出、保障性安居工程支出的比重依次为 4.66%、3.87%、8.42% 和 10.23%（见表 2－2）。但是，这种依托“土地财政”保障民生等支出的制度安排，面临可持续性的问题：一是土地出让收益的波动性大，而民生领域的支出却是刚性的。一旦土地收益大幅下降，地方政府就难以兑现各项民生保障的承诺。二是征地过程中的各类成本性支出快速上升，导致未来土地出让收益占总收入的比重仍会趋势性下降，将直接影响土地出让收益对民生领域的保障能力。

表 2－2　　土地出让收益的支出结构　　单位：亿元

<table>
<tr><th></th><th>2008 年</th><th>占比</th><th>2010 年</th><th>占比</th><th>2012 年</th><th>占比</th></tr>
<tr><td>土地出让收益</td><td>4 563.08</td><td>－</td><td>12 215.99</td><td>－</td><td>6 261.41</td><td>－</td></tr>
<tr><td>教育支出</td><td>－</td><td>－</td><td>－</td><td>－</td><td>269.95</td><td>4.66%</td></tr>
<tr><td>农田水利建设支出</td><td>－</td><td>－</td><td>－</td><td>－</td><td>224.59</td><td>3.87%</td></tr>
<tr><td>国有土地收益基金</td><td>308.91</td><td>6.74%</td><td>1 007.89</td><td>9.00%</td><td rowspan="3">1 017.17</td><td rowspan="3">17.55%</td></tr>
<tr><td>农业土地开发支出</td><td>126.07</td><td>2.75%</td><td>188.87</td><td>1.69%</td></tr>
<tr><td>缴纳新增建设用地有偿使用费</td><td>638.71</td><td>13.94%</td><td>983.73</td><td>8.79%</td></tr>
<tr><td>保障性安居工程支出</td><td>145.57</td><td>3.18%</td><td>463.62</td><td>4.14%</td><td>593.01</td><td>10.23%</td></tr>
</table>

续表

	2008 年	占比	2010 年	占比	2012 年	占比
城市建设支出	3 024.02	66.0%	7 531.67	67.26%	204.15	55.27%
农村基础设施建设支出	338.3	7.38%	1 021.68	9.12%	488.08	8.42%
土地出让收益支出	4 581.58	–	11 197.46	–	5 796.95	–
土地出让收益结余	– 18.5	–	1 018.53	–	464.46	–

资料来源：财政部：历年《全国土地出让收支结构分析》。

注：（1）土地出让收益为当年土地出让收入扣除成本补偿性相关费用后的余额。

（2）教育支出、农田水利建设支出、国有土地收益基金、农业土地开发支出均为专项资金，结余资金按规定结转下年使用，因此，表列数字为当年实际计提数。

（3）土地出让收益结余为当年土地出让收益与土地出让收益类支出数的差额。

（4）教育支出和农田水利建设支出均从 2011 年开始计提。

3. “土地金融”愈演愈烈，金融和地方债务风险凸显

1998 年的财政分权体制改革，中央拿走了 75% 的增值税，把当时占比非常小的土地出让金留给了地方。随着中国经济进入新一轮快速增长期，土地出让收入也快速上升。由图 2 – 5 可知，2000 ~ 2013 年间，国有土地使用权出让收入从 596 亿元增长到 4.2 万亿元，年均增长 38.7%。“财政保吃饭、出让收入保建设”，土地出让收入已经成为名符其实的“地方第二财政”，是地方政府搞城市建设的最重要资金来源。这种独特的土地资本化模式推动了中国的城镇化[①]。2000 ~ 2013 年城市建成区面积扩增了一倍多，期间近 20 万亿元的土地出让收入发挥了极其重要的作用。

除了土地出让收入，土地抵押融资已成为地方政府推进城镇化过程中重要的融资来源，是土地资本化的新模式。在以土地扩张为中心的城市化过程中，金融是其中的重要环节。随着城市基础设施和房地产建设的热潮，银行信贷也大量流入这些领域。投资拉动的城市化是围绕城市基础设施和房地产开发的城市化，而非以工业化为核心的城市化，而金融资金在这种增长模式中起了至关重要的作用。

据不完全统计，2007 ~ 2013 年，84 个重点城市的土地抵押面积从 12.84 万公顷增加到 40.39 万公顷，年均新增 4.59 万公顷。土地抵押贷款金额从 1.33 万亿元增加到 7.76 万亿元，年均增幅为 34.2%（见图 2 – 6），这一增幅已经远远超过同期土地出让收入和净收益的增幅，土地资

① 许多文献从各角度分析了地方政府用“土地融资”推动城镇化建设，其中包括 Guangzhong Cao 等（2010）、刘利刚和陈少强（2006）和满燕云（2010）。

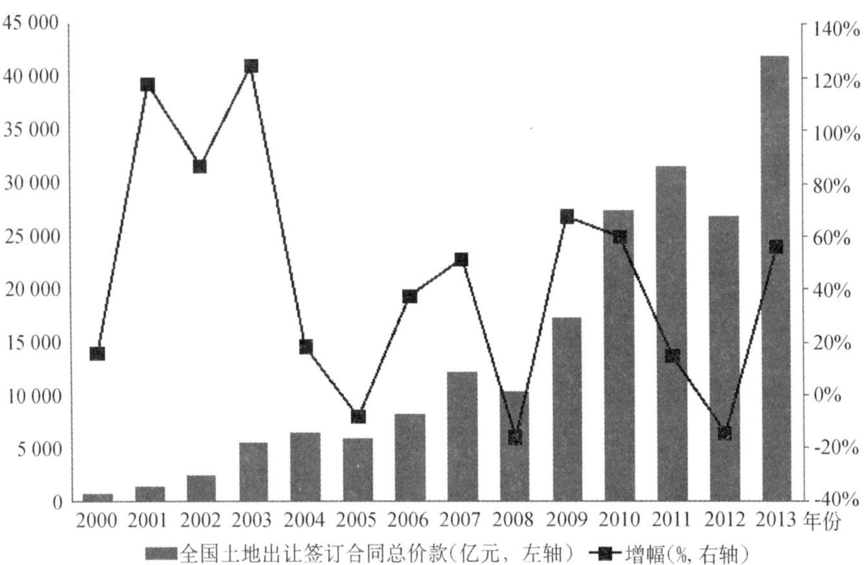

资料来源：WIND 资讯库。

图 2－5 全国土地出让价款及增幅情况（2000～2013 年）

产的价值通过金融杠杆被迅速放大。目前，土地抵押贷款已成为金融机构最主要的一类贷款。以 2008 年 1 月至 2012 年 11 月为例，土地抵押贷款占全国金融机构人民币各项贷款的比重从 4.94% 提高到 9.29%，几乎翻了一番。个别大城市的这一占比已经非常高，截至 2012 年 11 月，某两个直辖市的土地抵押贷款占当地人民币贷款余额的比重分别是 38.9% 和 31.8%。

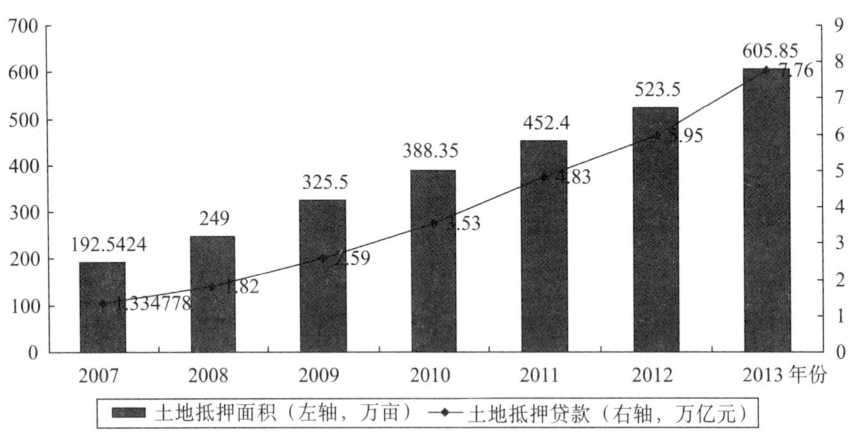

资料来源：历年《全国国土统计公报》。

图 2－6 84 个重点城市土地抵押面积和抵押贷款情况（2007～2013 年）

“土地财政”空间的快速收缩，并不表示地方政府对土地的依赖度也在快速下降，因为以土地抵押贷款为主的“土地金融体系”已经取代了单纯的靠卖地获取出让收入的“土地财政体系”。这种增长模式是土地资源保护和有效利用受到威胁的根本原因。在土地、财政、金融“三位一体”的局面下，其中一种资源的充足供应就能对其他两种资源形成巨大的压力。这种模式决定了：财政和金融资金只有与土地相结合才能真正刺激经济增长。从另一面讲，这种增长模式不从根本上加以转变，土地资源的保护和有效利用就是空话，经济的可持续发展也会受到巨大威胁。

土地抵押贷款的风险首先表现为地方政府债务风险。根据审计署对15个省、3个直辖市本级及其所属的15个省会城市本级、3个市辖区，共计36个地方政府本级2011年以来的政府性债务情况审计结果，发现部分地方以土地出让收入为偿债来源的债务余额增长。2012年年底，4个省本级、17个省会城市本级承诺以土地出让收入为偿债来源的债务余额7 746.97亿元，占政府负有偿还责任债务余额的54.64%。但由于近年来土地出让收入不稳定性加大，并且政府实际可支配的土地收益占出让收入的比重仍在不断下降，因此，用未来不确定性强、实际可支配收入占比在持续下降的土地出让收入作为最重要的偿债来源，会显著增加地方政府尤其是县市级政府的潜在债务风险。

相比地方政府的债务风险，更需引起足够重视的是土地抵押融资的金融风险。2012年年底债务余额中，融资平台公司举借的占45.67%，比2010年增加3 227.34亿元，增幅是22.5%。同时，银行贷款又是最重要的债务资金来源，2012年年底债务余额中，银行贷款占78.07%。目前，各地的融资平台公司最重要的抵押品就是各类储备用地，一旦土地市场发生较大波动，通过影响储备土地抵押价值，平台的不良贷款率有可能较快上升，银行金融风险就会迅速积累。另外，从一些典型调查看，土地抵押融资还存在融资过程极不透明以及相当大量的违规操作等现象。2012年，国家土地督察某局调查了6个城市的土地抵押融资情况，结果发现，涉及违法违规的土地宗数、面积、融资额分别占土地融资总宗数、总面积和总金额的2/3左右。

三、土地市场化的台湾经验

在非市场化的征地卖地城市化模式难以继续推行后，城市发展与更新面临巨大的资金成本，如何通过分享土地增值收益解决城市基础设施建设资金来源，同时又平衡土地权利人利益，成为城市发展和更新过程中的核心问题。

在我国台湾省，城市化和工业化进程中土地要素配置根据不同的目的分为三种方式：一般征收、区段征收和市地重划。一般征收即通常意义上的土地征收，限于公益事业，区段征收则用于实施特定的经济政策，城市更新则主要采取市地重划的办法。从土地市场化的角度来看，市地重划的土地市场化程度最高，区段征收次之，一般征收的市场化程度最低，但仍然以基于土地市场价的土地公告现值补偿。他山之石，可以攻玉，台湾土地市场化的经验或许可以为我国大陆地区土地市场化改革提供有益的借鉴。

（一）一般征收

1. 征收范围

由于一般征收牵涉面广，台湾省慎之又慎，严格遵循“公共利益”原则，且必须是经过充分讨论的重大公共利益，以避免过度侵害被征收人的财产权利。具体来讲，台湾省将一般征收的范围限定在兴办国防、交通、公用、水利、公共卫生及环境保护等10类公共事业。

一般征收主要针对土地所有权进行，但征收后附着在土地上的地上权、抵押权、租赁权等其他权利也随之消失，土地改良物一并征收。特别值得注意的是，大众捷运系统等交通设施的建设只需要穿越土地上空或地下，并不需要征收土地所有权，否则将违反土地征收的必要性原则。用地机构可通过协商的方式取得地上权，如无法协商一致，方可通过征收方式取得。此外，古迹、现有公共事业用地、耕地等土地应尽量避免征收。

2. 征收补偿的确定

征收补偿是土地征收的核心问题，地价查估则是征收补偿的基础。

地价查估包括规定地价与公告土地现值两项。规定地价主要作为征收土地增值税的依据①，由台湾当局按照法定程序规定每宗土地的地价，每3年（必要时可延长）调整一次，称为“重新规定地价”。公告土地现值的调整则更为灵活，“市县政府”在充分调查的基础上，综合考虑土地用

① 1954年《平均地权条例》颁布后开始实施。

途管制、交通、自然条件、公共设施及发展趋势等因素，编制地价区段图并估计相应的地价，于每年年初进行公告，作为土地流转、交易的参考。土地征收时，按照当期的公告土地现值进行补偿。一般来讲，公告土地现值已十分接近正常交易价格。

征收时，除了根据地价对土地所有权进行补偿外，还应根据实际情形补偿土地改良物（建筑改良物与农作物改良物）、土地改良费用、合法营业损失以及迁移费等。

3. 征收程序

一般征收需严格按照法律规定的程序进行，除了通常意义上的征收申请、审议核准、公告、执行等程序，还特别设置了必要的前置程序与例外情形下的后续程序，以充分保障被征收人的土地权利。

前置程序包括勘选用地、举行公听会、地籍调查、协议价购与土地改良物查估等。勘选用地应以损失最小为原则，且应尽量避免耕地。用地机构或个人在申报征收计划前应举办公听会，听取土地权利人的相关意见，以促进决策的透明化。除了国防、交通、水利、公共卫生及环保事业外，用地机构或个人应先与土地所有权人协议价购或以其他方式取得土地所有权，未达成一致方可申请征收。由于协议价格不得低于土地征收补偿，用地机构或个人倾向于以征收价格取得，协议价购程序往往流于形式，并无实际作用。

土地征收后如未按照征收计划在规定期限内开发，或原本不在征收范围内的土地因征收而无法利用，则启动撤销征收、残余地一并征收以及收回权等后续例外程序。撤销征收的情形主要包括工程变更、都市计划规定以市地重划等其他方式开发或因情况变化而导致被征收土地闲置等。土地被征收后如导致残余部分土地面积过小或细碎化，则将剩余土地一并征收。被征收的土地如未在规定期限内开发，原土地权利人可按征收补偿价收回被征收的土地，设置收回权的目的是防止台湾当局进行不必要的征收或拖延公共设施的建设。

4. 一般征收的规模

截至 2013 年年底，台湾省共一般征收 377 337 宗、37 981.06 公顷土地（见表 2 - 3），每宗平均 0.1 公顷。其中，征收面积最大的是交通事业，共征收 20 265.91 公顷，占比 53.36%；其次是水利事业，共征收 6 664.25公顷，占比 17.55%。

表 2－3　台湾省的一般征收

征收项目	面积（公顷）	比例
国防设备	986.16	2.60%
交通事业	20 265.91	53.36%
公用事业	1 218.68	3.21%
水利事业	6 664.25	17.55%
公共卫生及环境保护	357.4	0.94%
政府机关、地方自治机关及公共建筑	463.57	1.22%
教育学术及文化事业	2 599.06	6.84%
社会福利事业	1.22	0.003%
国营事业	920.71	2.42%
其他	4 504.1	11.86%
总计	37 981.06	100.00%

资料来源：台湾“内政部”内政统计查询网①。

（二）区段征收

一般征收会为台湾当局带来较为沉重的财政负担，除公益事业所必须的土地征收，台湾省采取区段征收方式。

区段征收的理念源于孙中山“地尽其利，地利共享”的平均地权思想。为防止私人垄断土地，由“地方政府”于开始建设之前，照价收买建设区内的全部土地。根据补偿方式的不同，区段征收的发展可分为“传统区段征收”和“抵价地式区段征收”两个时期。

1. 传统区段征收：涨价归公

1954 年，台湾当局颁布《实施都市平均地权条例》，将区段征收作为其重要的城市土地政策之一，“直辖市”或“县市政府”根据都市发展建设需要，可选择适当地区施行区段征收。区段征收的土地可分宗放领给原土地权利人，并限制每户面积以 3 公亩②为限，旨在消除大地主，保障小地主权益。20 世纪 60 年代，台湾省经济起飞，城市化加速，大量人口涌入城市，“政府”希望以区段征收的方式为其提供廉价住宅。但由于区段

① http：//statis. moi. gov. tw/micst/stmain. jsp? sys = 100。

② 长 10 米宽 10 米的一块地为一公亩地，即 100 平方米。

征收补偿标准偏低，土地所有权人无法以补偿价格买回 3 公亩土地。例如，1973 年完成的基隆安乐小区征收案，总面积 62 公顷，私有土地占 72%，全部土地都用于国民住宅，台湾当局并未办理分宗标售，原土地所有权人仅能领取补偿，无法购回土地，引发强烈抗争，最后台湾当局将补偿标准提高 3 倍，并优先配售拆迁户每户 50 坪①，重建住宅，始消除民怨。20 世纪 70 年代，台湾省面临一系列政治经济危机，遂实行本土化政策，本土政治精英越来越多地进入决策层，加之外来精英也多已置办产业，不利于大地主的土地政策逐渐瓦解，区段征收制度向保障土地权利人利益的方向演进。1977 年 修订《实施都市平均地权条例》为《平均地权条例》，放宽土地所有权人的买回权益，规定区段征收土地所有权人得以开发成本，按其原有土地价值比例优先买回，最高面积为 10 公亩。

在此期间，区段征收共办理 5 区，3 区为旧市区更新，2 区为新小区开发，征收总面积 141.3171 公顷，土地权利人优先买回 10.8473 公顷，占征收面积的 8% 左右（见表 2－4），这一比例与大陆地区留地安置的留地比例（5% ~10%）比较接近。

表 2－4　　传统区段征收统计

<table>
<tr><th></th><th>办理时间</th><th>总面积（公顷）</th><th>土地权利人优先买回面积（公顷）</th><th>开发类型</th><th>备注</th></tr>
<tr><td>台北市华江地区第一期</td><td>1969.11 ~1974.12</td><td>6.4417</td><td>2.7768</td><td>旧市区更新</td><td rowspan="4">3 公亩</td></tr>
<tr><td>基隆市安乐小区</td><td>1972.07 ~1973.12</td><td>62.17</td><td>0</td><td>新小区开发</td></tr>
<tr><td>台北市华江地区第二期一区</td><td>1976.09 ~1980.06</td><td>3.3287</td><td>0.2324</td><td>旧市区更新</td></tr>
<tr><td>台北市华江地区第二期二区</td><td>1978.05 ~1981.09</td><td>2.5064</td><td>0.6787</td><td>旧市区更新</td></tr>
<tr><td>台北市木栅万芳小区</td><td>1978.11 ~1984.03</td><td>66.8703</td><td>7.1594</td><td>新小区开发</td><td>10 公亩</td></tr>
<tr><td>总计</td><td></td><td>141.3171</td><td>10.8473</td><td>—</td><td>—</td></tr>
</table>

资料来源：中国台湾“内政部”地政司网站。

2. 抵价地式的区段征收

由于传统区段征收在施行过程中遭遇了极大阻力，为促进土地的开发

① 1 坪 = 3.30378 平方米，坪原为日本面积单位，19 世纪末日本占领了朝鲜半岛和台湾之后，坪这个单位也在这些地方通用，沿用至今。

利用及国民住宅和公共设施用地的取得，台湾当局于1980年出台《区段征收改进要点》（以下简称《改进要点》），实现了两大原则上的突破：一是规定区段征收得以土地抵付补偿地价（即所称的“抵价地”），此举打破了传统以现金补偿的方式；二是放宽原土地所有权人领回土地面积之限制，抵价地面积以区段征收总面积40%为限。《改进要点》的目的在于使原土地所有权人权益能与参加市地重划所获得的权益相接近。

1986年修订《平均地权条例》，并将上述原则性的突破列入立法，土地所有权人可以自行选择领取现金补偿或申领抵价地补偿。抵价地式的区段征收中，抵价地总面积须考虑各地区特性、开发目的、开发总费用、公共设施用地比例、土地使用强度、土地所有权人受益程度及实际发展状况等因素来决定。抵价地总面积以征收总面积50%为原则，最低不得少于40%（曾经办过农地重划之土地，最低不得少于45%）。抵价地总面积最低虽为征收总面积的40%，但原土地所有权人实际领回的抵价地面积，可能高于其被征收土地面积的40%，也可能低于40%，并不是每一位都刚好是40%。

经过《改进要点》的突破和《平均地权条例》的正式修订，区段征收实质上已经变为一种具有强制性、同时又具有合作性的整体开发方式：即由土地所有权人提供土地，台湾当局提供开发费用，土地所有权人领回抵价地作为补偿，面积虽有所缩小，但享受到土地价值提高、公共设施完善及生活品质提升等多重利益；台湾当局则通过这种方式无偿取得了公共设施用地与国民住宅用地，节省了庞大的建设经费支出，促进了都市发展①。

3. 区段征收实施效果

实施区段征收时，主管机关应核算区段征收区域内土地的平均开发成本，并充分考虑区段征收后各街廓的位置、道路宽度、基础设施情况以及未来的发展趋势，估计区段价格，作为原土地权利人领取现金补偿或者抵价地的计算标准。

区段征收除领取抵价地补偿以外，其余程序与一般征收相同。

截至2013年年底，抵价地式区段征收共进行95区，共征收7 857.62公顷，平均每区82.71公顷。其中，公有土地1 376.11公顷，占比17.51%；私有土地6 481.53公顷，占比82.49%。整理后，建筑用地面

① 刘守英：“地尽其利，地利共享”，《中国国土资源报》，2013年4月8日。

积为4 223.27公顷，占53.75%；公共设施用地3 634.26公顷，占比46.25%（见表2－5）。

表2－5　　抵价地式区段征收统计（1981～2013年）

项目		面积（公顷）	比例
总面积		7 857.62	100.00%
土地来源	公有	1 376.11	17.51%
	私有	6 481.53	82.49%
土地分配	建筑用地	4 223.27	53.75%
	公用设施用地	3 634.26	46.25%

资料来源：中国台湾“内政部”内政统计查询网，作者整理。

回顾台湾省区段征收的变迁过程，从“涨价归公”理念下允许土地权利人优先买回一定的土地，到放宽买回面积，再到抵价地补偿，变迁的方向是对土地权利人的利益保障不断加强。土地增值收益的分配，由区段征收开始时的大部分由台湾当局所得，变为由台湾当局与原土地权利人共享。

4. 区段征收与一般征收的异同

一般征收和区段征收均是政府主导的、强制性的土地开发利用方式，两者存在的主要异同如表2－6所示。

表2－6　　一般征收和区段征收的异同

	一般征收	区段征收
目的	公共事业	开发新市镇，办理都市更新，重整居住环境
主体	台湾当局	台湾当局或台湾当局委托私人
范围	公共事业所必需者为限	都市计划范围内外之公私有土地
补偿方式	货币	货币和抵价地
公共设施	征收一宗或多宗土地建设单一公共设施	需设置道路、沟渠、公园、绿地、儿童游乐场、广场、停车场、体育场所及国民学校用地等公共设施，并无偿登记为当地直辖市有、县市有或乡镇有
台湾当局财政负担	按土地公告现值补偿，台湾当局负担十分庞大	抵价地补偿，台湾当局财务负担较小

从开发目的上讲，一般征收是为了公共利益的需要，征收范围亦以公共事业所必须者为限，而区段征收的范围要更广一些，都市更新和开发新市镇均可，都市计划范围内外之公私有土地均可进行区段征收，且在区段

征收变迁过程中有逐渐淡化“公共利益”的倾向。

一般征收的主体是台湾当局，区段征收的主体早期也是台湾当局，后又引入了社会资本，台湾当局和台湾当局委托的私人均可办理。从补偿方式上讲，一般征收须由台湾当局按土地公告现值补偿，台湾当局负担十分庞大；而区段征收则由抵价地支付征收补偿，公共设施用地由开发地区负担，且可以出售一部分土地获取开发经费，台湾当局的财政负担较小。

从公共设施的设置上来看，一般征收本身就是征收一宗或多宗土地建设单一公共设施，如道路拓宽等征收一定的土地，故征收完后由用地人自行使用征收取得之土地，无所谓法定公共设施事宜；而区段征收作为一种大面积的都市开发手段，需设置道路、沟渠、公园、绿地、儿童游乐场、广场、停车场、体育场所及国民学校用地等公共设施，并无偿登记为当地直辖市有、县市有或乡镇有。

总体上来看，一般征收便于台湾当局直接有效率地取得开发用地，但是成本较高；通过区段征收政府亦可取得较多土地且便于管制，土地分配不受原位次的影响，利于整体开发，由于是自偿性事业，台湾当局的负担也较小。因此，近年来，区段征收已经成为台湾当局取得公共设施用地的主要方式。

（三）市地重划

1. 市地重划的背景、目的与类型

在我国台湾省，土地政策依循孙中山的平均地权思想，追求“地尽其利、地利共享”目标，市地重划制度是台湾省实现城市化进程中地利共享的重要手段。“依照都市计划规划内容，将都市地区一定范围内之土地，全部重新规划整理，兴办各项公共设施，并于扣除法律规定之公共设施用地及应抵缴之工程费用、重划事业费用、贷款利息等所需抵费地之后，按原有土地相关位次，经交换分合为形状整齐之土地，重新分配予原土地所有权人。经重划后之各宗土地均可直接临路，且立即可供建筑使用”。

台湾省市地重划的历史较为悠久。1937 年，为开发建设都市，日本人即在台中丰原的旧街市实施区划整理（类似于市地重划①），先后办理

① 中国台湾省的《土地法》将土地分为市地、农地及富源地三类。土地重划中根据土地性质的不同，分为市地重划和农地重划。21 世纪初，台湾再将农地重划中分出农村社区土地重划。

20 处，面积 4 397 公顷。

国民党迁台后，1954 年颁布《实施都市平均地权条例》，要求都市土地举办“规定地价”[1]，土地所有权人自行申报地价，由直辖市、县（市）台湾当局征收土地增值税。1958 年，《实施都市平均地权条例》第一次修订，增订第三十五条有关市地重划的规定[2]；同年，为建设加工出口区，在高雄实施第一期市地重划，高雄市台湾当局制定了《高雄市土地重划施行规程》作为其实施市地重划的细则。1964 年台湾当局修订《平均地权条例台湾省施行细则》时，增订了市地重划相关条文。1977 年将《实施都市平均地权条例》修订为《平均地权条例》，大幅扩充了市地重划内容。在《平均地权条例》第六十条中，明确了市地重划的三条原则：一是按照收益比例共同负担基础设施建设费用；二是可以用土地折价抵付这一费用；三是折价抵付的比例不超过重划区总面积的 40%。此后，台湾当局又先后制定了《市地重划实施办法》《奖励土地所有权人办理市地重划实施办法》等市地重划法令，建构了完整的市地重划制度。

台湾省早期的市地重划主要是为了进行地籍整理[3]。通过市地重划，提高土地利用效率，解决土地因继承、买卖、分割等造成的细碎化问题，促进都市发展，并为国民住宅提供土地。此外，重划后的土地比较方正，可以消除地界纠纷，便于户政、地政、邮政等管理。

20 世纪 60 年代，台湾省经济快速发展，房价飞涨，地价也随之攀升，台湾当局取得公共设施用地的难度越来越大。随着大量的公共设施保留地即将到期[4]，但台湾当局财政无力负担公共设施保留地的征收补偿。按照台湾省的规定，计划征收的公共设施保留地逾期无法征收，即视为撤销征收。在此背景下，台湾当局于 1986 年 6 月修订《平均地权条例》第

---

① 规定地价是指按照法定程序规定每笔土地之地价。台湾当局在办理第一次规定地价后，为使地价税之课征更为公平、合理，每 3 年（必要时得延长之）按地价涨跌重新办理规定地价，称为“重新规定地价”。

② 1958 年修订的《实施都市平均地权条例》第三十五条：直辖市及县（市）台湾当局得视都市发展之需要，选择无建筑物地区，征得该地区私有土地全体所有权人 2/3 而其所有土地面积亦超过重划区内土地总面积 1/3 者之同意，举办土地重划；其重划区内，供公共使用之道路、沟渠、广场等所需土地，由该地区土地所有权人，按其土地受益比例共同负担。其余土地，依各宗土地原定地价数额，比例分配予原所有权人。

③ 谢静琪：《土地重划》，五南图书出版公司 2007 年版。

④ 谢静琪：《土地重划》，五南图书出版公司 2007 年版。

六十条，强化了以市地重划取得公共设施用地的功能。具体而言包括：一是重划区内的土地所有权人按受益比例分摊的公共设施项目由原来的道路、沟渠、邻里公园、广场、零售市场等 5 项增加到 10 项，即增加儿童游乐场、绿地、国民小学、国民中学及停车场 5 项；二是折价抵付共同负担的土地比例上限提高至 45%；三是将此重划规定的效力限制在都市计划范围内，也就是说，市地重划政策仅适用于都市土地。市地重划目的的转变，为改进城市基础设施，实施使用者付费原则，将基础设施建设成本内部化，促进住宅用地的利用，发挥土地的外部经济效益，发挥了重要作用。正因为此，台湾当局在评价市地重划效果时，也以“无偿取得公共设施用地面积”“节省政府建设经费”以及“提供建筑用地面积”三个维度来评价。

台湾省的市地重划从单纯的地籍整理到地籍整理与配套必要的基础设施并重，最终演化成为政府取得公共设施用地的重要手段，是其经济发展及城市化进程引发的诱致性制度变迁的结果。市地重划本质上是一种自偿性的土地开发行为，用土地增值收益为基础设施建设融资，在实现城市更新的同时，有效保障原土地权利人的利益。就社会整体层面而言，市地重划不仅有利于健全地籍管理，消除地界纠纷，促进都市土地的利用，还可以有效地节约台湾当局进行城市更新的资金，减轻台湾当局的财政压力。就重划区的原土地权利人而言，经交换分合之后重新获得的地块面积虽有所缩小，但是由于基础设施更加完善，价值提升，原土地权利人的生活品质亦有所提升。

按照实施主体的不同，台湾省的市地重划可分为三类：台湾当局主管机关主动办理；土地所有权人申请，台湾当局优先办理；土地所有权人自行组织重划会办理。

台湾当局机关主动进行的市地重划，主要是为了建设新市镇、新社区或者改善旧都市区的基础设施条件。土地所有权人申请、政府优先办理的市地重划，要求人数和土地面积均超过半数以上，但是否办理，由台湾当局权衡决定。在实践中，这一类的市地重划案例非常少。第三类最为普遍，为促进土地利用并扩大市地重划范围，台湾省鼓励土地所有权人自行组织重划会办理市地重划，并给予一定的政策优惠，包括低息重划贷款、减免地籍整理费用、减免地价税与田赋，并优先建设重划区及其相关地区的基础设施。台湾省于 1981 年完成了第一个自办市地重划项目。

2. 重划区的选定

重划区范围至少为一个街廓。所谓“街廓”，即重划区的四至都要临路。重划区的选定需要考虑以下因素：城市规划、土地所有权人的意愿、所在地区发展潜力、人口增长情形与建设用地需求量、重划区现状、重划后地价预期增长幅度以及财务平衡情况。

市地重划要求尽量与都市计划①保持一致。市地重划本身就是在执行都市计划，所以当重划区尚未编制细部规划（控制性详细规划）或细部规划要变更时，须先编制细部规划或完成细部规划变更以后，再实施市地重划方案。选定重划区后，重划区内的土地开发及交易即被禁止，期限最长可达一年半。

3. 公办市地重划的实施

选定重划区后，为防止土地投机，重划区内土地所有权人的土地开发与买卖行为即被禁止。此后，公办市地重划还要拟订重划计划书、权属调查与地价评估、计算负担及土地分配、拆迁补偿及工程施工、公告通知与异议处理、地籍整理、交接与清偿、财务结算等程序，其核心是计算负担与土地分配设计。一般来讲，公办市地重划项目自选定重划区到重划完成，需要两到三年时间。

（1）权属调查与地价评估。地价评估关乎土地所有权人的切身利益。因此，在调查中对各宗土地的位置、地势、交通、周边土地的当期交易价格等都要进行详尽的调查，一宗一宗评估。但是重划以后的地价，则是综合考虑重划区内的各种因素后做统一的评定。

（2）计算负担、土地再分配。市地重划旨在由重划区内的土地所有权人按受益比例共同负担基础设施用地及相关费用。台湾省在市地重划过程中，重划区内的公共道路、沟渠、邻里公园、儿童游乐场、广场、绿地、国民小学、国民中学、停车场、零售市场等10项用地，除以原公有道路、沟渠、河川及未登记地等4项土地折抵以外，不足的部分及工程费用等由土地所有权人按照受益比例分担，一般以重划区内的土地折价抵付，或以现金缴纳。逾期不缴纳，则交由法院强制执行。

折价抵付的土地总面积一般不超过重划区面积的45%，但经重划区内土地所有权人半数以上且其土地面积亦超过半数者同意，公共设施用地的比例可以更高。所谓重划负担比例不得超过45%，也是指重划区平均

---

① 台湾省所谓的“都市计划”，即为我国大陆所讲的“城市规划”。

负担比例，个别土地所有权人的负担可能超过 45%。

重划区内土地扣除折价抵付部分后，其余土地仍依各宗土地地价数额比例分配给原土地所有权人。分配土地时，如因未达到最小分配面积标准而不能分配土地者，可以获得货币补偿。实际分配面积大于应分配面积者，要缴纳差额地价，实际分配面积小于应分配面积者，可获得差额补偿。差额地价的补缴具有强制性，不缴纳差额地价的土地不能进行交易。

原有土地进行分合交换按以下四项原则分配：

• 最小分配面积标准原则。重划后的土地会设定一个最小分配面积标准，由主管机关根据各街区土地使用情况规定，但不得小于畸零地使用规则及都市计划书所规定的宽度、深度及面积。同一土地所有权人在重划区内所有土地面积总和未达到重划区内最小分配面积 1/2 者，土地所有权人可申请和其他土地所有权人合并分配，或申请现金补偿，已经达到 1/2 者，可按照地价较低街区的最小分配面积分配或者经主管机关协调分配。

• 土地原位次分配原则。重划后土地分配位置应尽量与原土地位置相同，即所谓原位次分配原则。重划前已有的合法建筑物，不妨碍城市规划、重划工程及土地分配者，按原有位置分配。重划区内都市计划公共设施用地，除道路、沟渠用地以外，在重划前业已经主管机关核准兴建者，应仍分配给原土地所有权人。

• 共有土地分配原则。由数个土地所有权人共有的土地，共有人应得份额达到最小分配面积者，经共有人半数以上及其应得份额过半数以上或应得份额大于 2/3 以上者同意，可以分配为单独所有，应得份额不足最小分配面积者，除了通知土地所有权人合并分配外，应以货币方式补偿或仍分配为共有。

• 抵费地处理原则。重划完成后，要对重划区内的抵费地加以处分。抵费地除了按底价（基准价）划拨为国民住宅用地、公共事业用地以外，其余部分按底价公开标售，若经两次公开标售仍无法售出，则在不影响重划区财务平衡的原则下，降低底价再次公开标售或者招租、招标设定地上权。标售、让售底价不得低于各宗土地评定的重划后地价。销售所得价款除了抵付重划的费用以外，剩余部分留供重划区后续管理、维护及扩充平均地权基金，两者各占 50%。重划区后续公共设施建设、管理与维护不足的部分，由平均地权基金补贴。

4. 自办市地重划的实施

（1）自办市地重划的条件。首先，只有都市计划范围内的住宅区和商业区可以自办市地重划，工业区及非都市土地不能自办。自办市地重划的范围亦不能小于一个街区，面积一般在10公顷以内，以2~3公顷为主，核定边界所遵循的原则与公办市地重划相同。土地所有权人需在两人及以上，所有权人仅有一人者不得办理。自办市地重划公共设施负担用地须达到15%，也就是说，扣除原公有道路、沟渠、河川用地及未登记地抵充部分后，新增的公共设施用地需达到重划区面积的15%。此外，重划区内私有土地所有权人数及其所有面积半数以上同意，方可举办。

自办市地重划通常有以下三种类型：

一是整体开发地区，多是因都市计划变更而来。变更前为农业区或保护区，或工业区，或公共设施用地，变更后为住宅区或商业区。这样的地区需要完成市地重划以后，土地所有权人才可以进行房地产开发。因此，整体开发地区是自办市地重划的主要构成部分。

二是公共设施未开发地区。这类地区早期（大约在20世纪80年代以前）即规划为住宅区或商业区，但一直未有公共设施配套，难以开发建设，土地所有权人为尽快进行开发，主动自行办理市地重划。

三是大规模建筑地区。实践中，多为房地产公司开发某一地区时以自办市地重划的形式配套基础设施建设。

（2）相关利益主体。重划会是自办市地重划的主体，包括会员大会、理事会和监事会，重划会一般设在重划公司内。会员大会是重划会的最高决策机关，由全体土地所有权人组成，理事会是执行机关，监事会履行监督职责。

从理论上讲，任何具有一定资金能力的土地所有权人均可自办市地重划，但实践中，往往是一位或少数几位资金雄厚的土地所有权人主导着整个自办市地重划的过程。重划公司负责整个自办市地重划的进行，提供重划的资金、技术以及征求土地所有权人的同意等，自办市地重划可视为重划公司的投资行为。

（3）政府的奖励措施。政府为鼓励市地重划，在作业费、工程费及税费方面均有一定的优惠。作业费主要是指相关地籍图纸及证书的费用减免，自办市地重划项目的公共设施由地方政府相关主管机关在重划工程施工时完成。税费减免包括地价税与田赋以及土地增值税。土地所有权人依法负担的公共设施用地及抵费地的增值税全免，重划区内未达到最小分配面积而领取差额地价的土地所有权人的土地增值税亦全免。

(4) 实施程序。自办市地重划的实施程序与公办市地重划类似，但由于其实施主体是土地所有权人发起成立的重划会或其委托的重划公司，在个别环节存在一定的差别。

首先，在重划发起阶段，要成立筹备会。根据台湾省《奖励土地所有权人办理市地重划实施办法》第八条的规定，“自办市地重划应由土地所有权人过半数或7人以上发起成立筹备会”。筹备会负责向主管机关提出自办市地重划的申请，并按要求提供相关的材料。

其次，在选定重划区并征得土地所有权人同意以后，要成立重划会。由重划会组织进行权属调查与地价评估、计算负担与土地分配设计等。重划会在进行地价评估时，应委托专门的不动产估价师办理。

重划完成以后，重划会即可申请解散。

5. 市地重划的效果

根据台湾省“内政部”的相关统计资料，从1958年高雄市实施光复后首例市地重划项目以来，截至2013年年底，台湾省市地重划总规模为15 626.83公顷（见表2-7）。其中，公办市地重划规模为12 887.04公顷，占比为82.47%；自办市地重划规模为2 739.8公顷，占比为17.53%。较之自办市地重划，公办市地重划的总体规模及单个重划区的规模都要大得多。

公办市地重划中，建筑用地8 253.2公顷，占比64.04%；交通水利用地2 461.3公顷，占比19.10%；公园用地315.87公顷，占比2.45%；其他用地1 856.67公顷，占比14.41%。

自办市地重划中，建筑用地1 831.3公顷，占比66.84%；交通水利用地567.8公顷，占比20.72%；公园用地82.16公顷，占比3.00%；其他用地258.55公顷，占比9.44%。

表2-7　台湾市地重划规模及用地类型（1958~2013年）　单位：公顷

用地类型	公办		自办		总计	
	面积	比例	面积	比例	面积	比例
建筑	8 253.20	64.04%	1 831.30	66.84%	10 084.50	64.53%
交通水利	2 461.30	19.10%	567.80	20.72%	3 029.10	19.38%
公园	315.87	2.45%	82.16	3.00%	398.03	2.55%
其他	1 856.67	14.41%	258.55	9.44%	2 115.22	13.54%
总计	12 887.04	100.00%	2 739.80	100.00%	15 626.84	100.00%

资料来源：中国台湾“内政部”内政统计资料①。

① http://statis.moi.gov.tw/micst/stmain.jsp?sys=100。

四、城市土地改革的误区与出路

（一）集体建设用地入市进展有限

中共十八届三中全会公报指出，要“建立城乡统一的建设用地市场。在符合规划和用途管制前提下，允许出让、租赁、入股，实行与国有土地同等入市、同权同价。缩小征地范围，规范征地程序，完善对被征地农民合理、规范、多元保障机制。扩大国有土地有偿使用范围，减少非公益性用地划拨。建立兼顾国家、集体、个人的土地增值收益分配机制，合理提高个人收益。完善土地租赁、转让、抵押二级市场”。

2014 年，与建立新型城镇化模式最相关的、已经或即将出台的土地制度改革，主要包括农村集体建设用地入市改革，以及对现有城市存量建设用地结构调整与集约利用改革。2014 年 12 月 2 日，中央全面深化改革领导小组已审议通过了《关于农村土地征收、集体经营性建设用地入市、宅基地制度改革试点工作的意见》，预计在 2015 年安排试点。

虽然正式文件还未最终出台，但据媒体披露的相关信息，农村集体建设用地改革主要涉及集体经营性建设用地入市和宅基地。首先，是在符合规划和用途管制的前提下，农村集体经营性建设用地入市将成为可能。换句话说，在符合规划和用途管制的前提下，农村集体经营性建设用地使用权可以不经国家征收为国有建设用地，直接流转入市，从事土地开发经营。

这里需要解释一下农村集体经营性用地的概念，它是指“具有生产经营性质的农村建设用地。农村集体经济组织使用乡（镇）土地利用总体规划确定的建设用地兴办企业或者与其他单位、个人以土地使用权入股、联营等形式共同举办企业所使用的农村集体建设用地，如过去的乡镇企业用地”。其主要包括面积大约 0.5 亿亩的乡镇企业用地。上述政策表明，集体建设用地基本只能用于工业，而用于城市商、住用地的可能性基本被排除。

对于农村宅基地制度的改革，城市人口赴农村购买“小产权房”的红线基本不会突破。换句话说，无论是纯农区、还是城乡结合部的宅基地，都不会放开在村集体范围之外的买卖。但是，退出宅基地可由集体经济组织按照市场价格回购，预留一定面积用于宅基地再分配，其余可以调整为集体经营性建设用地，也就是工业用地使用。

（二）城市存量建设用地节约集约利用措施无法实现关键突破

另外一个土地改革的重点，是既有城市存量建设用地的节约集约利用。这也是国土资源部近年来力推的重点，且已形成多项文件，主要涉及建设用地总量控制、低效用地开发、产业用地结构调整等。在产业用地中，国家扶持的健康和养老服务业、文化产业、旅游业、设施农业、生产性服务业发展用地等将获得政策支持。

如何看待上述集体建设用地入市的改革和城市存量土地节约集约利用的改革。客观地说，相对于既有政策对集体建设用地入市的限制和城市存量土地，尤其是工业仓储用地低效率、浪费性使用的现实，这些改革都比以前有所进步，多少代表了对现实发展的部分承认。

实际上，虽然政府政策一直是限制性态度，但集体建设用地入市，包括进入商住用地市场，在中国不少地区的发展现实中早就被村集体和农民突破了。如果去中国的珠三角地区走一走，就可以看到城中村、城郊村的村委会利用集体土地搞工业用地出租，也可以看到大批村民在自己的宅基地上建设并主要出租给流动人口使用的各类“小产权房”和“违规、违章建筑”，还可以看到这些建设对推动当地经济发展、容纳城市流动人口发挥的积极作用，更可以看到珠江三角洲地方政府为了解决这些违规、违章建筑所进行的各种政策调整、利益妥协与改革努力，其中，最为典型的例子是近年来广东推动的“三旧改造”与深圳推动的“城市更新”。

再来看城市存量土地利用集约化问题的地方改革实践。十多年来，由于地方政府人为压低地价进行招商引资，工业用地效率十分低下。最近几年，受制于越来越紧张的建设用地指标，一些发达地区的地方政府已经开始了工业用地集约利用的探索尝试。比如浙江上虞，近年来大力推行工业标准厂房用地公开出让和标准厂房建设，探索集约节约用地的方法。当地政府规定，凡用地 10 亩以下、投资 1 000 万元以下的项目不再单独供地，全部用标准厂房解决，通过优先办理标准厂房项目，对标准厂房建设企业给予奖励和补助、对入住企业给予奖励和补助等措施，使得规划建设的标准厂房建筑物均在 4 层以上，容积率在 1.3 以上，建筑密度在 35% 以上，投资强度达每亩 135 万元以上，绿地率控制在 15% 以内，行政办公和生活设施占地比例控制在7%以内，行政办公和生活设施建筑面积控制在15%以内。

然而，这里需要追问的问题是：目前中央政府推动的前述两个方面的土地改革，是否可以扭转目前不可持续的土地城镇化模式？是否有助于提高土地要素市场化配置程度？对这些问题的回答，取决于这些改革是否可以逐步扭转目前各区域制造业用地杀价竞争导致城市工业用地比例过高、而地方政府垄断工业用地导致商、住用地比例过低的局面。以这样的评判标准来看，回答可能是否定的。

如前所述，中国的城市土地利用结构很不合理，工业用地所占比例在40%左右。最近10年来每年新增供地中的40%～50%土地用于工业，而其他发展中国家工业用地一般只占新增用地10%～15%，一半左右的新增建设用地用于居住。而在中国，由于制造业投资不仅可以给政府带来直接的增值税收入，而且可以因制造业带动本地服务业发展给地方政府带来高额商、住用地出让金和服务业的营业税收入，在中国独有的征地、出让体制下，地方政府不惜低价出让工业用地，进行区域间的招商引资竞争。人为压低工业用地出让价格必然带来工业用地过度扩张，用地效率低下问题。

正是因为如此，集体经营性用地入市改革到底有多大意义，就非常值得讨论。前面提到集体经营性用地一般是指原来集体工业用地，特别是原乡镇企业用地。但在各地地方政府推动的低价工业用地供应模式压力之下，即使允许这类集体经营性用地入市，也基本无法跟政府开发区中那些基础设施更完备、价格更低廉的工业用地形成竞争。因此，如果集体经营性用地不能转换为商、住用途，那么除了在少数大城市的郊区以外，就很难有需求。如是，此项改革意义就会非常有限，也打破不了地方政府对商、住用地的垄断，更难以为城市低收入人群和进城务工人口提供居住、生活用地。

类似地，虽然对存量城市工业、仓储用地集约利用是一个好事情。但如果集约利用只是工业改工业，那么其意义也就大打折扣。实际上，去看看中国包括特大城市在内的各级城市，工业用地比例都不小，容积率也都偏低。所以，工业用地集约利用要解决的问题，主要应该是逐步将集约后腾出的土地转化为商、住用地的问题。也只有这样，才能在为地方政府补充因征地改革后出让金收入损失的同时，为城市发展、为流动人口提供更多住宅、生活、商业用地。

（三）人口流入地——城乡结合部土地改革才是关键突破口

有破更应该有立。土地市场化改革要取得切实进展，就必须突破目前政府给集体建设用地入市所划的框框，要允许集体建设用地进入住宅用地市场。但与此同时，又要采取合理的措施避免大规模集体建设用地入市对商品房市场的过度冲击；作为配套改革措施，还需要调整目前城市存量土地节约集约利用的政策，打开既有城市存量工业、仓储用地逐步转化为商、住用地的口子，为地方政府逐步淡出当前不可持续土地财政模式、但在此过程中又能持续获得稳定的补充性财源创造条件，以此换取其对有效土地制度改革的支持。

他山之石，可以攻玉。如本报告第三部分所述，源于德国，经日本、韩国采用并在我国台湾省得到广泛运用的一种土地开发模式——“区段征收”模式，完全可以在大陆进行创造性地运用，来推动中国的户籍—土地—财政配套改革。在这种模式下，政府与原土地权利人合作开发土地，政府获得了城市发展所需的公共设施用地以及相应建设融资，而原土地权利人领回固定比例抵价地，共享城镇化发展成果，同时可以减少社会矛盾。无论是外来流动人口住房问题，还是流动人口子女教育问题，都可以运用上述思路来实现。

改革的要旨，就是要赋予城郊村、城中村村民、村集体一定的土地开发权利，让他们能在符合城市规划和基础设施要求的前提下，合法地为外来流动人口建设短期只能用于出租的住房。

在具体操作中，结合中国的特有国情，特别是农村土地集体所有这个特有国情，在城郊村和城中村，以土地国有化为前提，并要求作为原土地权利人的村集体和村民上缴部分公益事业用地和基础设施融资用地后，剩余部分土地使用权用于市场化的出租房建设开发。在有效改造城中村、城郊村基础设施、全面提升公共服务的基础上，让这些“城中村”“城郊村”地段为低收入阶层和流动人口提供市场化定价的廉价、体面住房，最终建立政府、村民与村集体在内的原土地权利人、外来流动人口及其子女在内的多方利益均衡。如是，政府不仅不用额外投入实现这些地段基础设施改造，而且可在改造中收取相关开发税费，改造完成后政府可通过出租屋租金收入所得税进一步实现对土地增值收益的捕获，并用于农民工子女教育。

上述模式可通过以下简例说明：假设某“城中村”“城郊村”有100亩土地，其中有200户原住村民，每户有一处宅基地。城市外扩时，政府可直接与村民进行谈判，在明确开发增值前景与利益分配方式后，要求村民无偿向政府缴纳部分土地（如50亩）以支持整个开发项目。在政府拿走的50亩土地中，30~35亩土地用作整个地段的基础设施建设，剩下15~20亩公开拍卖以支付基础设施费用。而村民虽无偿放弃了50亩土地，但却获得了剩余50亩、且已转为国有土地的相应开发权，由于基础设施改善及政府给予的一定容积率奖励，这50亩土地的开发价值会远远高于未改造前100亩土地的价值，那么村民就可以自己集资或使用国有土地使用权证作为抵押来贷款建设安置房和出租屋。接下来，政府可以明确通过这种方式建设的住房在10~15年内只有有限产权，即只能用于出租，不可上市销售，但达到规定年限后，则可以给予其完全产权，允许上市流转。

一旦这种开发模式在流动人口集中的“城中村”“城郊村”推广，中国主要人口流入地的城市出租房供给就会大幅增加，而租金也可降到绝大部分流动人口可支付水平。这种赋予“城郊村”村民一定土地开发权，并为外来流动人口建设出租房的“区段征收”改革，可以全面迅速、调动“城中村”“城郊村”村民建房的积极性。

初步推算，未来5年、甚至更短时间内，中国人口主要流入地城市的“城郊村”“城中村”村民完全可以很快建设起50亿平方米住宅，并基本解决城市现有流动人口及其留守农村家庭成员迁移到城市后的居住问题。按照上述建设速度，未来5年年均房屋出租面积可达25亿平方米，年均房租按每平方米一年100元计算，总租金可达2 500亿元。而出租屋建设以每平方米2 000元产值计算，每年总产值可达到2万亿元，加上相关地段基础设施建设、房屋装修、家具、家电购买等，将非常有效地拉动短期乃至中长期的经济增长。

从短期来看，只要措施得力，上述改革将极大激发中国“城中村”“城郊村”村民、村集体大规模改造与建设的积极性，这些改造与建设也能迅速提升目前国内产能严重过剩的钢铁、水泥、能源、家电、家具等产品需求，迅速提升与建筑和房地产相关服务，如装修服务的需求。如是，地方政府也就根本无需大规模建设廉租房或公租房。10~15年后，相当部分城市流动人口将有购买所租住房的能力，逐渐从租房者变为住房所有者，而那时转出租房为商品房也就顺理成章了。

上述改革的中长期效应，是流动人口家庭迁移和在就业地实现定居，增加城市中低端劳动力供给，一方面，降低城市中低端劳动力工资过快上涨的压力；另一方面，原来作为留守人群的劳动力（如为照顾孩子回乡上学而不得不在农村留守的母亲）也可加入城市劳动力大军，反而提高了家庭收入。

通过上述改革方案，还可推进流动人口子女就学问题的解决。比如，对以出租房为主、容纳外来人口的“城中村”“城郊村”地段，政府可以考虑利用免费获得的公益用地建立公立学校并接收外来人口子女入学。而学校的日常运营费用，则可以部分来自于对本地村民所建出租屋征收的所得税，部分来自于地方政府财政，甚至还有部分可以由中央转移支付。光每年租金所得税可以达到 250 亿元（按租金 10% 抽取，每平方米年均租金 100 元，5 年共建 50 亿平方米，平均每年出租 25 亿平方米），可覆盖相当部分农民工子弟进入城市公立学校的教育运营支出。

上述改革措施，本质上是一种双轨制、渐进式的土地制度改革方案。上述方案中，之所以要对本地农民所建住房加以短期内“只能出租、不能出售”的限制，就是因为目前城市的房地产市场已经存在较为严重的泡沫。如果不加任何限制，村民就一定会倾向于盖商品房。这样将不仅无助于解决流动人口居住问题，而且还可能马上对现有商品房市场造成巨大冲击，极端情况下甚至引发房地产市场崩盘。

通过上述双轨制改革方案，可以一方面避免对现有商品房市场造成巨大冲击，但同时也对炒房者形成威慑，然后政府就可以马上全面取消包括特大城市在内的所有房地产调控政策，降低其对商品房市场和增长的负面效应。

（四）用低效工业用地再开发补充土地出让金

当然，仅仅采用前述改革措施仍然很难说服目前对土地财政依赖过高的地方政府去支持上述以“城中村”和“城郊村”土地制度改革为突破口的土地市场化改革。这是因为地方政府还有很多城市基础设施建设已在进行或将要进行，手上还有大量存量债务要偿还。对地方政府而言，上述土地市场化改革可能会被地方政府认为损害其财政利益而加以反对。

虽然从长远看，我国地方税制改革的一个方向是用物业税替代土地出让金，但从短期乃至中期来看，这个目标还很难达到。比如，物业税如果只对第二套（或一定面积）以上住房征收，由于城市里有二套以上住房的居民大约在20%，所征收的物业税将非常有限，在目前房地产形势并不乐观的情况下，贸然启动甚至可能导致房地产抛售以及房地产、商住用地出让价格大幅度下降，对地方政府带来的财政损失甚至会超过其直接收益。而要对包括第一套住房在内的所有城市存量住房征收物业税，则很难获得民众广泛支持，尚不具备全面开征条件。关于物业税和地方税基的建立，在未来对于财税体制改革的讨论中还将进一步讨论，此处不再赘述。如果物业税并不是短期内改革的选项，那么更为现实的解决方案是什么？

如前所述，即使城市不再按照传统方式征地，地方政府手中仍握有包括大量工业用地在内的存量土地，甚至还有大量的储备商、住用地，即使对于绝大多数用地紧张的大城市、特大城市而言，情况也是如此。因此，如果进行更集约化利用和存量结构调整，完全可以在未来5~10年乃至更长的过渡期内为地方政府提供有保障的财源。其中的一个关键措施，就是对存量工业用地和开发区重整，同时腾出空余土地逐渐转化为商、住用地。这一措施不仅可以增加住宅用地供给、逐步化解现有城市房地产泡沫，而且可为地方政府筹集数额可观的土地出让金和各类房地产开发税收，并用于地方建设融资和巨额存量债务偿还。

由于目前中国工业园区与工业开发区用地效率非常低下，只要政策合理，通过工业园区土地重划，平均容积率提高1倍以上完全可以做到。需要指出，这些工业用地已被征收，并且支付了全部或大部分征地成本，多是地方低价出让的。因此，完全可以考虑采取包括空地闲置税、规划调整、政府与厂商合作开发等各种手段，推动政府与原工业用地者重新谈判。比如，政府可以直接投资或引导投资者选择开发区的合适地段兴建多层厂房，让既有工业用地者实现无成本转移，这样既有工业区面积就可大幅度缩小。然后政府可以运用规划手段将节约土地分年转化为商、住用地并收取出让金。从一些发达地区的情况来看，许多工业用地也在悄悄改变用途，以工业厂房的名义行使办公及总部基地等用途。部分制造业企业也正在积极和政府沟通，试图盘活企业闲置存量用地，进行商业、住宅业开发。与其如此，不如规范化操作，政府与企业分享收益。

当然，在实际操作中，地方政府必须与原土地权利人充分谈判，在分享收益的前提下实现上述用地结构的有效调整。为此，中央则需在关于商、住用地必须招、拍、挂出让的政策上进行相应调整，允许地方政府与原土地权利人（那些已获低价工业用地的制造业投资者）之间建立一个合理的收益分配谈判机制。

其中一种思路，是地方政府可能给原制造业企业留用一定比例商、住用地后，再根据规划统一变更宗地性质后，把政府所获得的土地通过招、拍、挂等公开出让方式推向市场。另外一种思路，是地方政府考虑以一定溢价将闲置工业用地或者低效率利用的工业用地收回，再由土地储备中心统一收储，然后“招、拍、挂”出让。但上述两种方式都仍然无法从根本上改变地方政府作为城市单一商、住用地供地主体，从而必然会限量少供以最大化商、住用地土地出让金的局面，而这恰恰是目前中国城市房地产泡沫形成的一个关键性的体制基础。

考虑到各线城市房地产泡沫都比较严重，虽然短期内可以采取上述两个方法来缓解问题，但中长期的改革，则应该是只要符合城市规划要求，在修改规划用地性质基础上，允许原工业用地厂商直接与商住用地开发商进行土地交易，政府通过征收累进土地增值税（或补交商住用地出让金方式）来获得相关土地改变使用性质所带来的增值收益。这种做法，在中国以前划拨用地入市的操作中早有经验，因此并不难推动。

当然，要实现上述改革，中央政府首先要严禁工业开发区，包括欠发达地区的开发区进一步扩张。只有这样，地方政府才会开始从存量用地集约利用这个方面去做文章，并制定分年度的整体土地利用结构调整方案。因此，上述用地结构调整的前提，就是地方政府不仅不能再像过去那样低价征地、然后以更低的价格出让工业用地去新建开发区，而且还要逐渐收缩既有开发区和工业用地规模，把中国工业用地比重过高、商住用地比重过低的局面逐步扭转过来。由于中国目前制造业产能已经全面过剩，存在开发区过度建设、工业用地占地比重过高问题，中央必须要下决心全面叫停内地新一轮建设工业开发区狂潮，严禁地方政府零地价、负地价招商引资，否则不仅会进一步增加征地所致的社会矛盾，还会把地方政府、国有银行、最后是中央政府进一步拖入巨额不良资产的陷阱。

调整工业用地结构给地方政府带来的财政收入潜力，不仅包括工业用地逐年转商、住后获取的土地出让金收入，还包括这些土地释放入市后商、住用房地产建设为地方产生的各种预算内税收。2003—2013 年间，我国工业用地大约增加了 2 400 万亩，如果这些新增工业园区平均容积率能够提高 1 倍，达到 0.6 ~0.8 的基本标准，就可以节约 1 200 万亩用地，相当于每个县增加 4 000 多亩用地（约 2.7 平方公里）。即使按照每年工业转化为商、住用地出让只有 50 万亩，以 2013 年平均每亩商住用地 300 万元的平均价格计算，未来通过对低效工业用地的重整也可以筹措 10 年 15 万亿元、每年 1.5 万亿元的土地出让金纯收入。即使这个过程中让利给企业一半，地方政府每年也可获得 7 000 亿 ~8 000 亿元的土地出让金纯收入或土地增值税收入。此外，如果上述 50 万亩土地中 1/3 用于基础设施与公益事业用地，剩余 2/3 用于住宅和商业开发，为 33.4 万亩，容积率为 1.5，每年还可以开发 3 亿 ~3.5 亿平方米住宅，每平方米按照 5 000元单价计算，总产值大约 1.5 万亿 ~1.85 万亿元，新增增加值 6 000 亿 ~7 000 亿元，还可以新增各类房地产开发有关税收 2 000 亿元以上。

综上，政府可以通过工业用地结构调整，获得大约每年接近 1 万亿元的各类财税与土地出让金收入，基本可以补足目前模式下政府土地出让金的纯收益。最关键的是这个措施和前面提到的城郊村居民为外来农民工盖房子的改革措施结合起来，可以直接消化目前我国严重过剩的钢铁、建材等房地产相关行业的过剩产能，救助这些行业存在生存危机的大量国企和民营企业。与未来我们在国企改革部分将要谈到的地方国企改革将国有非土地资产变现的措施结合起来，就将有效化解地方政府的巨额存量债务；在防止房地产泡沫崩盘的情况下来逐步消除这些泡沫，让城市居民有更多的非住房消费，让城市流动人口有可支付的住房并逐步全面市民化，从而最终建立更具有可持续性的新型城镇化模式。

也正是从这个意义上说，这里所提出的系统性的土地改革，不仅是中长期有助于中国经济模式转换的一个关键所在，也是短期内救经济、保增长的关键改革举措。特别是人口流入地城乡结合部“城中村”“城郊村”的出租房建设，可以全面调动社会的积极性为有切实住房需求的大批城市流动人口提供可支付体面住宅，更需要政府早下决心，尽快推动。

五、农村地区土地市场化改革的误区与出路

本章第四部分指出，要在中国注意人口净迁入地的城乡结合部通过“区段征收”模式，允许“城中村”“城郊村”村民与村集体建设市场化

导向的出租房，可以解决农民工入城定居乃至流动人口子女教育问题。换句话说，就是寻求以低成本、高收益的方式解决如何在城市把人留下来的问题。接下来，我们将讨论如何通过有效的纯农区土地制度市场化改革，让留在农村的人提升农业生产与农村生活条件，同时如何处理那些迁出农村者的土地问题。

（一）农村土地市场化改革进展非常有限

农村土地市场化改革，除了本章第四部分讨论过的城乡结合部集体建设用地入市之外，主要就是纯农区的宅基地和农地改革。

2014 年有关土地改革的最重要的政策文件是中央的“1 号文件”，其中提出，要“抓紧抓实农村土地承包经营权确权登记颁证工作，充分依靠农民群众自主协商解决工作中遇到的矛盾和问题，可以确权确地，也可以确权确股不确地，确权登记颁证工作经费纳入地方财政预算，中央财政给予补助”。

农地确权的最新进展是 2014 年 11 月 20 日，中共中央办公厅、国务院办公厅印发的《关于引导农村土地经营权有序流转 发展农业适度规模经营的意见》。该意见指出，用 5 年左右时间基本完成土地承包经营权确权登记颁证工作，妥善解决农户承包地块面积不准、四至不清等问题。在农村宅基地方面，2014 年的 1 号文件提出：“完善农村宅基地管理制度。……有关部门要抓紧提出具体试点方案，各地不得自行其是、抢跑越线。完善城乡建设用地增减挂钩试点工作，切实保证耕地数量不减少、质量有提高。”

仔细考察 2014 年农村土地改革政策，其中涉及纯农区的部分最值得讨论有两个方面，即农地确权以及与宅基地相关的“完善城乡建设用地增减挂钩试点工作”。这两个方面不仅是现在农村土地市场化改革的焦点，而且也是最容易引起争议的重大问题。

原则上讲，农村土地确权赋予了农民更完整的土地权利。确权之后，农民工在家乡的承包地、宅基地、房屋等财产权利能够固化和得到保护，更有可能通过农地抵押贷款支持农业生产，甚至还可以通过流转为农民带来财产性收入，有助于那些外出农民工在城市立足。这也是传统财产权理论与古典经济学理论对产权明晰问题一直非常重视的根源所在。

在现阶段中国进行的农村土地确权，就是确定某一范围内土地的所有权、使用权的隶属关系和他项权利内容。这个事情说起来简单，但在实际操作上，每宗地的确权过程很复杂，包括土地登记申请、地籍调查、核属审核、登记注册、颁发土地证书等。

理论上讲，只有农地确权改革成本能被确权收益所覆盖，改革就值得推动。但目前的改革方案很难实现这一点，不仅确权成本很高，而且确权收益也非常有限。如果不进行重大调整并配套相应措施，那么必然会在执行中带来诸多问题，结果很可能是政府花了很多钱，却没带来太多好处，甚至惹来不少麻烦。

（二）当前农地确权方式成本高且可能激化矛盾

先来看农地确权的直接成本。目前，国土部对农村集体土地所有权确权登记发证任务已基本完成，后面要做的主要是承包地的承包经营权、宅基地使用权的确权到户。前者由农业部门负责。从测量角度看，宅基地在户与户之间的边界还比较清楚，但耕地就麻烦一些，包括清理大数量的零碎地块、指认边界，都是非常费时费力的工作。

目前，很多地方对确权改革不太积极，主要还是资金问题，确权要干部下乡，但现在下乡补贴不高，有些干部根本不愿意去。除了干部补贴外，村民误工费也是一块，这些都属于土地确权的工作经费，只占确权支出小部分，相比之下，支付给测量公司的费用更高。根据《南方农村报》记者的报道，广东德庆 4 个试点村的航拍图、户外实地测量、制图、软件系统建设、制作土地证等工作都由测量公司承包，估计支付给测量公司的费用就要 40 多元/亩，加上宣传发动等方面的经费，确权经费平摊到每亩约 50 元。

就目前各地农地确权试点情况看，亩均成本基本上在 40 元到上百元，全国现有耕地 20. 27 亿亩，即使保守按 50 元测算，全国农地确权总成本也会超过 1 000 亿元，实际操作后包括与信息化相关的商业利益介入后，估计还会更高。即使中央给一定补贴，地方也还要出大部分。

更大的问题在于，农地确权不仅有前述直接成本，还有不能忽视、甚至更高的另外两类间接成本。

首先是确权过程中不可避免出现的村民之间、村民与村集体，乃至村民与推动确权的地方政府之间的矛盾。这里的关键问题，是到底按什么规则确权，特别是城市化中人口大规模外出条件下应该给谁确权。中国农村土地为集体所有，农村社区内因不同家庭间人口相对变动而带来的土地调整压力一直存在。1998 年二轮承包时，中央基本确定了土地承包关系长期稳定不变的原则。如果在未来 5 年内要按既有农地分配完成确权，那么就很容易引致二轮承包后家庭有新增人口、但未获土地农户的强烈反对；而重新根据现有人口进行土地分配并确权，又一定会带来那些已占有土地农户的反对。其结果必然是进退两难，甚至在确权过程中引发矛盾。实际上，不少农村地区二轮承包后有 20% ~30% 的农民目前没有土地，包括刚出生的小孩和婚迁来的人口，现在土地要确权，这就意味着他们未来都没地了。

如何解决历史积累的矛盾，面对现实的不公平是承认现状，还是重新调整？《农村土地承包法》规定了“增人不增地、减人不减地”的原则，但村庄自治法规里又有“经多数村民同意，可以做出调整”的表述。即使二轮承包后不鼓励土地调整，一些地方仍然采取了“大稳定、小调整”的政策，个别地方甚至还在进行大调整；但对那些没有调整的地方，也有不少农户，尤其是人口增加的农户希望未来进行调整。我们 2008 年在全国 6 省、30 县、60 乡镇、120 村所进行的调查表明，有超过 60% 的受访者认为不调整的政策不合理。因此，二轮承包后，尤其是那些土地没有调整的村庄，累积矛盾不小，重新调地诉求也很强烈，完全不予理睬于法于理都不合适。因此，如果不处理好这些问题就强行推动确权，很可能不是解决矛盾，而是制造矛盾的动作。

也正因如此，各地实践中农地确权模式也难以统一。有些地方并非去实测土地面积并确权到农户，而是仅仅确权到村集体或村小组。还有部分农村土地实行“确权确股不确地”。但如果不能确权到户，确权基本上就成为了一句空话。

确权问题还跟城镇化过程中大量劳动力外出问题紧密相关。一般而言，城镇化因其可释放农村人口进入城市，有利于那些留在农村的劳动力规模经营并提高其务农收入。但在目前确权政策下，这个效果却很难充分体现。中国目前已有约 2 亿农村流动人口迁移到城市，并以城市为就业、居住和生活的主要地点。如何处理定居城市的迁移人口留在农村的土地问题？一方面，绝大部分农村外出打工者收入要远远高于留在农村的务农者，而后者恰恰是因为农地规模过小、农业基础设施水平不高而收入低下。如果也一视同仁地为外出打工者确权，那么农村留驻人群就不得不支付更多的租金成本才能扩大经营规模，这样其农业收入提高也有限。但另一方面，不给外出流动人口确权也未必合理，而且也必然招致这些农民的反对，尤其在外出人口在城市还无法实现永久性定居的情况下。

当前的政策倾向于一视同仁确权，其实最多也就是“两害相权取其轻”。但这里需要追问一下，是否还有更好的替代解决方案？回答是肯定的。这个问题后面再详述。

土地确权的另一个重要的、迄今为止没有被充分重视的成本，就是它对未来实现农业适度规模经营、农田水利基础建设乃至于农业现代化所带来的巨大潜在成本。

中国农地利用的一个最基本特征是土地规模小、数量多，就是所谓的“碎渣地”困境。中国家庭农场规模偏小，土地分配时因兼顾土地肥力与地块位置差异不得不好坏搭配、远近搭配，导致农地细碎化严重且互相插花。平均每个中国农民家庭大约有 8 亩地，但每个家庭的土地又经常被分割为至少 5 块，不仅田埂和一些未利用地闲置，而且也不利于农田水利基础设施建设。

因此如果按照现状确权，对未来土地整理乃至于农业规模经营会带来很大的困难。而且，如果在当前土地细碎化情况下直接根据现状推进确权，就很容易出现经济学中的“反公地悲剧”——如果某一资源有很多权利人，而这种资源却须整体利用才最有效率，因每个土地权利人都可能以“钉子户”的方式阻止他人整合利用，合作往往难以达成，资源的最佳利用就难以实现。

与农地破碎化相类似的一个情况，是城市郊区农民宅基地确权和未来整体开发利用的矛盾。如果一块土地上的所有者太多，每个家庭拥有宅基地规模过小，就不利于整体非农业转用和经营性开发。一旦处理不当，过快确权发证，反而可能导致土地无法实现最有效的整体利用。

（三）当前确权政策导致收益极小化

确权是为了带来诸多收益，确权后应有利于土地转租、抵押和买卖。但就目前政策来看，农地确权所确“承包经营权”显然不能买卖，仅允许转租和抵押。且对中国而言，绝大部分农地、尤其是占主体的破碎农地，其转租价值非常有限，而抵押价值则几乎不存在。破碎且规模小的承包地即使可以转让，理论上也可以到银行去融资，但因不能自由买卖，必然抵押价值极低。这一方面是因为几十年承包权租金的定价比较困难，另一方面银行为小额放贷承担的单位成本势必很高，银行肯定缺乏动力。因此，它不会有利于这一政策希望支持的农村家庭农场壮大。

当然，从积极面来看，抵押政策如果可以推行下去，短期内至少可以让农村大户或者下乡农业企业受益。但如果最后不允许农地完全市场化，或者说实现土地所有权的买卖，这种抵押融资反而会造成更多的问题，包括农村收入分配问题和小农凋敝问题。因此，逐步允许农地自由买卖（或至少是永久使用权抵押），是让金融抵押融资市场能真正为小农服务的必要条件。

实际上，当前很多农业大户、农业企业从农民那里转包的农地也缺乏法律保障。特别是地方政府单方面推动的大规模转包，一旦未来农民工因失业而返乡后，很可能要求收回已经转包出的承包地，于是会发生大规模的违约风险。即使法律上这些农民未必占理，也仍可能对农村社会稳定造成不利的影响。

总体来看，不能买卖的农地确权成本高昂而收益非常有限。按照现有政策进行农地确权的结果，基本上只是增加了相关部门的工作经费，而不能有效推动农地市场化。

不允许农地自由买卖，政府可能有其考虑，首先是担心这个政策一旦实施会引起农村土地过度集中，甚至可能导致大批农民失地；其次，政府可能还担心农地利用失控，无法实现耕地保护的目标。

但上述担心都缺乏足够的理论与经验支持。如果说农地在局部地区出现过度集中与保护不力的情况，恰恰是现有体制所必然带来的问题。先来看农地的过度集中：农村土地集体所有这个体制，实际上给村集体乃至地方政府过度推动土地集中创造了便利条件。不少县市以推动农业产业化、现代化、推动农业集中经营为名，引导农业大户和现代农业企业去长期转包个体农户的承包地。很多此类集中是强势地方政府单方面推动带来的，有时候农民本人，尤其是外出打工的农民并不知情，或并不完全同意。如果当前确实存在一些农地过度集中倾向，恰恰是地方政府不仅作为裁判员，而且还直接作为运动员参与农业产业化的结果。如果农地允许自由买卖，不仅有助于实现农地确权后的各种好处，而且可以让政府真正成为一个相对中立的裁判员，有助于遏制农地过度集中的出现。

再来看耕地保护。在农地不允许买卖的情况下，农村大批劳动力外出打工，但却缺乏在城市定居的稳定预期。于是农地转租一定倾向于短期化，或者干脆把农地交给亲戚朋友照顾，甚至直接撂荒。这样显然不利于耕地的保护，也无法将农地流转到种田能手那里。此外，只要政府在关系到农地转非的土地利用规划上严格依法，农地自由买卖也一般不会导致农地用途改变。反倒是在目前地方“土地财政”的运行模式，尤其是工业用地低价出让模式下，地方政府随意扩张城市建设边界并大规模征地建设开发区，才是最浪费农地，最不利于耕地保护的行为。

如果政府的政策不仅允许农地自由买卖，而且允许农村建设用地自由买卖，甚至农地转非过程中可以在征收土地增值税或所得税基础上实现自由交易，那么地方政府零地价、负地价招商的情况就马上能够得到有效遏制。因此，让基于合理土地利用规划基础上的农村农用地与建设用地市场充分发育，才是实现有效保护耕地的根本途径。

基于以上讨论，土地确权就必须避免“早做早主动，晚做晚主动，不做就永远被动”的思路。

实际上，农地确权不仅与耕地保护问题相关，也与农地整理问题关系紧密。如果能在一个整体性的框架中思考中国农地制度与农业、农村现代化问题，并基于既有的有效政策实践，同时开拓政策改革思路，那么就有可能找到一个多赢的土地市场化改革政策组合。

（四）“城乡建设用地增减挂钩”带来的问题

中国耕地保护政策的一个重大举措，就是国土部推动的“城乡建设用地增减挂钩”。2004 年国务院下发了《国务院关于深化改革 严格土地管理的决定》，提出城镇建设用地增加，要与农村建设用地减少相挂钩。2005 年国土资源部出台了《关于规范城镇建设用地 增加与农村建设用地减少相挂钩试点工作的意见》，提出将若干拟复垦为耕地的农村建设用地地块（即拆旧地块）和拟用于城镇建设的地块（即建新地块）共同组成建新拆旧项目区，通过建新拆旧和土地复垦，最终实现项目区内建设用地总量不增加、耕地面积不减少、质量不降低、用地布局更合理的土地整理工作。

近年来，为了获得计划下达之外的建设用地指标，地方政府越来越多地考虑通过对以宅基地为主的农村建设用地复垦来新增耕地。在中央政策许可下，2006 年，山东、天津、江苏、湖北、四川 5 省市被国土资源部部列为城乡建设用地增减挂钩第一批试点。2008 年起有 19 省相继加入增减挂钩试点。除那些具有全国知名度的地方改革实验，比如成都的“拆院并院”、天津的“宅基地换房”、嘉兴的“两分两换”、重庆的“地票交易”，全国各地以“新农村建设”“新民居建设”“城乡统筹”为名而推动的撤村并居和农民集中居住一直在大规模进行。

客观地说，“城乡建设用地增减挂钩”政策有其现实的社会、经济背景。在高速城市化过程中，农村人口大规模外迁，农村开始逐步出现空心化现象。尤其在人口大量外迁的纯农区，问题非常突出。在原有农村宅基地分散分布情况下，要为留守人群（老人与儿童）提供公共服务、并逐步提升农村生活基础设施的水平，确实存在成本较高的问题。

特别是 2006 年农业税全面取消后，虽然降低了农民负担，但也导致很多纯农区村集体缺乏资源去提供公共产品，结果是农村道路修建、村落内的河沟整治、小型水利设施、学前教育、五保供养等农村内部公共产品严重缺乏。在内地不少纯农区还存在大多数自然村街道狭窄、路面质量不高、排水设施落后、垃圾成堆、污水横流的情况。部分欠发达农村地区，水、电等农民生活必需的基础设施还很缺乏，电网老旧、破损、存在隐患。这也就说明，从需求面上看，宅基地复垦并推动农民集中居住，从而提升农村基础设施与公共服务水平，确实存在一定的必要性。

实际上，那些撤村并居做的比较好的地区，通过城乡建设用地增减挂钩政策带来的资金，有效地实现了农村居住点基础设施与公共服务条件的提升，有助于实现对农村留守人群包括老人、妇女与儿童的集中服务，改善居住条件，推动了农村现代化。

然而，上述政策在各地执行中不可避免地出现了一些问题，有时候甚至是非常严重的问题。在获取建设用地指标的驱动下，地方政府倾向于过度推动。从近年来我们及一些其他研究者对不少地区的实地调查来看，无论是宅基地拆迁补偿水平，还是集中居住标准，基本上都是地方政府主导制定，缺乏公共参与。如此，各种问题出现几乎是必然的。

首先，一些地区在城镇边建设大规模的高密度公寓式农民居住小区，镇内几个被拆除村庄的原居民统一被安置到农民居住小区。对农民而言，尽管生活方便了，农业生产却受到很大影响；一些地方政府宣称，通过宅基地换房，农民获得了市值几十万的基础设施配套齐全的全新住房，但农民却认为自住住房的市场价值没有意义。相反，安置住房的居住面积比原来小了，庭院和道场没有了，居住条件下降了。而且，公寓式住房使他们无法继续农业生产，与此同时，将来还要交水电费、物管费等，提高了他们的生活成本。

由于村庄整治及建设新型农村社区需要庞大资金，一般投资数亿元才能建成一个容纳 5 000 人口规模的新型农村社区。于是有些地方就出现了政府指标交易收入只能覆盖集中居住点的基础设施建设，但无法覆盖建房成本的情况。结果是被集中居住的农民自己要掏钱买房，甚至可能花掉多年打工的积蓄。根据社科院农发所在河南的调查，在新型农村社区建设中，修建新房的费用主要由农户承担。该调查搜集的 279 个农民拆旧建新总支出有效样本数据显示，参与拆旧建新农户拆旧建新平均负担 14.03 万元/户，其中，建新房支出占 78.82%，新房装修支出占 21.54%。

其次，很多地区推行大规模、运动式整村拆迁。被拆的农民住房有相当部分是质量较好的砖瓦结构房屋且常年有人居住，拆迁显然是一种资源的浪费；在北方平原地区的不少农村，农民居住本来就非常集中，但政府为获得建设用地指标，要求农民必须集中上楼，致使民怨沸腾，这样就完全违背了改革的初衷。

最后，各地出台的宅基地换房政策中，虽一再强调要充分尊重农民意愿，但实际操作中却很难实现。在获取建设用地指标来推动城市和工业发展的强烈激励下，很难相信拆迁复垦所涉及农民能够真正的自愿选择“搬，还是不搬”。通过断水断电等方式强迫农民集中居住的例子并不少见。

（五）建设用地指标产生的“浙江模式”

那么有没有一种方式可以破解上述的改革难题？根据我们的研究，以农地整理折抵建设用地指标为主要内容的农村土地市场化改革“浙江模式”颇值得注意。

顾名思义，“农地整理”就是通过对农地，包括对田、水、路、林、村综合整治，归并零散地块等措施，在加强农田水利设施建设、提高既有耕地质量的基础上，同时增加有效耕地面积。

为解决建设用地指标不足及地方政府缺乏农地整理激励的问题，20 世纪末以来，浙江省开始推行“土地整理新增耕地折抵建设占用耕地指标”政策。这项政策的要旨，就是土地整理新增有效耕地的 72% 可以折抵为建设用地指标。为鼓励农地整理资源丰富、但建设用地指标需求不大的县市推动农地整理工作，浙江省政府还出台了一系列政策，允许通过土地整理新增耕地折抵的建设用地指标进行跨县市有偿调剂。

由于每亩建设用地的指标费基本可以抵消土地整理的成本，这一政策也就同时解决了土地整理资金筹措和经济发达地区建设用地指标不足两个问题。2000 年以来，浙江省的折抵指标市场运行良好，有利地推动了农村土地整理工作。截至 2004 年底，浙江省通过土地整理建成了 1 000 多万亩超过基本农田质量的标准农田，并通过折抵指标为省内发达地区腾挪了 30 万亩的建设用地空间。

实际上，上述“浙江模式”与前面谈到的“城乡建设用地增减挂钩”改革的差别，就是除了宅基地复垦新增耕地同比例置换建设用地指标之外，还另外规定农用地整理新增有效耕地的 72% 可以折抵为建设用地指标。

在我们看来，上述多元化产生建设用地指标的“浙江模式”，不仅对于耕地保护本身，而且对中国全面实现农业、农村现代化而言，都具有重大的价值。其优点，就在于它没有另起炉灶去推翻现有建设用地计划管理体系的基本框架，而是在接受基本农田保护任务和耕地占补平衡要求的基础上，创造性地引入市场机制来跨区配置土地发展权。实际上，较之宅基地复垦折抵建设用地指标的政策，“农地整理新增耕地折抵建设用地指标”政策有以下几个明显的好处：

首先，农地整理成本平均而言大大低于宅基地复垦，避免社会资源浪费；宅基地复垦还需要很高的搬迁成本，但农地整理主要就是土地平整和农田水利基础设施建设的成本。

其次，也正是农地整理可有效地改善农业基础设施，提高农地质量，真正对农民、农业有利，更有利于实现耕地保质、保量的目标。

最后，农地整理不影响农民生活生产，反而有助于增加耕地数量和质量，不仅不会带来农民之间的矛盾，还因做大蛋糕而有助于缓解农民之间就土地分配所可能产生的矛盾。与后面还要谈到的农地确权新思路结合起来，农地整理还有助于解决现有农地确权政策所可能带来的几乎所有矛盾。

虽然有上述诸多好处，但“浙江模式”一开始就受到质疑，甚至有政府官员认为是钻了政策的空子。其原因何在？1999 年国务院颁布的

《土地管理法实施条例》第十八条规定："土地整理新增耕地面积的百分之六十可以用作折抵建设占用耕地的补偿指标。"这里的关键问题是该条款中的补偿指标这个概念非常含糊。在中国，农地要转为建设用地，不仅需要上级下拨的建设用地指标，还需要满足耕地占补平衡（本质上也是一种土地发展权指标），缺一不可。耕地占补平衡可以通过农地整理（一般可以增加10%左右耕地数量，各地有差异）、土地开发和土地复垦等措施来实现，但地方政府往往选择去找那些比农地整理成本更低、但生态上也往往更为不利的措施，比如开荒、开发滩涂乃至填湖、填海造田去实现"耕地占补平衡"。因为相比开荒等方法，农地整理的成本较高，地方政府因此缺乏激励。

但浙江省的农地整理新增耕地折抵建设用地指标政策，同时解决了地方政府农地整理缺乏激励和建设用地指标需求难以满足的这两个问题。"浙江模式"的政策基础其实来自于中央文件，即国土资源部在1999年《关于土地开发整理工作有关问题的通知》（国土资发［1999］358号）。该文件第三点标题为"执行好"百分之六十折抵"政策，鼓励投资者整理土地"。

但可能是出于控制建设用地总体规模的考虑，国土资源部很快又解释认定该条款中"土地整理新增耕地面积的百分之六十可以用作折抵建设占用耕地的补偿指标"的含义是土地整理新增耕地的百分之六十可以用来补充建设占用的耕地，也就是说只能用于耕地占补平衡。

仔细研究，国土部的上述解释其实多少有些自相矛盾。如果这里理解"土地整理新增耕地"可以用于建设占用耕地的补充来源（即占补平衡），为何还要有60%的规定？因为按照现行法律法规，垦造、复垦或者土地整理新增的耕地，只要质量达到要求就全部可以用于补充建设占用耕地。因此，浙江省对此理解为折抵建设用地指标，显然是非常合理的。

可惜的是，这种合理的政策在浙江试验过一段时间之后，于2007年被叫停，2009年最终停止。与此同时，以"城乡建设用地增减挂钩"为政策支撑的农村大规模集中居住，复垦农村宅基地却在全国运动式地展开①。

如果控制建设用地总规模的最终目标是为了保护有限的耕地资源，那

① 进一步讨论参见"城镇化中的撤村并居与耕地保护：进展、挑战与出路"，http://nads.ruc.edu.cn/displaynews.php?id=2111。

么既然农地整理可以在提高质量的同时新增耕地数量，为什么就不能折抵部分建设用地指标？又为什么要叫停这样的好政策？毕竟，与有些地方强制农民集中居住相比，土地整理无论如何对农村、农业和农民都是有益的投资。

因此，结合宅基地复垦指标与农地整理折抵指标两种方式多元化产生建设用地指标，应该是未来中央政策调整的主要方向。只有这样，地方政府才会结合本地宅基地复垦与农地整理成本—收益的测算，在农民集中居住与农地整理之间取得适当的平衡，在农村居民点建设现代化与农业基础设施现代化之间取得适当的平衡。如果可以在全国范围内建立一个上述两种方式产生的建设用地指标的交易平台，那么目前各地强制农民集中居住的压力就可大幅度缓解，我们也就不会看到发达地区以及北方很多原来居住就很集中的村庄进一步大规模拆迁农房、赶农民上楼的现象。通过发达地区购买土地指标来保护经济欠发达地区，特别是粮食主产区的耕地和自然环境，也同时为发达地区提供更大的建设用地空间，就可以在全国范围内实现农业、农村现代化之间的平衡，实现城镇化与农业、农村发展的平衡。

2006 年农村税费改革之后，由于地方政府无法继续从农业获得税收，农田水利基础设施建设受到很大影响。虽然中央通过多种渠道进行农田水利基础设施投入，也要求地方政府应该用土地出让金收入的 10% 用于农田水利基础设施建设，但地方政府的积极性并不高。目前，农地整理的投入主体也是中央政府，每年几百上千亿计。但从中央下达的这类专项转移支付，不仅未来会随中央财力有限及其提升一般性转移支付比重的政策而减少，而且也不可避免地出现各种“跑冒滴漏”现象，个别地区甚至还出现因土地整理资金使用而带来的群体性腐败、干部成批落马情况。因此，如果能结合浙江经验，地方政府通过农地整理推进农田水利基础设施的积极性就会马上被调动起来，中央就可以在减少支出的情况下确保农田水利基础设施的资金投入。

（六）农地市场化改革的路径：先整理再确权

未来中国如果可以顺利通过城市户籍与土地改革吸纳农村外出打工人口与其家庭成员在城市永久性定居，就特别需要建立一个有效的土地流转机制，让农村外迁人口逐步释放出其留在农村的土地，也就必须想办法找到一部分新增资源或资金去补偿那些愿意放弃农村土地的外出人口。

我们认为，改革的基本出发点，就是通过有效的农村土地制度及配套政策改革，基于城镇化过程中城市郊区土地增值的潜力，创造性地运用“土地发展权转移与交易”这个在国外和国内部分地区已被证明非常有效的政策手段，实现城市政府、农村外出打工人口、纯农区农民多个群体对城市化过程中土地增值收益的共享。

具体而言，还是要培养前面所说的多元化建设用地指标市场并推动跨区交易，而因此所产生的指标收入，除可部分用于农地整理、农地确权、农民集中居住外，还可部分用于村集体按照一定标准去购买那些外迁人口留在农村的土地，再无偿分给那些留在农村的人口。上述措施结合起来，就可以在农地整理与宅基地复垦之间取得平衡，有效化解中国城镇化过程中城乡协调发展、耕地保护与城市建设并举、农业现代化与农村建设现代化协调发展中的矛盾。

在结束本部分的讨论之前，有必要总结一下改革过程中整体改革方案设计与地方具体改革实践经验相结合的问题。

中央改革的政策虽然不能一刀切，但也绝对不能完全放手让地方自己做主，必须要有一个方向大致正确的整体性改革方案。当然，这个方案不仅必须建立在对“三农”问题全局把握的基础上，也必须建立在对地方改革成功经验和失败教训充分总结的基础上。换句话说，中央的政策，一方面要来自于地方的实践，但又不能囿于地方的实践。以农地确权为例，成都等地其实前些年就已经花费很大投入推动本地农地确权，但确权后由于不能买卖，更难以抵押，所以确权后基本上没有带来太多收益，这样改革的意义就非常有限。既然我们观察到从局部地区确权后不能买卖导致的确权收益低下，为什么就不能总结这些教训后实现整体改革方案的提升与改进呢？

我们认为，即使按照本章提出的多元化产生建设用地指标的方法推动了农地确权，未来也须认真考虑是否应该逐步放开农地买卖，哪怕这个改革先只从一些地方开始试点，在观察几年的基础上再根据情况来决定推广与否，也比完全不允许这样的改革探索要好得多。实际上，跟我国国情比较接近的越南在允许土地买卖后，并没有出现农业土地过度集中现象，而因经济困难而被迫卖掉土地的农户比例几乎可以忽略不计。即使出现少数因经济困难而被迫卖地的农民，一方面卖地可能对其是一个更有利选择，另一方面政府也完全可以通过农村社保系统来负责兜底，而后者本来就是政府未来工作的题中应有之意。

一个简单的类比就可以说明问题，甚至在20世纪80年代，普遍认为国有企业是国民经济基础而不能民营化，但90年代后大规模民营化却通过提高效率、加速增长巩固了执政党的地位。相似地，农地即使所有权仍然归集体，那么哪怕只是允许永久使用权的自由买卖，为什么就不能尝试？只要处理好政府在土地规划、管理、基础设施投资、纠纷仲裁等方面的角色，执政党在农村的地位就不仅不会因为土地自由买卖而弱化，甚至还可以通过实现农业、农村现代化而得到强化。从这个意义上看，突破了意识形态的束缚，未来土地改革大有可为。

再以农村宅基地复垦与农民集中居住为例。实践中，各地政府创造了很多模式，包括成都的“拆院并院”、浙江嘉兴的“两分两换”、天津“宅基地换房”以及重庆的“地票交易”模式等，但这些模式都根本没有、实际上也难以跳出国土部“城乡建设用地增减挂钩”政策的关键性体制约束，这些模式即使在本地执行过程中都多少出现了前面提到的各种问题，而一旦在全国推广后就马上变成大范围、运动式推动，结果这项政策给农民生产、生活带来的好处被降低，带来的问题却被放大。而前面讨论的浙江省推行的更行之有效的政策模式，却因为与相关部委目标不合拍而被叫停，更不用说在全国范围内得到推广。

前面的分析说明，中国顶层改革设计的决策机制还需进一步完善。中央各部委在改革中自然有其部门利益，这一点不需要回避。但这也就意味着，在中央层面推动相关体制改革的主体就肯定不能是应该作为被改革对象的部委本身，而是应该建立包括这些部委在内、但又更有包容性的决策机构，决策中应该引入所有利益相关者代表以及相对中立的学术界人士，对重大政策议题进行充分的政策讨论乃至辩论。

土地市场化改革需要各方妥协，也不可能完美，但最重要的就是各相关利益群体都应该有相应代表介入到改革政策的讨论与设计中去，都有机会摆明各自利益所在，也能一起去计算不同方案给各自带来的损益，然后再寻求以可做大蛋糕的方式来解决问题，特别是给潜在受损者以相应的补偿以减少改革阻力。也只有这样，才能在结合地方改革有效经验和失败教训的基础上，制定出能把握全局、同时又可以在关键领域实现关键突破的改革政策组合。

六、土地要素市场化之方法论：去杠杆与双轨制

当前中国经济结构的调整过程中充满着悖论。为了防止此轮去杠杆过程中经济的系统性危机，还必须同时实现挤泡沫与增活力这两个貌似矛盾的目标。本章特别提出要充分利用改革过程中“双轨制”的经验，推动转型过程中的土地要素市场化。

追本溯源，本轮中国经济的过度杠杆化，和中央土地指标管理的集权化以及城市建设用地的垄断化两者的关系非常密切。解铃还须系铃人，要实现有效去杠杆，土地管理体制的分权化与去垄断化是一个关键突破口。

我们提出，若能在土地和相关财政领域推动分权导向的“双轨制”改革，通过向地方政府与市场的分权，可以增加去杠杆过程中经济的弹性，并最终实现土地要素的渐进式市场化。

（一）双轨制的历史经验

这里特别需要讨论中国过去30多年改革的“双轨制”经验，并探讨它对把握当前土地要素市场化改革策略的重大意义。

不能否认，双轨制对中国20世纪80年代的经济转型起到了重大作用：在产能普遍短缺情况下推行双轨制，既通过照顾既得利益减少了改革的阻力，又在边际上让市场价格充分发挥作用来调动了积极性。由于增量改革不断扩大了市场轨，就为双轨制的最终并轨创造了有利条件。到20世纪90年代前期，中国的消费品、能源原材料、主要装备制造业行业逐步实现了完全的市场化。不可否认，双轨制也存在一定弊端，尤其是双轨制的价差与套利机会，很容易带来一定程度的腐败，这也是20世纪80年代双轨制推行时遭到诟病的主要原因。甚至还可以说，之所以20世纪90年代后中国推动的市场化改革没能“毕其功于一役”，恰恰是土地、资金乃至劳动力等生产要素的市场化改革相对滞后，甚至仍保留了一定双轨制的结果，否则今天中国经济所出现的各种结构性扭曲也不会如此严重。

但我们希望强调的是，在一定经济环境下，尤其是既有体制已带来较大扭曲时，即使确立了“双轨制最终要并轨”的目标，也不代表要马上推动双轨制的迅速并轨。实践中，有意识地坚持让双轨制多飞一会，可能恰恰是更优的改革策略选择。

实际上，对20世纪80年代的价格双轨制经验以及当时推动价格并轨的教训进行一个较好的总结，对中国思考当前几个主要领域的改革策略都非常重要。

应该说，20世纪80年代的“价格双轨制”是在产能总体短缺，尤其是能源、原材料非常短缺的情况下实施的。但在产能总体短缺的情况下，地方政府有积极性大办国企与乡镇企业来最大化地方财政收入。在当时地方与银行的特殊关系下，出现了信贷投放的“倒逼机制”：作为企业所有者的地方每年都会向银行当地分支机构不断施压，而后者一般会对增加信贷的要求做出让步，并向国有银行总行倒逼增信、最后压力会传导至中央银行，结果年度货币供应规模过度扩张。这种“倒逼机制”带来了经济转型早期不断出现的高信贷投放与投资膨胀。在产能短缺的背景下，经济中必然出现通货膨胀。

换句话说，当时双轨制下市场价高于计划价、以及当时不断出现的货币超发，都内生于20世纪80年代转型期所选择的制造业下游带动上游的改革路径，内生于这种转型路径所带来的产能普遍短缺。而且，货币超发后的通货膨胀实际上给双轨制并轨带来了更大的困难：投资过热、通货膨胀让社会总需求一直大于总供给，市场价一直显著高于计划价，结果是双轨套利的机会及其带来的腐败一直存在，社会的不满也日益增加。但此时若不采取有效措施去控制货币超发，反而试图以“毕其功于一役”的想法去进行价格“闯关“，推动双轨制过快并轨，就必然带来全面的通货膨胀。结果是价格改革在刚刚启动不久后就不得不叫停，而此时高通胀已出现，并给其后的经济、社会乃至政治形势发展带来了非常不利的影响。

反思当年的“价格闯关”，应该说改革的初衷不容置疑，但在经济过热条件下贸然推动确实最后起到了反效果。事后看来，更明智的改革策略是首先通过约束信贷投放总规模（难度虽较大，但尚可为）来适度控制社会总需求，以此方式降低市场价与计划价之间的张力后，让双轨制再“多飞一会”，市场轨就会继续扩大，并推动供需逐步趋于平衡，双轨价差就会逐步缩小，最后反而能更顺利地实现并轨。即使在这个过程中仍存在套利与腐败，完全可以采取相应的行政与法律手段去约束并降低其负面影响。

当然，取决于具体经济环境和领域，双轨制加快并轨未必都带来不利的结果。汇率双轨制在中国也持续了相当时间，到1993年人民币汇率仍存在价差不小的双轨。但朱镕基在1993年推动的人民币汇率大幅调整与一次性并轨，实际证明不仅非常及时，而且相当必要：当时中国外汇储备接近枯竭，国内产能也开始严重过剩，通过汇率并轨对人民币一次性大幅贬值，不仅有效缓解了外汇紧张，而且给后来中国制造业通过国际市场消化过剩产能创造了非常良好的条件。

这里需要指出，当时的并轨之所以较顺利，一方面，是外汇双轨制已存在较长时间，市场轨已较大；另一方面，汇率贬值所带来的负面效应更多被外部化到那些与中国竞争出口的发展中国家。与之相比，20世纪80年代末的“价格闯关”却没有这种将并轨负效应“外部化”的机制：“价格闯关”后的高通胀很快就严重影响了百姓生活，最后引起了社会强烈反应而被迫叫停。当然，结合本系列金融改革的分析，当时汇率贬值与之后出现的区域竞次性招商引资相互配合，虽然带动了上世纪末以来中国出口产业的大繁荣，但也引致了过高外汇储备、人民币超发与严重资产泡沫等问题，并成为当前中国经济的一个痼疾。但后面这些不利局面的出现，并非汇率并轨本身所直接带来的，而是其他一系列制度共同发挥作用的结果。

从改革策略上看，双轨制一般而言是个过渡时期的好东西，但最后还是要走向市场化的并轨。而实现并轨有一个前提，就是被保护的对象在国民经济中所占份额逐渐下降直至边缘化，此时再并轨的风险就会较小。中国汇率双轨制的背景是20世纪80年代进出口贸易的繁荣，彼时进出口贸易占GDP比例大约在15%左右，而1993年推动汇率并轨时该比例已提升到25%。也就是说，新兴的外向型产业在国民经济中的地位此时已开始取代那些传统的被保护产业。同理，20世纪80年代国内工业品，尤其是能源、原材料的价格双轨制，到90年代产能短缺行业的市场轨生产能力不断扩张、双轨价差缩小后也就自然消失。

（二）双轨制中的建设用地要素市场化

以上讨论对中国当前要推动的土地改革都具有很重要的借鉴意义。本章提出的通过“区段征收”让人口流入地“城郊村”村民为流动人口盖出租房的改革，本质上就是一种双轨制、渐进式的改革方案。之所以要对本地农民所建住房加以短期内“只能出租、不能出售”的限制，就是因为既有土地要素的不完全市场化已带来了城市房地产市场的严重泡沫。如果不进行任何限制，村民一定会倾向于盖商品房，这样将不仅无助于解决流动人口居住问题，而且还可能马上对现有商品房市场造成巨大冲击，甚至直接引发房地产泡沫破裂。

既然是双轨制，就一定存在套利空间并可能引致套利行为。比如，即使城市政府按照“区段征收”方式允许村民合法盖出租房，村民完全可以“说一套，做一套”：名义上盖出租房，实际上盖可出售的小产权房。在政府实际很难限制租房对象的情况下，村民与村集体完全可以“明租实售”，与购房人私下签订购房合同，结果是出租房变成了商品房。一旦预期到会出现这种情况，地方政府和那些高价拍地的开发商就会集体行动起来强力反对改革。

但对土地而言，处理上述套利风险只是一个技术问题，实践中完全可以采取措施来防止套利。举例来说，政府在区段征收中给村民留了50%的地，可以用其中的10%给被改造地段村民建安置房，而剩下的40%土地虽然使用权与收益权都归村民，但地方政府完全可以委托专业化的物业管理公司或其他社会组织来实施住房出租和物业管理。这种由第三方来负责管理与出租，或者至少是第三方与本地村民合作进行管理与出租，所获租金（在抽取部分租金所得税给农民工子女就学提供融资，并部分偿还房屋建设贷款后）就可以给村民分红。

如是，政府就可以限制住前述套利行为，降低改革对正规房地产市场的冲击，换取地方政府、房地产商对改革的支持。一旦这样操作，城市的中低端出租屋市场就可以大规模发展，农民工和大学生就可以获得可支付的体面居住。在此过程中，通过一些专业性社会组织或物业管理公司来管理出租房小区，甚至可以提高管理效率，降低管理成本。这不仅不会降低村民的出租房租金收入，还可能在增加社会就业的同时，有效改善小区管理水平和居住环境。经过10～20年，村民所获租金收入还清盖房贷款还有余、房地产泡沫也逐步化解之后，政府就可以允许这些出租房直接上市，双轨制的并轨也就自然实现，很多租房者将积累足够储蓄买房，最终实现“居者有其屋”的目标。

上述讨论实际上关系到一个设定改革最终目标与阶段性目标的问题。由于原体制本身已带来了较大扭曲，消除这些扭曲固然能带来效率改进，但此过程中进行存量调整确实有巨大风险。既得利益受损有多大、风险释放时间有多久、社会承受能力又有多大等问题，都很难进行准确的估计。

所以，应该在尽可能掌握信息的前提下，通过阶段性改革目标设定和渐进式改革，来实现对改革最终目标的逼近。

在设定阶段性改革目标时，必须考虑存量利益以及经济周期的因素。当前，在房地产下行、泡沫可能破裂的情况下，在百姓对地方政府无法充分问责、也没有获得有效公共服务的前提下，短期乃至中期房产税都不应是一个可行的政策选择。但为抑制过度的建设，地方政府却必须现在就开始逐步淡出“土地财政”“土地金融”这种不可持续的发展模式。因此，过渡性的改革方案不仅应包括通过“区段征收”模式拉动出租房建设与经济增长，还应包括对存量低效工业用地逐步转化为商住用地，使地方在不再继续按传统方式征地后仍能持续获取部分土地出让金。这块收入实际上就来自于矫正既有体制中工业—商住用地结构性扭曲所获得的效率改进：既有工业—商、住用地的部分差价，还包括这些土地释放入市后商、住用房地产建设为地方产生的预算内税收。

（三）上轮去杠杆后的土地管理集权化及其弊端

20 世纪 90 年代中后期，随着耕地保护措施的强化，中国的建设用地指标的管理体制开始出现了集权化：中央政府逐步推动了耕地占补平衡、基本农田保护及农地转用计划管理与分级审批为核心的集权式土地管理制度。在这个体制下，耕地补充、基本农田保护任务以及建设占用耕地数量指标都按计划模式从中央层层分解下达，指标分配也基本上不考虑土地利用效率，而主要是基于区域间的政治平衡。这样做的结果是，由中央计划并下拨建设用地指标的集权化土地管理体制很难适应各地因发展阶段、耕地禀赋差异而带来的用地需求差异。

这种集权型的土地指标管理模式带来了如下困局：在那些耕地丰富而经济欠发达的地区，指标用不完，土地利用以非常低效率的方式实现，丰富的后备土地资源也因缺乏资金投入而无法开发并用于农业；但在那些耕地资源匮乏、但经济发达的地区，则出现指标严重不足、违法用地查不胜查，地方政府不得不投入巨资补充低质量耕地完成占补平衡的情况。其结果是：为了大规模招商引资，一些欠发达地区以极低成本征收大量耕地去建设工业园区，但往往招商效果很差，大量耕地征用后闲置多年；而在发达地区，则有大量投资者在排队等地，甚至还出现大量的违法用地。

如前所述，从 20 世纪 90 年代后期和本世纪初开始，地方政府通过

“土地财政”来谋求地方财政收入最大化目标。在“土地财政”模式下，地方政府开始把建设用地管理的权力紧紧抓在自己手上，无论是征地还是供地基本上都由地方政府垄断。在区域竞争制造业投资以及制造业带动服务业发展的背景下，出现了工业用地低价过量供应、商住用地高价过少供应的扭曲性的用地结构。

应该说，20世纪80年代和90年代前期，中国土地管理体制还是相对分权的，地方供地基本上是双轨乃至多轨运行。但从20世纪90年代后期开始，建设用地指标就开始出现了中央集权式管理。而本世纪以来地方“土地财政”“土地金融”迅速膨胀后，城市的供地体制也日趋显现出“地方政府一个口子供地”的单轨化格局。

（四）以“双轨制”逐步实现分权化的建设用地指标管理

为实现更有弹性的去杠杆，中央政府可以通过推动建设用地指标的“双轨制”改革，在建设用地指标配置上，首先建立更有市场导向的跨区土地指标交易的“市场轨”，然后逐步缩小中央层层下拨的土地指标的“计划轨”，逐步完成建设用地指标配置的市场化并轨，到条件成熟后，最终可以考虑取消通过建设用地指标来保护耕地的政策。

实际上，在既有的通过中央层层下拨建设用地指标的“计划轨”基础上，未来中国可以通过“城乡建设用地增减挂钩”与“农地整理折抵建设用地指标”的二元化方式来多渠道为地方政府提供建设用地指标，同时还要推动不同来源的建设用地指标跨区交易。由于前述中央计划下拨用地指标带来了发达地区用地指标严重不足，本世纪一段时间内中国跨区的土地指标交易曾有所发展，换句话说，这种建设用地指标的“双轨制”原来就曾经出现过，只是在出现之后不久很快被国土部叫停。而国土部之所以叫停这类跨区的建设用地指标交易，并不主要是因为出售土地指标的地方政府在土地复垦方面造假，主要还是因为指标的跨区交易弱化了国土部的指标配置权，损害了国土部的部门利益。实际上，在上述跨区指标交易被叫停后，地方政府在土地复垦方面的造假冲动甚至还有增无减。

这里需要追问的一个问题是：在中国经济必须去杠杆的现阶段，是否应该以及是否有条件把“多元化产生建设用地指标并开放建设用地指标的跨区交易”作为改革中央集权式建设用地指标管理体制的突破口？

一种观点认为，为时已晚！由于土地财政可以带来的丰厚利益，地方政府已储备大量土地。而随着经济与房地产下行，土地指标已不再紧缺，因此就不再需要建立“计划轨”之外的“市场轨”。按这种思路，中央应进一步全面集权：通过收紧银根来截断土地财政运转的资金链，刺破房地产泡沫；还有严控新增建设用地审批，对已审批的计划则直接压缩。

上述思路确实能比较有效地压缩房地产泡沫，但同时也会带来如下两个方面的严重后果：首先是地方土地收入大幅下降，大批房地产企业倒闭，甚至引发金融、经济系统的连锁反应，最终带来系统性风险；其次，随土地管理的全面集权化，土地指标乃至建设用地本身作为一种生产要素通过市场交易更有效配置的目标将更难以实现。

应该说，上述直接紧缩银根、土地指标管理进一步集权并刺破房地产泡沫的动作所带来的风险实在是太大了，不仅中国经济难以承受，而且中央政府也难以承受。而采用这里提出的“双轨制”，则可以有效降低去杠杆中的风险，

具体而言，即使总体来看地方政府已囤积大量土地，城市房地产供给也平均而言有过剩现象，还是可以从中央政府开始推行建设用地指标的“双轨制改革”：首先，是农村土地改革部分提出的通过“城乡建设用地增减挂钩”与“农地整理折抵建设用地指标”两种方式为地方政府新增建设用地指标，在此基础上再推动建设用地指标的跨区交易；而随跨区交易系统流通的建设用地指标比重逐步增大后，就可以逐步缩小中央下拨的计划轨指标量；等到各地城镇化空间扩张趋于稳定后，中央可以考虑全面取消建设用地的指标管理。

为什么要提出上述政策，主要还是因为市场化的建设指标交易体系能更有效地配置土地指标这种稀缺的资源。

由于各地工业化、城镇化很不平衡，必然存在如下两类地区：第一类是不少沿海发达地区以及内地少数大中城市，从发展潜力看仍然较大，而且也并非所有城市都存在严重的房地产泡沫。在一些供地相对分权的地区，泡沫化问题并不严重（如在广东中山，乡镇政府都有一定的土地供应权）。在这种情况下，一刀切式地进行紧缩性土地调控，就会损害这类仍有发展潜力地区的城镇化进程；而不顾地方条件进行一刀切，其风险最后会全面传导到金融系统和中央政府。与此相反，还存在第二类地区，绝大部分分布在内地，不仅政府土地储备过度，地方的土地供应也严重过剩。即使中央不去硬性压缩，去杠杆后地方的工业投资和商、住地产销售

也会自然萎缩，政府不得不被迫大幅下调土地供给。此时，地方土地出让金收入将迅速下滑。前期大规模基建投入也无法收回，地方政府债台高筑。

此时，中央恰恰应该允许第二类地区的地方政府将已征用、但尚未进行基础设施配套的土地重新进行农业开发。如果地方政府承诺的给失地农民的补偿都未到位，就可以在引入商业资本进行农业开发后给失地农民一些“农庄股份”作为补偿。更重要的是，应该允许第二类地区的地方政府将因此收回的土地指标投入跨区指标交易市场，然后用指标出售收入去部分弥补财政亏空。这就是在中央层面推动建设用地指标配置“双轨制”。

（五）以集体土地上的出租屋建设推动建设用地供应的“双轨制”

在地方政府层面，推动“土地双轨制”有另外一个含义：就是在传统的“地方政府征地—出让模式”继续一段时间后，逐步推动“农村集体建设用地入市盖出租屋”的市场化模式，逐步打破地方政府在建设用地，尤其是商、住用地供应上的垄断，就是要在既有招、拍、挂住宅供地以及城市的商品房轨道之外，通过“区段征收”来为流动人口建设市场定价的出租房，从而打破地方政府建设用地垄断，推动“双轨制”改革。

这种出租房、商品房供地与建设的“双轨制”，可以在为几亿城市流动人口迅速提供可支付的体面居住条件、拉动经济增长的同时，有效防止因推动集体建设用地直接进入城市商品房市场而对正规房地产市场造成过大冲击。特别值得指出的是，新建出租房也可以逐步为政府带来诸如营业税、出租屋所得税在内的各类税收，而由于城市工业用地过剩，完全可以在不继续征地的情况下，通过逐步转化工业用地为商住用地来为地方政府继续提供过渡期的土地出让金收入。

（六）用地指标与建设用地两个层次“双轨制改革”的协同

但前述建设用地指标与建设用地本身两个层次的“双轨制”必须要协同起来才能起到作用。

首先，前述跨区建设用地指标交易市场有利于推动全国性的市场化地价机制的形成，从而打破建设用地本身在城市政府层次的行政性垄断；它也有利于中央政府识别各地的真实用地需求，通过对这个市场调控（如改变宅基地复垦或农地整理新增耕地—建设用地指标的折算比率等)，中央政府就可以实现城市建设用地上“有保有压”的弹性紧缩。

未来，中央可随跨区交易指标的增加，逐步缩小目前通过国土部逐级下拨的计划指标。国土部也就能将其工作重点从行政配置用地指标逐步转移到监控宅基地复耕、农地整理后耕地的质量及数量上去。这个改革虽弱化了国土部行政配置用地指标的权力，但也赋予国土部调控建设用地指标与监控地方宅基地复耕、农地整理行为的权力，有助于激励国土部配合改革。

其次，建立地价形成的市场化机制是推动集体建设用地入市的基础。当商、住地价因垄断虚高时，地方政府必然强力反对集体土地入市。只有当商、住用地的超额收益下降后，城市层次的供地体制改革才可能启动。而要最终消除地方政府的土地垄断，必须构建跨区的相对地价形成机制。

在逻辑上，“政府征地后供地—集体土地入市”的双轨制改革存在以下一个困难：是否允许集体土地入市是由地方政府来决定的，但地方政府为什么要凭空放弃来自垄断供地的巨额收益呢？可以想象，即使中央强推集体土地入市，只要地方政府不配合，这种改革将根本无法落地。尤其在土地市场萧条、供地收益萎缩期，为防止地价大幅下滑，地方还会进一步禁止村集体自行供地，甚至拆除已经建设的各种“小产权房”。实际上，这种与改革方向背道而驰的情况这几年正在出现。

怎么解决这个问题？需要在推动的“双轨制”改革中引入多元博弈主体，以压制地方政府。

在宅基地复垦或农地整理验收合格后，可以允许那些地处纯农区的村集体将新产生的建设用地指标在全国跨区指标市场上自行出让。中央可考虑对村集体复垦或农地整理成本给予一定奖补，但更主要还是要靠销售指标收入来推动村集体保护耕地并获得相应的建设用地指标。由于村集体可自行进行宅基地复垦或农地整理，允许指标交易就可降低地方对改革的阻力。

对那些位于城市边缘的“城中村”、“城郊村”而言，因区位优势村集体的土地本来就具备了非农开发条件，而地方如果还是禁止集体土地入市，则中央可以要求地方政府允许村集体自行选择将建设用地复垦，并在市场上出售指标。然后，地方政府若最终决定征用该村集体的土地用于城市开发，还须另外支付高于指标定价的征地补偿。

在允许村集体自行出让建设用地指标的基础上，中央可向房地产企业，或者需要指标来自建设出租房的“城中村”、“城郊村”村集体逐步放开用地指标的购买。在房地产企业或这些村集体购置了一定指标后，就可以与地方政府进行土地开发的谈判。

此时，土地开发的博弈主体多元化，就可以扭转目前房地产企业或村集体在土地开发中的弱势地位，从而逐步打破商、住用地的地方政府垄断，为建设用地指标与实体建设用地两个市场的全面并轨创造条件。考虑到目前城市的商品房供应已过剩、而中低端出租房全面短缺，中央在土地指标交易市场上完全可以实行分类调控：一方面严控工业用地指标总量，另一方面大幅放开“中低价出租房”的建设用地指标，并施行分轨式的土地指标市场交易。

上述改革的要义，就在于放开土地指标的市场轨、短期内仍保留既得利益的计划轨，甚至允许计划指标进入市场轨交易。而作为激励，此项改革赋予了国土部整体控制指标交易量、指标分类调控的权力，并通过开放市场轨引入村集体、开发商等多元博弈主体来逐步打破地方政府对实体建设用地开发的垄断。

应该指出，伴随着未来中国房地产泡沫在相当部分城市不可避免地破裂，必然会有大量的商业、工业建设项目将成为烂尾，而赋予开发商和村集体以建设用地指标的交易权，有助于构造多元化力量来有效地盘活实体土地与建设用地指标两种资源的存量，充分利用市场机制去降低传统集权化调控后泡沫破裂必然出现的巨额成本。

换句话说，建立一个更加分权和市场化导向的土地管理体制，可以逐步打破中央计划分配指标无法适应地方用地需求的问题，有助于打破地方政府商、住用地垄断，通过建设用地指标与建设用地本身在供给上的市场化转型，有效降低经济去杠杆的成本。

前述土地管理体制改革有助于降低地方对土地财政的依赖，但也必然减少地方土地出让金收入。在本章中我们一再指出，考虑到房地产泡沫可能破裂的前景，房产税在短期内不是一个可行的政策选择，那么如何才能弥补上述改革后地方相应的财政损失呢？

首先，如前所述，地方政府可以把城市过多的存量工业用地逐步转化为商、住用地，就可以在过渡期不再继续征地的情况下持续获得土地出让金差价收入与相关土地开发税收。加上新建出租屋“市场轨”所带来的财政收入，也就让地方政府在短期内就可以从双轨中同时获得收入，弥补其财政损失。

其次，地方政府还可以以“营改增”为起点，特别是让服务业增值税全归地方的改革来推动渐进式的财政分权。随服务业占经济的比例提高，地方政府从服务业获得的增值税将逐渐增加，也就从中长期增加了地方的财政自主性。中央可以设立如下机制来逐步诱导地方政府支持“营改增”：对那些愿意配合全面推动营改增的地区，中央给予一定的奖补，如增加一定的税收返还；而对那些暂时不愿意全面加入的省区也给其选择权。这种让地方根据本地财政与服务业发展情况自行选择的模式，本质上也是一种“双轨制”：由于存在区域间投资竞争，当某些省区因率先全面参与“营改增”并做大本地服务业税基、并因税率降低带来区域竞争效应后，其他省区参与“营改增”的积极性也会强化，最后实现“营改增”在全国范围内的并轨。

第三章　市场决定金融资源配置研究*

十八届三中全会对中国未来全面深化改革进行了系统性、全局性的战略部署，提出“经济体制改革是全面深化改革的重点，核心问题是处理好政府和市场的关系，使市场在资源配置中起决定性作用和更好发挥政府作用。”同时，全会还指出，要建设统一开放、竞争有序、要素自由流动、平等交换的现代市场体系，建立公平、开放、透明的市场规则，完善主要由市场决定价格的机制，建立城乡统一的建设用地市场，完善金融市场体系等。现代市场体系建设是市场在资源配置中起决定性作用的基础。

全球金融危机以来，基于出口拉动、投资驱动和要素投入的发展模式受到日益严峻的要素约束，劳动力、土地、资金和货币等全面告别低成本时代，全面深化改革是中国转变发展模式的必然选择。《决定》亦强调要积极稳妥从广度和深度上推进市场化改革，大幅度减少政府对资源配置的直接干预，推动资源配置依据市场规则、市场价格、市场竞争实现效益最大化和效率最优化。根据十八届三中全会的精神，全面深化改革的核心是市场化，而市场化改革的核心是要素价格的市场化，特别是土地、劳动力和金融要素等价格的市场化。

---

* 本章由中国社会科学院世界经济与政治研究所课题组撰写，课题组负责人：张明，成员：卢瑾、张明、郑联盛、陆婷、匡可可、陆琪等，分别负责利率、汇率、债券市场、资本市场、银行业和互联网金融等。

从金融要素价格市场化的全面改革来看，十八届三中全会针对完善金融市场体系进行了全面的部署。2015年“两会”上，金融管理部门的相关负责人亦提出了2015年及未来金融体系改革将提速的观点，深化金融要素市场化改革，建立健全完善的金融市场体系，发挥市场在资源配置中的决定性作用，将是全面深化改革的核心任务之一。

从未来内部经济发展模式转型、现代经济制度建设和内外经济两个大局的统筹来看，利率市场化、债券市场完善（特别是国债利率曲线形成机制）、汇率形成机制市场化、健全多层次资本市场体系和银行体系的深化改革是金融市场体系完善的五大核心任务，是理顺金融要素价格体系，发挥金融市场服务实体经济，“用好增量、盘活存量”的关键领域。同时，由于互联网技术与金融业务相互融合而出现的互联网金融蓬勃发展，对于要素价格市场化亦有推动作用，业已成为金融市场体系完善的重要内容。

一、利率市场化：进展、问题与改革建议

（一）利率市场化改革的现状

1. 利率市场化的意义与目标

利率市场化是全面深化金融改革的核心内容之一，利率市场化加快攻坚可以更好地推进包括汇率、人民币资本项目可兑换在内的其他金融改革。利率市场化改革不只是建立浮动的存贷利率体系，更重要的是建立由市场主导的、反映市场资金供求变化的价格发现机制。我国利率市场化改革整体按照“先贷款后存款，先长期后短期，先大额后小额，先外币后本币”顺序，渐进式地推进利率市场化。2013年，央行为利率市场化设立了近期、近中期以及中期三个目标：近期目标是建立健全自主定价机制、取消贷款利率下限；近中期目标是形成较为完善的市场利率体系、健全中央银行利率调控能力；中期目标是全面实现利率市场化，使央行形成通过政策利率来进行宏观调控的能力。

2. 利率市场化进程加速推进

近年利率市场化改革步伐加快。央行2013年7月取消贷款利率7折下限，贷款利率全面自由浮动；2013年12月在银行间市场推出大额可转

让存单业务。2014 年 2 月，人民银行上海总部宣布放开上海自贸区小额外币存款利率上限。2015 年 3 月 1 日起，存款利率浮动上限从基准利率的 1.2 倍上调至 1.3 倍。央行行长周小川 2015 年 3 月 12 日更表示[①]，2015 年放开存款利率上限是大概率事件。利率市场化进程的加速推进主要表现为以下几个方面：

（1）货币政策的转型。2012 年 9 月央行发布《金融业发展和改革“十二五”规划》，提出“推进货币政策从以数量型调控为主，向以价格型调控为主”转型。央行取消贷款基准利率并逐步放开存款基准利率上限，而且提出研究利率走廊（Interest Rate Corridor）和中期政策利率。

2014～2015 年，中国经济从高速增长回落至中高速增长，进入“新常态”阶段，人民币汇率在经历缓慢升值后趋近于均衡水平，呈现有升有降的态势。2002～2011 年，中国外汇占款持续快速增加；从 2012 年下半年开始，外汇占款增速放缓且双向波动加剧，对基础货币投放产生影响，央行需更加灵活的基础货币投放机制来应对变化，为此，央行推出一系列短期或者中期的新型货币政策工具，如 SLF、SLO、PSL、MLF[②] 等。央行货币政策逐渐从过去被动对冲外汇流入向主动管理流动性转变，调控框架逐步从数量型调控向价格型调控转变的条件逐渐成熟。央行除了建立自身的利率体系，还培育新的金融市场基准利率体系，调控模式由单一依靠存贷款基准利率转向存贷款基准利率调整与引导市场利率并重。在新的调控框架完全建立之前，数量型调控的权重已经在逐年下降，2013 年以来表现得尤为明显。

（2）存款保险制度即将推出[③]。我国目前中央银行的最后贷款人职能

---

① 周小川在 2015 年 3 月 12 日十二届全国人大三次会议记者会上的讲话。

② SLF：2013 年 1 月份人民银行创设“常备借贷便利”（Standing Lending Facility，SLF）试点，对金融机构开展操作，提供流动性支持。SLO：公开市场短期流动性调节工具（Short－term Liquidity，SLO），作为公开市场操作的补充，以 7 天期以内短期回购为主，采用市场化利率招标方式开展操作。PSL：抵押补充贷款（PSL，Pledged Supplementary Lending 的缩写），PSL 作为一种新的储备政策工具主要是通过商业银行抵押资产从央行获得融资的利率，引导中期利率。MLF：中期借贷便利（Medium－term Lending Facility，MLF）。2014 年 9 月，中国人民银行创设了中期借贷便利（Medium－term Lending Facility，MLF）。中期借贷便利是中央银行提供中期基础货币的货币政策工具，对象为符合宏观审慎管理要求的商业银行、政策性银行，采取质押方式发放，并需提供国债、央行票据、政策性金融债、高等级信用债等优质债券作为合格的质押品。

③ 周小川在 2015 年 3 月 12 日十二届全国人大三次会议记者会上表示，存款保险制度预计在 2015 年上半年推出。

实际上对所有存款人给予全额补偿，潜藏的风险是，金融机构在吸收存款和发放贷款的行为中更具冒险性。存款保险制度对于防范银行系统性风险具有重要意义，可以阻断风险在金融机构间的扩散和传播，迫使银行对自身经营行为负责。从国际经验来看，全面放开利率管制短期内造成利差减少，导致银行盈利能力下降，部分银行可能出现经营困难。因此，存款保险制度有助于防范金融系统性风险。

(3) 市场自发的利率自由化提速。市场自发的利率自由化提速，倒逼货币政策调控方式转型和利率全面市场化。市场自发的利率自由化提速主要表现为以下几个方面：第一，从资金供给角度看，银行资金来源通过银行理财、信托产品、股票市场、保险等各种渠道，谋求更高的收益。第二，从资金需求角度看，企业更多地利用直接融资工具，如在银行间市场发行企业债、发行股票、信托融资等，以拓展融资渠道并压低融资成本。

(4) 利率市场化的基础设施及配套改革稳步推进。针对利率市场化，我国政府金融管理部门相应地做出了一些政策准备，包括准备建立存款保险制度、健全市场化利率定价机制（如发展大额存单市场和完善SHIBOR形成机制等）、发展期限和收益率更为完善的国债市场，构建无风险收益率曲线等等。

(二) 利率市场化存在的主要问题

目前利率市场化改革的核心任务有待加速推进，还需要在以下几个方面取得一定进展：

1. 央行对存款利率上限浮动的幅度需要放开

存款利率作为利率市场化“最后一环”和核心任务仍等待最后放开，因此，存款利率市场化尚需要在以下方面进一步完善金融制度和市场基础：(1) 存款保险制度缺失。由于国内尚未建立存款保险制度，如果存贷款利率全部市场化，由于利差缩小，银行的盈利能力下降，一旦银行发生违约或破产，储户存款将付之一炬。(2) 银行违约与破产机制缺失。新世纪以来，国内尚未出现银行破产的先例，金融机构违约及破产的处置机制是缺失的，不利于处置金融体系风险。

2. 继续完善利率市场化的形成机制，确定政策目标利率

央行通过市场化手段引导利率走势。目前国内贷款有同业拆借市场等较为市场化的利率定价机制，但是缺乏一种有效的基准利率定价机制，

“均衡”的基准利率水平难以确定。如果央行货币政策不从数量型调控转向价格型调控，即采用基准利率来调控，由于影子银行已经发展壮大，央行对整个市场利率的影响力度将趋于弱化。货币政策的转型有两大要点：（1）调整货币政策的最终目标和中间目标，并完善和创造相应货币政策工具，目前央行创造的新型货币政策工具基本可以分为两类：第一类属于央行再贷款范畴，包括中期借贷便利（MLF）、抵押补充贷款（PSL）；第二类采取回购的形式，可以算作是对流动性的临时性调节，包括常设借贷便利（SLF）和短期流动性调节工具（SLO）。（2）发展和完善各类金融市场，在此基础上形成相应的收益率曲线。

但央行在改变货币政策中间目标和发展新货币政策工具的过程中，经济正处于结构性调整的重要时期，因此，央行担负了过多的结构调整的任务。2014～2015 年期间利率市场化改革加快，客观上还挤压了影子银行的生存空间，倒逼中国经济“去杠杆”。在信贷额度严格管控下，中国经济“加杠杆”主要依托的是不受监管或受到较少监管的影子银行，这些金融机构主要从事杠杆率高、利率水平相对较高、接受监管相对较少的金融业务，如信托理财产品、银行理财产品、基金和券商推出的资产管理类产品，以及目前关注度甚高的互联网理财产品，这些业务都高度依赖因利率管制而来的价格扭曲。为了追求高收益率，包括银行存款在内的大量资金涌入影子银行体系。截至 2013 年 6 月末，仅银行理财资金余额，就高达 9.08 万亿元；而以余额宝为代表的互联网货币市场基金，规模也早已超过 5 000 亿元。2014 年第二季度末，信托管理的资产总规模已经突破 12 万亿元。由此估计，目前包括信托在内的全部影子银行规模达 30 万亿元。受管制较少的影子银行体系由此获得了大量业务和发展壮大的机会，社会融资规模以及中国经济负债率也不断膨胀。

大量资金流入影子银行体系，最终流向信贷受限的房地产开发、资金吃紧的地方政府投资项目等高风险部门以及产能过剩行业，进一步加剧了产能过剩和资产价格泡沫，使企业和地方政府的负债水平不断攀升，这些部门的高负债率增加了中国经济运行的风险。如果利率完全市场化，预计资金将回流银行体系，受到严格监管的社会融资总额比重有望上升，对于遏制影子银行过快膨胀，加强金融监管和防范金融体系风险都有着重要作用。

3. 发展债券市场，构建完整的无风险收益率曲线

目前我国债券市场的发行和交易还是分割的，不利于构建完善的市场

并产生有效的价格信号。银行间货币市场利率、上海银行间同业拆借利率（SHIBOR）、央行票据发行利率、央行存贷款基准利率和国债收益率等几大利率体系，未来将可能以“一揽子基准利率”的形式共存。因此，需要建设好形成一揽子基准利率的金融市场，实现各市场间期限风险均等下的无套利市场。但我国目前债券市场无论是发行审批还是交易主体都还是分割的（见表3－1）。

表3－1 中国债券市场管理和审批方式一览

	央票、政策性金融债	企业债		国债
		上市公司债	非上市公司项目债	
管理部门	中国人民银行	证监会	发改委	财政部
审批方式	审批制	审批制	审批制	审批制

从交易主体看，目前政策性金融债、企业债以及国债都可以在交易所交易，但是在银行间市场交易的主要为记账式国债、政策性金融债券、央票、城投债以及企业融资券，而企业债几乎没有在该市场交易，因此，导致风险和收益分布最为完整的企业债收益率无法成为市场基准利率。

完善的国债收益率曲线具有利率锚的作用。国债收益率相当于无风险利率，市场化的利率价格只需要在无风险利率的基础上加上风险溢价即可。国债收益率曲线在各国债券市场风险管理中被视为基准利率，也是企业债券、证券化资产等金融资产的定价基准。央行可以通过公开市场操作等手段影响国债收益率曲线的高度和弯曲程度，从而达到调控金融市场的宏观调控目的。

中国应该尽快健全完善能够反映市场供应关系的国债收益率曲线，这是建设货币市场和资本市场的重要条件，否则利率市场化就无从谈起。我国编制的国债收益率曲线已经形成包括从隔夜到50年的短、中、长期在内的较为完整的期限结构，但曲线短端和长端参考点少。打造新的国债收益率曲线是利率市场化改革的基础性工作。

2014年6月，中央国债登记结算有限责任公司表示拟将现有的中国固定利率国债收益率曲线、银行间固定利率国债收益率曲线、交易所固定利率国债收益率曲线三条固定利率国债收益率曲线合并为“中债国债收益率曲线”。2014年11月2日，财政部在网站首次发布中国关键期限国债收益率曲线，国债收益率曲线由中央国债登记结算有限责任公司编制及提供，主要内容包括1年、3年、5年、7年、10年等关键期限国债及其收益率水平形成的图表。该曲线主要是采纳中债登已有的国债收益率曲线，并加以完善。

4. 金融市场完备性有待改善

比如银行间市场的利率是包含了各个银行的信用利差的，但是由于各种原因，银行间市场利率是低廉且稳定的，为银行的借短放长提供期限套利。我国金融市场信息披露要求和执行不完全，不同程度的隐性担保和财务软约束使得投资者不能辨识资产的真实风险，因而也无法确定相应的风险溢价，这样对市场中的定价标杆——无风险利率的认知也十分模糊。利率市场化是在市场竞争中产生的，市场参与者都需为自己的商业和投资行为负责，因此，需要破除隐形担保或资金软约束。中国的金融机构特别是商业银行，需要进行结构性的改革，以承担起风险定价的职能和责任，并实现整个金融产品与服务价格体系的市场化。

要推动金融市场主体多元化，构建市场化利率形成机制的市场基础。当前，我国利率市场化主体发展存在以下问题：第一，我国金融市场的主要活动主体银行，最初并没有参与国债期货的买卖，国债期货价格发现的作用受到了一定限制。只有让银行参与国债期货的交易，才能够使得国债收益率的定价更加市场化。2015年以来，这一状况逐渐得到改变，开始有银行参与到国债期货的交易中来。第二，进一步推进利率衍生品的开发，通过衍生品的开发发挥市场定价的作用。2014年底以来，我国推出1个月标准隔夜指数互换、3个月标准7天期Shibor利率互换、3个月标准7天回购利率互换和3个月标准3月期Shibor远期利率协议等四个金融衍生品，但是仍然不足以发挥市场在定价中的决定性作用。

（三）深化利率市场化改革的政策建议

利率市场化是未来金融改革的核心内容之一，是经济体制和金融体制改革深化的基础。金融货币当局应该积极有效推进利率市场化，同时深化经济和金融体制的相关配套改革，以优化资金融通和资源配置，防范系统性和区域性金融风险。利率市场化改革需要做好以下几个方面的工作：

1. 存款利率市场化应坚持稳步有序、把握节奏

加快完善存款利率市场化的参考平价，大额定期存单与小幅提高存款利率上限或是后续改革的切入点。一是“先贷款，后存款；先长期，后

短期；先大额，后小额”仍是改革的基本政策框架，这有利于银行逐步建立利率市场化的应对机制，有利于缓解利率市场化对金融体系和实体经济的冲击，有利于经济和金融体系的其他改革。二是由于国内存款利率定价机制实际上是缺失的，如何寻找或建立一种有效的市场化存款利率或比较基准是金融机构的首要任务。三是根据国际经验，如果金融体系尚无市场化的存款利率参照标准，可以考虑通过大额定期存单作为切入点。四是继续小幅提高存款利率上限是稳步推进改革的最简单和最有效的方法。

2. 加快推进经济金融体制改革和金融市场建设

在利率市场化改革的体制机制保障上，经济金融体制改革和金融市场建设应加快推进，首当其冲的是存款保险制度。经济金融体制改革、金融市场完善与利率市场化特别是存款利率市场化相辅相成。最为急迫的是建立存款保险制度，利率市场化之后银行等金融机构的破产可能只是时间问题，存款保险制度是机构破产之后处置机制的基础要素。另外，金融产品违约机制、金融机构破产处置机制、金融市场完备性等都是政府需要解决的基础机制。

3. 建立和发展相应的货币和国债市场，确定无风险收益率

建立和发展相应的货币和国债市场，确定无风险收益率，形成对资金合理定价的市场。对于定价机制而言，无风险收益率即隔夜拆借利率是最重要的“锚”，这个“锚”在美国叫联邦基金利率（Federal Fund Rate）。央行要以此为锚，通过盯住它来影响整个利率结构。而这在中国尚未形成，唯一可以对应的就是上海银行间同业拆放利率（Shibor）。隔夜拆借利率是无风险收益率曲线的最短端，也最接近无风险。7 天、一个月、两个月、三个月、一年，各个期限产品最终可形成一条无风险收益率曲线，有了这条线之后，所有的金融产品都可以定价。

银行间隔夜拆借利率和各种期限的国债收益率所构成的无风险收益率曲线在中国尚未形成。针对我国债券市场存在的企业债几乎没有在银行间市场进行交易的问题，应当逐步让企业债进入银行间市场进行交易，实现债券交易在交易所市场和银行间市场中的互联互通，从而构建完整的债券市场收益率曲线。

4. 利率市场化进程中采取必要的资本流动管制

在利率市场化的宏观环境建设上，采取资本流动管制对于完成利率市场化，维护宏观经济稳定性具有正面影响。从德国的经验来看，德国的资本流动管制保护了德国在利率市场化时期免受大规模资金流动带来的冲

击。而日本由于20世纪90年代初泡沫经济破裂，经济不景气，利率水平低下，则出现了大规模的资金流出。在经济不稳定时期进行的利率市场化改革，需要防范金融体系出现严重危机的风险。

5. 利率市场化重在培育市场化主体

金融市场各主体需要采取相应措施应对利率市场化。对银行而言，利率市场化将导致存贷款利差收窄，对商业银行的盈利能力形成较大压力，但是在自由定价的市场环境中，将有利于银行的优胜劣汰。因此，银行应当加大金融工具和服务创新能力，灵活应对市场变化。对企业来讲，利率市场化加大优质企业的贷款议价能力，同时也通过价格手段降低小微企业获得贷款的难度，利率波动也将对企业的资金管理水平提出挑战。因此，将提高社会资金利用效率，有助于创新型社会的发展。因此，将对企业资金的套期管理能力提出挑战。对居民来讲，利率市场化推动金融机构提供更多金融产品，有助于居民资产组合多样化以及获得更多利息收入，但同时居民也需要学习甄别金融产品的风险和收益状况，从而选择适合自身的金融产品。

6. 推进金融体系改革，从分业体系转向混业体系

互联网金融的蓬勃发展对银行的垄断地位带来了前所未有的冲击，因此，以往简单轻松的利差盈利和得天独厚的通道业务将面临各方面的挑战。银行从主要从事存贷款业务的金融机构转向经营存贷款、证券业务、信托业务的金融控股集团，可以帮助银行分散风险、开拓新业务并实现结构转型。从行业的角度来看，有利于打破行业垄断，通过市场竞争的优胜劣汰机制，为经济实体和金融市场提供各个层级的专业化服务，避免机构同质化。

二、人民币汇率形成机制改革：进展、问题与建议

（一）人民币汇率形成机制改革的进展

1. 人民币汇率形成机制的改革历程

从1994年至2014年，人民币汇率形成机制改革已经持续了整整20年时间，但改革进程可谓一波三折（见表3-2）。1993年12月，中国政府将官方外汇市场与外汇调剂市场并轨（如图3-1所示，此举导致人民

币对美元官方汇率水平由 1 比 5.8 贬值至 1 比 8.7，贬值幅度接近 50%），宣布实施以市场供求为基础的、单一的、有管理的浮动汇率制。1994 ~ 1997 年，人民币对美元汇率由 1 比 8.7 升值至 1 比 8.27 ~ 8.28。1997 年东南亚金融危机爆发后，中国央行将人民币盯住美元，导致 1997 ~ 2004 年期间人民币对美元汇率一直固定在 1 比 8.27 ~ 8.28 区间。

表 3 - 2　人民币汇率形成机制改革的主要步骤

时间	事件
1993 年 12 月	官方外汇市场与外汇调剂市场并轨，实施以市场供求为基础的、单一的、有管理的浮动汇率制。
2005 年 7 月	人民币对美元汇率一次性升值 2%；实行以市场供求为基础的、单一的、有管理的浮动汇率制；人民币对美元汇率每日浮动幅度为上下千分之三；每日汇率收盘价作为下一日汇率中间价。
2006 年 1 月	央行授权中国外汇交易中心在每个工作日上午 9 点 15 分公布当日人民币对主要货币汇率中间价，作为当日汇率交易中间价。
2007 年 5 月	人民币对美元汇率每日浮动幅度由上下千分之三扩大至上下千分之五。
2010 年 6 月	进一步推进人民币汇率形成机制改革，增强人民币汇率形成机制弹性。
2012 年 4 月	人民币对美元汇率每日浮动幅度由上下千分之五扩大至上下百分之一。
2014 年 3 月	人民币对美元汇率每日浮动幅度由上下百分之一扩大至上下百分之二。

资料来源：作者自行总结。

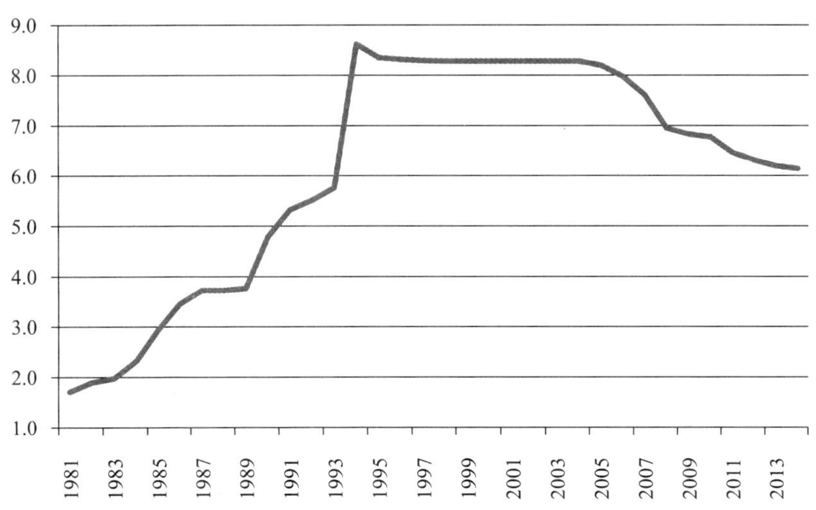

资料来源：CEIC。

图 3 - 1　人民币对美元汇率的年度变动

2005 年 7 月，中国央行宣布重启人民币汇率形成机制改革。2005 年至 2008 年，人民币对美元汇率由 1 比 8.27 ~ 8.28 升值至 1 比 6.7 ~ 6.8。2008 年全球金融危机爆发后，中国央行再次将人民币盯住美元，导致 2008 年至 2010 年人民币对美元汇率再次固定在 1 比 6.7 ~ 6.8 区间。2010 年 6 月，中国央行宣布再次重启汇改。2010 ~ 2014 年，人民币对美元汇率由 1 比 6.7 ~ 6.8 升值至 1 比 6.1 ~ 6.2。

2. 人民币汇率形成机制改革的重大进展

人民币汇率告别了明显低估的状态，名义有效汇率和实际有效汇率都经历了一个明显的升值过程。自 2005 年 7 月中国政府重新启动人民币汇率形成机制改革以来，无论是人民币对主要国际货币汇率，还是人民币对一揽子货币的有效汇率，均经历了较大幅度的升值。如表 3 - 3 所示，2005 ~ 2014 年这 10 年间，人民币对美元、欧元与日元累计升值的幅度分别为 26.0%、32.1% 与 35.7%，人民币的名义有效汇率与实际有效汇率的累计升值幅度更是分别达到了 44.5% 与 54.3%。

表 3 - 3　2005 年至 2014 年期间人民币对主要货币汇率升值幅度

	人民币对美元	人民币对欧元	人民币对日元	人民币名义有效汇率	人民币实际有效汇率
2005	2.4%	13.7%	14.4%	8.0%	7.1%
2006	3.1%	-7.8%	2.4%	-1.8%	-1.2%
2007	5.8%	-3.7%	1.7%	1.4%	4.5%
2008	7.1%	13.8%	-14.6%	14.6%	13.4%
2009	0.2%	-7.8%	-1.2%	-5.7%	-5.3%
2010	2.6%	11.7%	-5.1%	2.1%	4.4%
2011	4.9%	5.4%	-1.9%	4.9%	6.2%
2012	0.6%	0.8%	7.7%	1.7%	2.2%
2013	2.8%	-1.5%	21.3%	7.2%	7.9%
2014	-0.1%	10.1%	13.1%	6.4%	6.4%
10 年累计	26.0%	32.1%	35.7%	44.5%	54.3%

资料来源：笔者根据外管局公布的外汇月度数据自行计算而成，每年升值幅度为本年 12 月汇率平均价对上一年 12 月汇率平均价的变动率。

人民币汇率形成机制的弹性大大改善，市场供求的动态变化得到基本的反应。从人民币汇率形成机制来看，每日人民币兑美元汇率的日均波幅，已经由2005年7月汇改初期的正负千分之三，扩大至2014年3月以来的正负百分之二。如图3－2所示，随着人民币对美元汇率日均波幅的逐渐放开，人民币对美元汇率中间价与市场价之间的价差幅度也变得越来越大，这说明近年来人民币汇率形成机制的弹性已经显著增强。

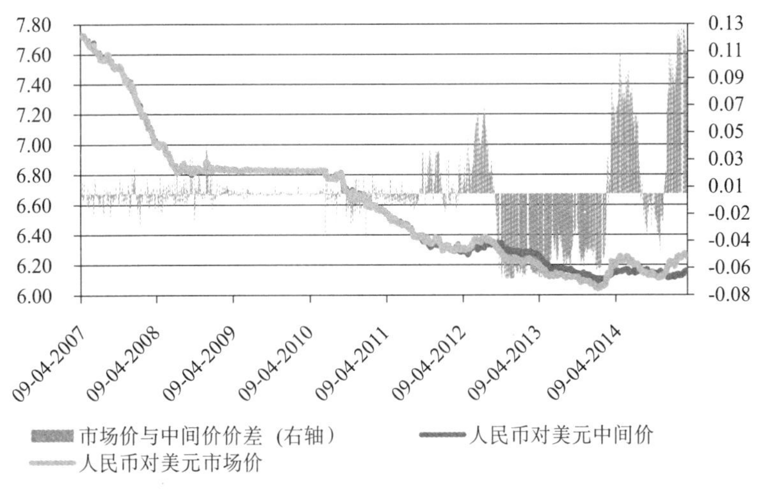

图3－2　人民币汇率每日中间价与市场价之间的差别

资料来源：CEIC以及作者的计算。

注：阴影部分向下，表示人民币汇率市场价高于中间价，市场上存在人民币升值压力。反之，阴影部分向上，表示市场上存在人民币贬值压力。

外汇占款的变化充分显示了人民币汇率形成机制的市场化程度在不断提升，人民币汇率亦走向较为均衡的水平。一般来讲，很多研究将外汇占款作为人民银行与市场博弈的一种举措，可以看出，作为央行干预外汇市场证据的外汇占款增速，其月均增量已经由2005～2011年期间的2 400亿元人民币左右，下降至2012～2014年期间的1 130亿元人民币左右。2014年的月均外汇占款增量更是下降至650亿元人民币。这表明中国央行干预外汇市场的程度已经显著减弱（见图3－3）。

人民币汇率在汇改之后，低估的状况不断被矫正，人民币汇率升值对于中国出口的约束以及对国际收支失衡的矫正具有明显的作用。在经常项目失衡的观察上，中国经常账户顺差占当年GDP的比率，在2001～2007年期间不断上升，并在2007年达到10.0%的峰值，这意味着在此期间，

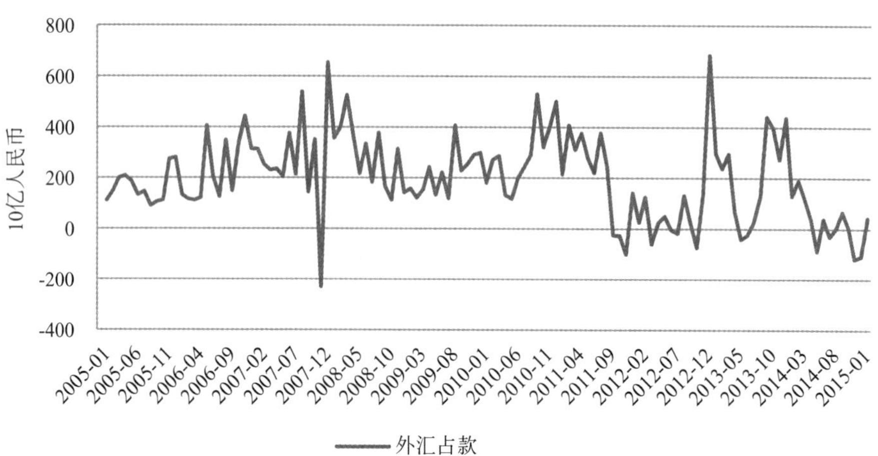

资料来源：CEIC。

图 3－3　金融机构外汇占款月度增量的变化

人民币市场汇率显著低于其均衡汇率水平，因为中国经常账户失衡加剧是人民币汇率持续低估的结果。然而，随着人民币汇率自 2005 年汇改以来至今的持续升值，中国经常账户顺差占 GDP 的比率，在 2007～2011 年期间显著下降，并在 2011～2014 年这 4 年间持续保持在 2% 左右的水平上。用经常账户余额占 GDP 比率持续低于 3%～4% 就意味着外部失衡显著缓解的标准来衡量，目前人民币市场汇率已经相当接近于均衡汇率的水平。人民币汇率低估已经得到明显纠正（见图 3－4）。

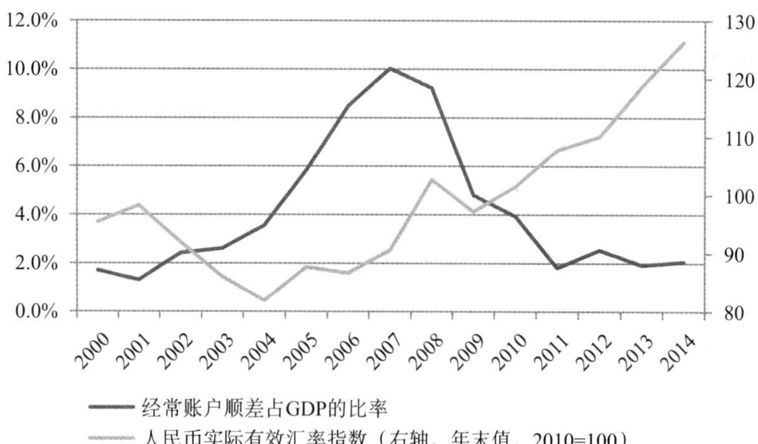

资料来源：IMF 世界经济展望数据库，BIS，以及作者的计算。

图 3－4　人民币实际有效汇率升值与中国经常账户再平衡

与此同时，在人民币实际有效汇率指数与中国出口同比增速之间，的确存在显著的负相关。中国的出口月度同比增速已经由2005～2007年期间平均28%的增长，下降为2012～2014年期间平均7%的增长。出口增速的显著下滑固然与全球金融危机爆发后外部需求持续低迷有关，但也与人民币实际有效汇率升值密切相关（见图3－5）。

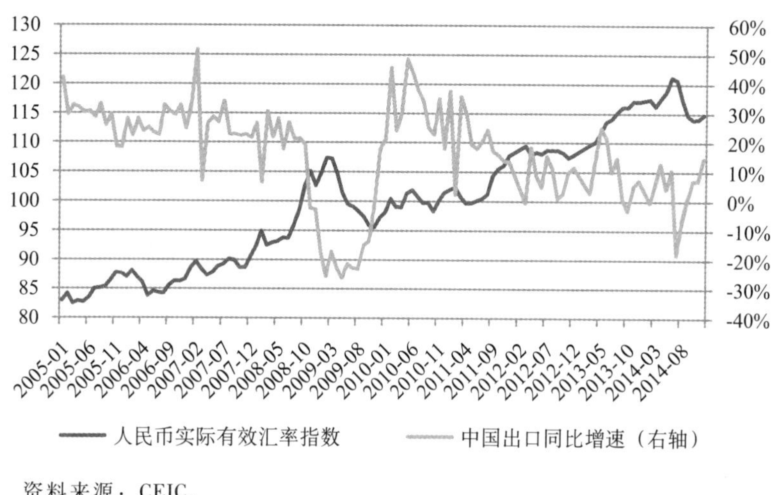

资料来源：CEIC。

图3－5　人民币实际有效汇率升值与中国出口增速下降

（二）人民币汇率形成机制改革目前仍存在的问题

1. 中间价的决定方式缺乏透明度

人民币汇率形成机制中最广受质疑的问题是中间价的定价机制问题。市场认为，中间价问题在于央行对人民币汇率中间价的持续干预降低了外汇市场的透明度和可预测性，不利于外汇远期与期货市场的发展。迄今为止，央行还在显著干预每日人民币兑美元汇率的中间价（开盘价）。一方面，与通过在市场上影响供求来直接干预外汇市场相比，对中间价的干预更加便捷、成本更低。因为干预中间价不需要央行在外汇市场上买卖外汇，这样既不会造成央行外汇储备的显著波动，也不需要央行冲销在外汇市场上操作所造成的对基础货币发行的影响。相关研究表明，央行对持续外汇市场干预进行冲销的成本不但很高，而且对冲销成本的分摊加剧了中国的金融市场抑制程度（Zhang，2012）。但另一方面，对中间价的干预破坏了外汇市场上每日交易价格之间的连续性（使得每日汇率开盘价与前一日汇率收盘价之间存在持续的价差，而且价差较难预测），这降低了外汇市场的透明度与可预测性，不利于外汇远期市场与期货市场的发展。

2. 存在刻意维系人民币兑美元稳定的可能性

人民币汇率形成机制中，人民币兑美元的汇率具有重大的意义，但是，在美元有效汇率强劲升值的背景下，货币当局存在刻意维持人民币对美元汇率的大致稳定，这将会造成人民币有效汇率过快升值，从而对出口增长造成显著负面影响。央行在很大程度上还在试图维持人民币兑美元汇率的大致稳定。近年来，在美联储退出量化宽松以及预期进入新的加息周期的背景下，美元指数大幅升值，带动人民币对欧元、日元等货币的汇率显著升值（见图3－6）。仅仅在2014年下半年，人民币对欧元与日元就分别升值了11.2%和15.5%！过快升值的人民币有效汇率已经对中国出口增速造成了显著负面影响。例如，根据姚枝仲等（2010）的估算，在1992～2006年期间，中国的出口价格弹性为－0.65，而出口收入弹性为2.34。这表明如果人民币汇率升值造成出口价格上升1%，那么中国的出口额会下降0.65%。然而，根据王宇哲等（2014）的最新估算，在2005～2012年期间，中国的出口价格弹性上升至－1.70，而出口收入弹性下降至1.39。这表明如果人民币汇率升值造成出口价格上升1%，那么中国的出口额会下降1.70%。换句话说，自2005年7月人民币重启汇改以来，人民币有效汇率升值对出口行业的负面影响与汇改前相比，已经显著上升。

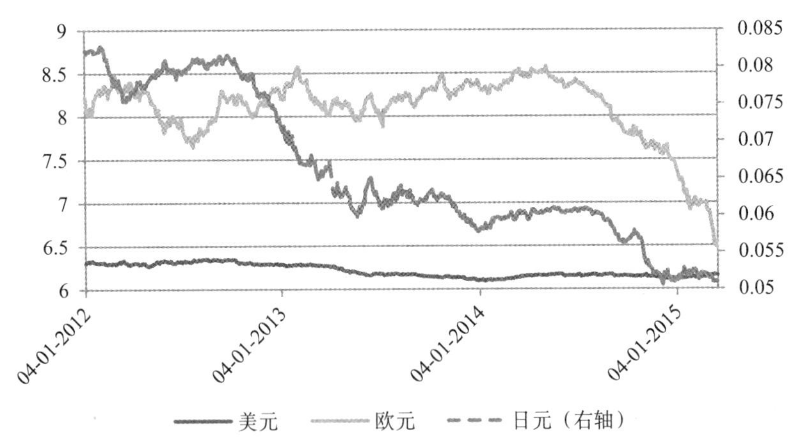

资料来源：CEIC。

图3－6 人民币近3年来对三大国际货币的汇率中间价走势

3. 以人民币国际化作为强势汇率的前提

目前，国内存在一种误区，认为人民币汇率的强势将是人民币国际化的最大支撑力量之一，认为通过维持人民币汇率强劲来推动人民币国际化的观点目前较为流行，而这种观点存在本末倒置的问题。目前央行正在大力推进以上海自贸区为标志的资本账户开放以及海外离岸人民币市场建设，因此有观点认为，为进一步推进人民币国际化与资本账户开放，中国政府应该继续维持人民币汇率的相对强势。这种观点存在本末倒置的问题，人民币究竟能否成为国际化的货币，归根结底取决于未来10年中国经济能否继续维持持续较快增长、中国金融市场能否发展壮大，以及中国政府能否避免系统性金融危机的爆发。从这一视角来看，过于强势的人民币汇率可能与中国经济基本面相背离，造成人民币汇率显著高估，这不仅可能损害中国经济增长，还可能为系统性金融危机的爆发埋下隐患。

4. 汇率问题仍受制于政治压力

人民币汇率决定机制中仍然存在一定程度上的政治影响。即使中国政府有让人民币对美元汇率适度贬值的意愿，但来自美国方面要求人民币汇率继续升值的压力将会卷土重来，这会限制中国央行未来的汇率调整空间。目前美元汇率的强劲升值已经开始影响到美国出口增速。预计在2015年，美国朝野要求人民币升值的压力将会卷土重来。近期美国国会通过对中国光伏产品征收惩罚性关税就是明证。而一旦美国政府开始通过双边渠道（例如，中美战略经济谈判）与多边渠道（例如，G20会议）对人民币汇率问题施压，那么中国央行还有多大的空间让人民币汇率贬值，就面临更大的疑问。

（三）进一步推动人民币汇率形成机制改革的政策建议

首先，中国央行应该降低对人民币汇率中间价的干预，顺应市场供求压力，让人民币对美元汇率适当贬值，从而缓解人民币有效汇率的过快升值。

近期国际金融局势动荡，整个新兴市场面临短期资本外流压力，中国也不例外。如图3－7所示，2014年中国国际收支表中的资本与金融账户逆差达到创纪录的960亿美元，显著超过2012年的318亿美元（欧债危机爆发期间）与1998年的63亿美元（东南亚金融危机爆发期间）。从外汇市场供求情况来看，人民币兑美元汇率面临贬值压力。如图 3－8 所示，自 2014 年 11 月下旬以来，人民币对美元汇率市场价就持续低于人民币对美元汇率中间价，且市场价与中间价之间的价差越拉越大，已经逼近每日 2% 的下限，这意味着市场上存在人民币贬值压力，而央行在通过持续拉高中间价的方式干预外汇市场，以避免人民币对美元汇率的显著贬值。

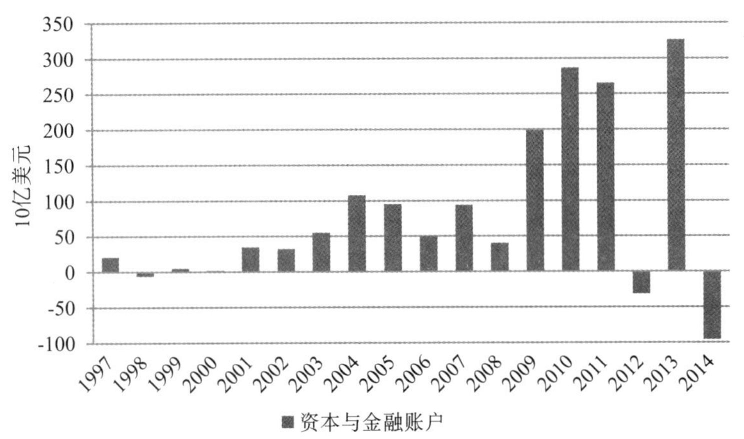

资料来源：CEIC。

图 3－7 中国年度国际收支表中的资本与金融账户

资料来源：CEIC。

图 3－8 当前人民币兑美元汇率面临贬值压力

笔者认为，在目前中国经济潜在增速显著走低、消费投资出口这三大引擎增速均保持低迷、中国货币政策仍有较大放松空间、美国经济持续复苏、美联储即将步入新的加息周期的内外部经济环境下，中国央行应顺应形势，降低对每日汇率中间价的干预，让人民币兑美元汇率在市场供求驱动下适当贬值。人民币对美元汇率的适当贬值，既是顺应市场供求关系、深化人民币汇率形成机制改革之举，也是缓解汇率过快升值对出口增长的负面影响，让增长与就业保持在合理区间之举。

其次，中国央行应通过建立年度宽幅汇率目标区，来平衡增强人民币汇率波动弹性与避免人民币汇率大起大落的需要。

为在市场上建立稳定预期，保持央行对汇率的最终控制力，以及降低美国指责中国政府干预人民币汇率的口实。下一阶段中国央行应建立人民币汇率的宽幅目标区机制。例如，设定每年上下10%的年度总波幅，在波幅内，人民币汇率波动由市场决定。而当汇率运动接近波幅时，央行入市进行强力干预。这样能够同时兼顾汇率的灵活性和稳定性，并提高汇率形成机制的市场化与透明度。

最后，为了保持央行货币政策的独立性以及对人民币汇率的掌控力，中国央行在资本账户开放的问题上应该更加谨慎。

关于全球金融周期的最新研究表明，一旦开放资本账户，哪怕实施完全浮动的汇率制度，一国央行也不能保证货币政策的独立性，在一定程度上依然不得不输入美国的货币政策（Rey，2013）。最近俄罗斯金融市场的大幅动荡表明，一旦放弃资本管制这一有力工具，为避免汇率大幅动荡，一国央行就不得不使用加息这种对国内经济增长具有显著负面影响的工具。因此，作为人民币汇率形成机制进一步改革的前提，中国政府仍应保持对短期资本流动的有力管制，不要自毁长城。

三、多层次债券市场体系建设：现状、问题与改革建议

十八届三中全会《关于全面深化改革若干重大问题的决定》在完善金融体系改革的战略中强调，发展并规范债券市场，提高直接融资比重。建立多层次债券市场体系，是发展多层次资本市场，完善金融市场体系，全面深化经济体制改革的基本要求。在债券市场发展过程中，强调发展与规范并重，强调市场与机制共建，强调统一化与多层次并举，强调金融与经济共融，是中国债券市场发展的内在要求和基本逻辑。

中国债券市场获得了跨越式的发展，但是中国经济处在转型深化期，金融在资源配置中的作用日益凸显，以债券市场为基础的直接金融

是降低融资成本、提升市场效率和发展内生动力的基本途径。然而，目前市场发展和体制机制完善仍然存在诸多问题，多层次债券市场发展任重而道远。

（一）中国债券市场发展的现状与结构

1. 中国债券市场的状况

中国债券市场在经历了场外柜台市场为主、场内市场为主两个阶段之后，发展至今大致形成了银行间市场、交易所市场和商业银行柜台市场并存，银行间市场为主的现代化债券市场格局。2014 年中国债券市场发行各类债券高达 12.28 万亿元，同比增长 41.07%；全国债券市场总托管规模为 35.64 万亿元，同比增长 20.9%（中债登，2015）。特别是新世纪以来，银行间市场获得了较为实质的政策支持，迎来了跨越式发展的契机。2003 ~2004 年之后，随着政策性金融债、金融机构债、短期融资券、中期票据、企业债等快速发展，银行间债券市场已经成为中国债券市场的核心组成部门。截止到 2013 年底，债券市场托管总量达到 29.41 万亿元，其中，银行间债券市场债券总托管量达到 26.94 万亿元，同比增长 11.61%，占全部可交易债券托管总量 91.60%（PBC，2014）。

2. 中国债券市场结构

经过 30 多年的探索和发展，中国债券市场已经形成了银行间市场、交易所市场和商业银行柜台市场三个基本子市场在内的综合分层的市场体系。同时，又形成了以国债、金融债、企业债（包括公司债、中期票据、集合票据、可转债等）、短融及超短融等为主要品种的债券市场产品结构。

（1）国债。国债市场是改革开放之后，我国建立的最为重要的一个债券子市场，目前在债券市场体系中具有基础性支撑作用。经过 30 多年的发展，国债发行规模和余额不断扩大，国债发行和交易基本实现市场化，国债交易较为活跃，国债市场微观创新层出不穷，初步形成了反映供求关系的国债收益率曲线。2013 年国债发行 13 374.40 亿元，同比增加 11.15%，占当期债券市场新发行总规模（含央票）的 15.4%（中债登，2014）。2014 年国债发行则上涨 7.4% 至 1.44 万亿元，占比小幅回落（中债登，2015）。

（2）金融债。金融债券是指由银行和非银行金融机构等发行的债券。

金融债是具有中国特色的债券品种之一。政策性金融债主要是由我国三大政策性银行所发行的债券。1994 年，国家开发银行、中国进出口银行和中国农业发展银行成立，同年 4 月国家开发银行首次发行债券募集资金，政策性金融债开始出现。2008 年国家开发银行商业化改革之后，名义上国开行已经不是政策性银行，但是，由于其债信仍然享受政策性银行的属性，为此其发行的债券一般仍然归在政策性金融债之中。2013 年政策性银行债发行 19 960.3 亿元，1997～2013 年政策性金融债发行累积规模为 14.34 万亿元（中债登，2014）。2014 年政策性金融债继续上涨，发行规模达到了 2.3 万亿元（中债登，2015）。

一般性金融债券是商业银行和其他非银行金融机构（除政策性银行外）发行的债券，主要由商业银行次级债、混合资本债券和普通金融债券等组成。2005 年 4 月 27 日，人民银行颁布《全国银行间债券市场金融债券发行管理办法》在规范金融债券发行的同时，较大地拓展了金融债券发展主体，商业银行、财务公司以及具有相当资质的其他金融机构都可以发行普通金融债券。2004～2013 年，商业银行发行的次级债和普通金融债券规模超过 1.8 万亿元，成为商业银行补充资本和主动负债的基础工具之一。

（3）企业债和公司债。企业债在中国是由国家发展和改革委员会负责发行及额度的审批核准，利率则是由人民银行监管，且更多向国有企业倾斜，是一种规模控制、集中管理、分级审批的发行管理模式。公司债在中国特指是由中国证监会负责审批的公司债券，是公司依照法定程序发行、约定在一年以上期限内还本付息的有价证券。

企业债券发展模式受到诸多体制机制的约束，发展较为缓慢，2007 年企业债发行规模仅为 1 719 亿元。2008 年发改委等部门发布了关于推进企业债券市场发展的 5 项改革，使得企业债券发展放松了体制机制的束缚，2012 年企业债发行规模达到 6 474 亿元，2013 年有所回落，但仍为 4 752 亿元（中债登，2014）。2014 年随着债市飙升，企业债发行规模超过 7 000 亿元（中债登，2015）。

公司债券发展历程则更短，2007 年 8 月中国证监会才正式颁发公司债券发行试点办法，夯实了公司债券发展的制度基础。公司债券采取核准制，由证监会审核，对总体发行规模没有限制，公司债采取无担保方式，资金用途亦根据公司需要而定，发行价格由市场询价而定，可以采取一次核准，多次发行的方式。

（二）中国债券市场存在的主要问题

从1981年国债重启发行以来，经过多个阶段的探索、改革和发展，中国债券市场已经形成了银行间市场、交易所市场和商业银行柜台市场三个基本子市场在内，以国债、金融债、企业债为主的综合分层市场体系，为金融市场体系发展、资源配置和国民经济建设等提供了有力的市场机制支持。但是，相当于全球第二大经济体的金融市场发展和资源配置需求，以债券市场为核心的直接融资机制在金融体系中仍然是少数派，多层次债券市场的缺乏使得资金供求双方的直接金融机制较为缺乏，居民和企业的金融选择权和定价权缺失，严重制约了储蓄—投资转化机制的顺畅性，导致内生性金融市场体系完备性较差，金融市场在资源配置中的决定性作用有待大幅提升。

1. 债券市场监管体系存在多头管理、相对分割的弊端

由于历史发展和体制机制约束，国内债券市场监管体系存在多头管理问题，发展协同与监管协调难度较大。目前，财政部、人民银行、证监会、发改委、银监会等金融监督管理部门在债券市场发行和（或）交易环节都有一定的监管权，从而使得中国债券市场呈现一种“五龙治水”的紊乱监管格局。

具体而言，由中国财政部负责管理国债发行，并会同人民银行、证监会管理国债的交易流通机制；人民银行负责金融债券（包括央票）的发行审核，人民银行下辖的银行间市场交易商协会单独管理短期融资券、中期票据、超级短融券、私募债券等；证监会负责管理可转债、公司债的发行和交易；国家发改委管理企业债的发行和上市交易；银监会负责管理商业银行的次级债、混合资本债等资本工具的发行。

债券市场监管体系“五龙治水”的格局导致各类债券在审批、发行、交易、信息披露等环节存在差异性，最后导致各类债券发展各自为政，这使得中国债券市场的整体性和统一性受到较大的监管分割，影响了整个债券市场发展的协同性，阻碍债券市场制度的发展。同时，各自为政亦导致监管部门之间的协调难度较大，在实际操作中往往引致多重监管、重复监管、差别监管等问题。

2. 债券市场主要由政府和公有部门主导，存在重大结构性问题

在经过30余年的债券市场发展后，目前的市场格局主要是银行间市场、交易所市场和商业银行柜台市场所组成，但是，这三类市场将一般企业和居民基本排除在外，主要是银行、非银行金额机构以及大型国有企业等为主体的市场。在目前的债券市场品种中，主要是国债、政策性金融债、普通金融债券、企业债等为主，这些债券是国家、政策性金融机构、银行等金融机构以及国有大中型企业作为发起人，其后发展起来的短期融资券以及中期票据等主要也是以大型国有企业为主。而私人部门的债券品种，诸如公司债券、集合票据、非公开定向债务融资工具、中小企业私募债等品种有限、规模较小。

可以看出，中国债券市场是一个以政府、金融机构和公有部门为主导的市场，而债券市场的本质除了国债市场的特殊性之外，更多是服务于实体经济主体的融资需求，特别是非金融私人部门企业的融资需求。这是中国债券市场的重大结构性问题。中国公司债券占债券余额的比重基本都是在个位数，2013年公司债和中小企业私募债共计331只，发行量2 717.3亿元，占债券市场发行总量的3.12%（中债登，2014）。2014年，公司债及中小企业债占整个市场的比重仍无明显提升。这个水平不仅大大低于发达经济体，甚至低于马来西亚、泰国、阿根廷、墨西哥、印度尼西亚等新兴经济体。

3. 债券市场运行主要为金融体系自身服务，而非为实体经济服务

在债券市场机构体系中，随着1997年以来银行间债券市场的快速发展，目前中国债券市场是一个以银行间市场为主的格局。在银行间市场中，投资者数量数千家，但是8类投资者主要是金融机构投资者：商业银行、信用社、非银行金融机构（如财务公司）、证券公司、保险公司、投资基金、特殊结算成员，只有一类占少数的非金融机构。联系上述市场产品结构可以发行，中国债券市场主要由政府、金融机构等作为发起人发行债券，主导的是国债、政策性金融债、普通金融债、企业债等，而在市场交易环节中，又主要是金融机构投资者作为最主要的买家。在一定程度上，中国债券市场本质上是金融机构在“自娱自乐”，金融在为自己服务。

4. 债券市场存在明显分割性，市场收益率曲线和定价机制不合理

中国债券市场发展30多年，但是市场分割一直存在，至今仍有较多的分割性，阻碍了债券市场的统一性和协调性，最后导致市场定价机制相

互分割甚至存在套利，而市场收益率曲线不能充分反映供求关系。整体而言，国内债券市场分割性主要表现为：

一是一级市场与二级市场的分割，发行环节和流通环节割裂，一级市场定价不得超过同期限银行存款利率40%，而二级市场价格则基于产品、期限和风险结构而市场化定价，这导致两个市场的利率扭曲甚至背离。

二是二级市场中交易所市场和银行间市场的割裂。两个市场分割性表现明显，市场主体、交易方式、结算制度等存在差异，使得投资者无法在两个市场中自如转化，同时，两个市场的托管、清算、结算体系较为独立，难以实现T+0及双向托管，从而造成一定的利差存在，引发投机行为并扭曲价格信号。

三是债券市场微观结构存在分割性。例如，商业银行只能在银行间市场参与债券交易而不能进入交易所市场，从而使得市场化程度最高的交易所市场缺乏最主要的交易主体。还有，上市品种亦存在一定程度的分割性，例如，金融债只能在银行间市场发行和交易。另外，债券市场中的信息披露机制存在分割性。最后，一般企业和居民难以进入债券市场。

5. 中国债券市场的基础设施仍然有待大幅改善

债券市场是一个市场化程度高的现代化市场，需要软件和硬件都极为完善的基础设施作为支撑。目前，国内债券市场的基础设施建设仍存在较大的问题：一是债券市场缺乏统一的法制框架，各个监管主体各自为政，分别出台发行流通监管的规章条例，但国家层面缺乏完善统一的债券市场法律框架。二是债券市场内在体系有待完善，例如，缺乏真正的做市商机构、债券经纪机构、投机类机构投资者、独立性权威性评级机构、统一的发行交易制度等。三是债券市场的规模、品种、期限、风险结构较为单一。四是风险对冲机制不完善，债券市场没有形成信用转换、期限转换和风险转换的有机融合，风险对冲及处置工具和机制缺乏。最后是市场化的违约及处置机制。虽然，2014年“超日债”打破了“零违约”刚性兑付，但是，整体而言，目前债券市场仍然是以刚性兑付作为一个基本担保，缺乏市场化的违约机制和处置机制。

（三）中国多层次债券市场的构建

1. 多层次债券市场构建的思路

中国债券市场已经形成了银行间市场、交易所市场和商业银行柜台市场三个基本子市场在内，以国债、金融债、企业债等为主的综合分层市场体系，但是，相对于内生性多层次债券市场的经济弹性而言，中国债券市场仍然是一个较为初级的债券市场，是外植型金融体系的基础表现之一。党的十八届三中全会要求规范并发展债券市场，建设多层次资本市场体系，如果在总结中国债券市场探索、改革和实践经验基础上，发展多层次债券市场成为未来全面深化改革和完善金融市场体系的内在要求。

在多层次债券市场体系构建中，可以采用“矩阵式”的改革与发展模式：在横向上，发展以国债市场为核心、以公司债券为重点、以金融债、地方债、私募债等为重要支撑、以资产证券化创新发展和债券衍生品适度发展的市场格局。在纵向上，建立以市场化机制为基础，以统一互联共融市场为突破口，以完善市场组织体系、健全市场参与主体、拓展债券市场品种、发展债市交易工具以及加强市场监管体制为抓手，深化债券发行制度、市场监督机制建设、定价机制、登记托管机制、交易清算体系、破产偿债机制以及资信评价、社会监督及信息披露等制度的改革，以建立一个完善的债券市场基础设施和生态环境。

2. 构建多层次债券市场体系：市场的维度

在横向发展的角度上，主要是构建一个以国债市场为核心、以公司债券为重点、以金融债、地方债、私募债等为重要支撑、以资产证券化创新发展和债券衍生品适度发展的市场格局。笔者认为，为了建立一个内生性金融市场体系，多层次的债券市场更多要服务于宏观政策的现实需要和内在融合，要服务于实体经济融资需求的满足并降低融资成本，要服务于整个财税体系改革发展和现实需求，并不断创新促进多层次债券市场的发展。在这个大的背景下，构建多层次债券市场体系未来3~5年最为重要的发展任务是：发展国债、公司债、地方债，大力推进资产证券化创新。

（1）国债。发展多层次债券市场，国债市场是核心，应该强化以下几个方面的基础工作：第一，适度扩大国债发行规模，特别是要完善国债滚动发行机制，增加发行数量，特别是增加长期国债的发行规模和关键期国债的发行数量，以形成较为完整的基准收益率曲线。第二，完善国债市场结构，特别是品种结构、期限结构、利率结构等，拓展国债的法定用途，形成品种丰富、期限合理、利率定价清晰、用途较广的国债市场结构。第三，建立市场化运行机制，在发行和流通环节都强化市场化机制，实现定价和交易的完全市场化。第四，强化基础设施建设，例如，信息披露、交易托管结算、余额整合机制等的建设。最后是适度发展衍生品市场，特别是国债期货等。

（2）公司债。发展多层次债券市场，公司债券内部的分层更加是具有更大的内涵。公司债券市场发展主要任务：一是改变市场分割问题，即改变既有发改委主导审批的企业债，又有证监会审批的公司债，还有人民银行及银行间市场交易商协会单独管理短期融资券、中期票据、超级短融券、私募债券等的相对分割状况。二是提高市场化程度，减少直至取消发改委、证监会等主导的企业债和公司债的审批，最后实现备案制。三是大力扩张债券发行规模，提高市场广度和深度。四是完善信用利差定价机制，打破刚性兑付问题，建立市场化退出机制等。

（3）地方债。在分权分税财政体系下，地方政府为了匹配事权和财权，通过发行债券进行融资是一个较为基础的制度安排。为了保障分税制的可持续发展和中央地方财权关系的厘清，允许地方政府通过举债来应对财政失衡和经济社会发展任务是未来改革的一个重点领域。一是修改《预算法》，允许地方政府发行债券进行融资，以消除地方政府举债和地方政府债券市场发展的法律约束。二是在摸清地方政府债务规模、结构、风险等基本情况的基础上，深化地方政府债券发行的制度安排和顶层设计，建立规范化、市场化的地方政府发债机制，对发行规模、资金用途、偿付准备、发行主体、发行方式、利率及期限结构、交易结算、监管协调等做出整体规划和原则指引。三是完善地方债务风险及地方债券风险的处置机制。建立地方政府债务风险监测预警指标体系，加强地方政府债券发行流通管理，重点防范定价、交易及偿付风险，建立健全市场化违约机制及投资者保护机制。

（4）资产证券化。资产证券化在中国处于是一个极其初步的发展阶段，目前主要是以信贷资产证券化为主导，发展资产证券化产品和相关市场，是构建多层次债券市场体系的重要内容。一是建立健全资产证券化发展的法律及规范体系，将以信贷资产证券化为主导的法律框架逐步扩展至范围更广的抵押贷款和资产支持证券化等产品，缓解资产证券化发展的法律约束。二是强化资产证券化发行的专业性支撑体系，注重现金流管理与重组、基础资产构建、资产剥离与真实出售、破产隔离制度建立以及信用增级及信用评级等。三是健全资产证券化的运行机制建设，建立合格受托人制度，完善发行机制，建立统一交易市场，健全相关会计处理制度以及相关的税收制度等。四是建立健全资产证券化的风险处置和监管制度，强化信息透明、风险管控和有效监管等基本原则，防范出现美国资产证券化过程中出现的区域性和系统性风险。

3. 中国多层次债券市场的构建：基于制度的视角

中国债券市场发展暂时无法充分满足经济发展模式转型需求，无法充分满足资金所有人与资金需求者之间的匹配性，无法有效降低实体经济资金配置成本并提高效率。除了上述市场结构不完善之外，更为基础的根源在于中国债券市场的体制机制存在诸多的约束（时文朝，2011），从制度视角出发，中国多层次债券市场构建更加任重道远。

（1）统一监管框架。对于中国债券市场而言，最为基础的体制机制制约在于债券市场是一个“五龙治水”的格局，存在多头管理的混乱局面，构建统一的债券监管体系：一是彻底打破多头管理的混乱格局，成立国家层面的债券市场监管实体机构，整合目前相关监管主体的监督职能，并承担行业规范发展的相应职能，长远目标是建立一个统一、权威、高效的监管体系。二是如果无法成立超越数个监管主体的债券监管机构，那应该强化监管主体的内部协调机制，坚持统一化、整体化和标准化监管标准，建立全面、严格、清晰的监管制度和指标体系。三是中央政府应该尽快出台债券市场发展的相关规划、目标指引、监管基准以及相关监管机构的职能。

（2）场外市场体系。2004 年之后，债券市场发展获得更好的政策环境，随着短期融资券、中期票据、平台债等金融创新发展起来之后，银行间市场已经成为中国债券市场的核心市场，债券余额占整个市场的比重超过 90%。银行间债券市场的改革与完善是多层次债券市场体系构建的重大基础环节，一是实现场外市场与交易所市场相互连通和统一，二是完善非银行机构债券交易券款对付机制，三是建立中央对手方机制，四是建立完善做市商制度和经纪业务框架，五是培育发展多元化的机构投资者，最后是将银行间市场建设成为一个多元而统一的场外市场。

（3）资信评价机制。为了健全国内信用评级机制，相关监管部门应该从国家层面出发建立健全信用评级准入条件、指标体系、评级方法、评级流程、评级人员以及数据处理等基本规范。同时，应该健全监管机制规范评级机构恪守独立、客观、公正的评级原则，甚至可以要求评级公司公开评级程序和方法，健全信息披露制度。最后应该对评级公司进行“再评级”，健全市场化退出机制，以提升评级机制的权威性和公信力。

（4）市场化违约机制。对于中国债券市场及金融体系发展与稳定来说，更重要的任务是建立健全市场化违约的长效机制。一是应该完善金融市场的风险定价机制，不同机构的信用风险利差应该在各种市场中得到充分反映，风险市场化定价是基础。二是建立健全市场化违约机制，让债券发行人、承销人以及投资者都承担相应的市场化收益及潜在的市场化违约风险，市场化违约是核心。三是构建市场化违约的善后处置机制。例如，违约之后的清偿率、潜在的重组、第三方救助以及债券担保物处置及分配方案等。是否事前引入“破产遗嘱”并按此进行事后的市场化违约处置等，是否可以进行相应的债券收购，如何设计破产后的清偿顺序等都是极为重要的问题。四是完善市场化违约的信息披露机制，信息透明是润滑剂。五是市场化违约后相关利益主体的安排处置机制。

四、银行业改革：现状、问题及改革建议

（一）银行业市场化改革的进展

1. 银行业向民营资本开放

民营资本进入银行业取得新进展，民营资本在中小银行机构的重要性逐步体现。2014 年民间资本进入银行业取得重要突破，首批 5 家民营银行完成批筹，新设 14 家民营控股的非银行金融机构，新增 108 家民间资本占主导地位的村镇银行。股份制商业银行和城商行的民间资本占比分别由 2002 年的 11% 和 19% 提高到 2013 年末的 45% 和 56%，部分城商行已全部为民间资本。截至 2014 年 9 月末，在农村合作金融机构股权结构中，民间资本占比达 89.9%；在村镇银行股权结构中，民间资本占 72.3%，民间资本基本实现了投资农村中小金融机构种类全覆盖和投资地域无限制。

2015 年，民营银行发展再次迎来重大政策突破，李克强总理在政府工作报告中表示，要“推动具备条件的民间资本依法发起设立中小型银行等金融机构，成熟一家，批准一家，不设限额”。目前，中国第一家“虚拟银行”前海微众银行已于 2015 年 1 月正式开业，民营银行发展将出现进一步提速。

2. 存款保险制度正式出台

存款保险制度正式出台，银行业市场化退出机制建设取得重大突破。2015 年 3 月 31 日，国务院发布了《存款保险条例》，并于 5 月 1 日起正式实施。我国在存款保险制度的设计上一方面充分考虑中国现实情况，另一方面也吸收了国际上尤其是金融危机之后主要发达国家对存款保险制度的经验和教训。存款保险制度将覆盖吸收存款的银行业金融机构，最高偿付额为 50 万元人民币，能够为 99.5% 以上的存款人（包括各类企业）提供 100% 的全额保护。此外，存款保险费率由基准费率和风险差别费率构成，费率标准由存款保险基金管理机构根据经济金融发展状况、存款结构情况以及存款保险基金的累积水平等因素制定和调整。

存款保险制度是我国当前金融改革最重要的环节之一，是撬动利率市场化，对内对外开放，民营银行发展等多项金融改革的战略支点，也是金融安全网的重要组成要素。在建立存款保险制度之前，我国政府兜底为普遍现象。这种政府隐性担保制度缺乏法律制度基础，金融风险的处置效率较低。同时，这种隐性的存款保险制度不仅给财政带来沉重负担，还扭曲了中央银行的货币政策目标。

存款保险制度的建立有助于金融风险处置能力的提升，为进一步完善金融安全网打下了良好基础，也为全方位深化银行业改革创造更为有利的条件，有利于推动和促进中国银行业健康发展。

3. 银行业对外开放取得较大进展

银行业对外开放步伐加快。第一，2014 年 12 月 20 日，国务院发布第 657 号令，对《中华人民共和国外资银行管理条例》进行了修改，修改内容包括：（1）取消设立营业性机构前需设立代表处的要求；（2）放宽营业性机构申请经营人民币业务条件，将开业年限 3 年以上改为 1 年以上，取消申请前 2 年连续盈利的要求；（3）取消外资法人银行拨付境内分行营运资金的最低数量要求。第二，2014 年 12 月，内地与香港、澳门分别签署《〈内地与香港（澳门）关于建立更紧密经贸关系的安排〉关于内地在广东与香港（澳门）基本实现服务贸易自由化的协议》。在 CEPA 框架下，首次以准入前国民待遇加负面清单方式对港澳银行业扩大开放。第三，2014 年 9 月银监会修订印发《外资银行行政许可事项实施办法》，简化了行政审批程序，进一步统一了中外资银行市场准入标准，提高了商业银行展业的便利性；同时强化审慎监管要求，对取消的行政许可审批事项实行报告制，强化事中和事后持续监管。以上措施为外资银行设立运营提供了更加宽松便利的政策环境，是在全面深化改革新形势下进一步深化银行业对外开放的具体体现，有助于提高金融资源配置效率、提升我国银行业服务和管理的整体水平。

4. 影子银行促进金融市场体系发展

影子银行持续扩张，但是相关风险总体可控，在得到妥善监管的前提下，有助于促进金融市场体系的完善和资源配置效率的提高。由于缺乏权威定义和统计口径的差异，各界对影子银行规模的测算存在巨大差异，但不可否认的是，影子银行已经成为我国金融体系的重要组成部分。近两年来，影子银行业务增长趋势已经有所放缓，扩张势头得到了较好的控制。随着相关监管体系的不断完善，影子银行将能够更好地弥补正规金融体系的空白，为金融市场资源配置效率的进一步提升做出贡献。具体来说，一是影子银行体系将有利地促进金融创新的发展，通过多种形式的金融创新来满足新常态中社会融资和金融服务的需求，从而促进整个金融体系的创新服务水平。二是影子银行体系主要以直接融资为主，将有效提高整个金融体系的效率，更好地服务于新常态下的企业和居民的融资需求。三是影子银行体系体现了货币要求权，将更好地满足企业和居民作为资金所有者的权益，提供更加多元的投资和财富管理的服务，进一步匹配资金所有者与资金使用者的市场关系。四是影子银行的快速发展凸显了经济金融体制机制的弊端，有利于在新常态下加速推进金融体系改革，完善金融市场体系。

（二）银行业市场化改革的问题分析

1. 对内对外开放程度仍有限

我国银行业对内对外开放有待进一步深化和完善。在对内开放方面，首先，新生的民营银行经营过程中有可能存在过多为关联者（包括股东）服务、不顾债权人利益风险的情况，在强调发起人的资质条件、实行有限牌照、坚持审慎监管标准、订立风险处置安排等方面有待强化；其次，我国民营资本在经营管理银行方面缺乏实际经验，且银行业专业化人才稀缺，出现经营风险概率较高；最后，部分民营银行为了与大型银行竞争，通过低息揽存获取流动性，导致资金成本过高，流动性问题将是民营银行面临的主要挑战之一。

在对外开放方面，外资银行在我国银行业中所占市场比例和规模仍很小，至2013年年底，在华外资银行业法人共42家，在华资产为2.53万亿元，占我国银行业金融机构总资产的1.73%，外资银行贷款占金融机构本外币贷款总额的1.45%，对外开放规模很小，无法发挥外资银行的资本管理、治理结构、风险控制以及技术优势等的外溢效应。

2. 银行业市场退出机制有待完善

商业银行退出机制是包括生前遗嘱、救助设计、破产条件、清偿顺序、存款保险等框架的一整套制度设计。虽然存款保险制度即将出台，但是我国在《企业破产法》实施之后，一直没有出台专门针对商业银行的系统化破产法律制度，且现行的银行退出机制多为重组和接管，只能转移而不能释放风险，往往无法从根本上解决问题。此外，国内金融机构违约及破产的处置机制也是缺失的，美国不仅有健全的破产法、破产保护程序和处置机制，甚至在本次金融危机之后，还要求银行设立“破产遗嘱”(Living will)，详尽规定其破产风险爆发之后的应急策略、储户保护、资产重组等在内的“身后事”，其经验值得我国借鉴。

3. 银行业务同质化较为明显

商业银行发展和盈利模式呈现同质化趋势，差异化策略仍未实质性开展。首先，目标客户群体同质化现象没有出现实质改善。大部分银行并未根据自身情况锁定目标客户群体，各银行仍在争抢大型企业、上市公司和国企等所谓优质客户，而中小企业却依旧面临金融服务不足问题。其次，由于未能根据自身情况制定市场定位，各家银行也就难以有针对性地进行产品创新和服务升级，产品功能和服务内容雷同现象仍然普遍。最后，各家银行在竞争地域上也依然存在同质化现象，除部分城市商业银行和农村商业银行外，多数银行的发展策略都倾向于跨区域经营，并且发展重点多集中在经济发达地区。

4. 公司治理需进一步强化

商业银行的治理结构不断发展完善，但在治理有效性方面需要进一步强化。一是董事会的职能没有有效发挥。董事会主要通过听取高管工作报告的形式来审议银行重大事项，并没有对经营方针和长期战略直接进行决策，且经营层占据了董事会的多数席位，而非执行董事又难以发挥好监督作用。二是监事会监督作用难以有效发挥。一方面没有专职的执行监事，监事会监督职能出现弱化，另一方面很多商业银行的监事会与银行稽核部门间也不存在指导关系，制约了监事会监督职责的有效履行。三是缺乏有效的激励和约束机制。与风险挂钩的薪酬体系、延期支付机制、中长期激励方式等市场化的激励约束机制尚未全面引入到中国的银行业来，容易导致过于注重短期效益而忽视长期风险的冒险行为。四是信息披露制度不完善。信息披露的完整性、及时性和准确性都有待提高，在部分情况下甚至还存在信息失实情况。

5. 影子银行风险仍存

第一，我国影子银行相关法律尚处于初级阶段，由于影子银行的多样性和创新性，现有法律法规不仅覆盖范围不全面，导致部分影子银行游离在监管体系之外，具体内容也较为滞后，缺乏对金融产品交易环节的法律规定，对投资者利益保护不足。第二，影子银行造成的金融风险主要体现在以下几个方面：一是影子银行业务的杠杆率普遍较高，当经济处于下滑期时容易导致信用风险加倍放大；二是影子银行大多以短期债务支持长期资产，存在较为严重的期限错配现象，可能引发流动性危机；三是影子银行为一些低效的、高风险项目提供融资，面临较大信用风险。第三，我国影子银行监管架构存在制度错配现象。在我国实行的分业监管模式下，监管机构各司其职，各监管机构间缺乏有效的沟通协调机制，难以针对影子银行业务跨地域、跨行业的交易特点进行有效监管，监管空白和重复监管难以避免，监管套利空间较大。虽然金融监管协调部际联席会议制度已经启动，但是在实施细节上仍需进一步完善。第四，影子银行业务透明度过低。影子银行业务复杂性、隐蔽性较高，且没有统一的信息披露分享平台，导致监管者和投资者不能及时充分地了解影子银行的最新动态和具体信息，在一定程度上掩盖了影子银行业务的迅速扩张，增加了监管部门的监管难度，削弱了宏观调控效果。而在信息不对称条件下，投资者也难以对影子银行产品的真实风险进行评判，容易出现盲目投资现象，金融消费者权益难以得到保障。第五，影子银行与商业银行之间存在高度关联性，金融传染风险日益增加，而影子银行业务又具有较高的脆弱性，其期限转换、流动性转换、信用风险转换和杠杆操作容易导致风险的累积，一旦影子银行出现重大问题，将会迅速传导至商业银行，导致系统性金融风险的产生。

6. 系统性风险有所上升

中国是一个银行主导的金融体系，银行业在金融系统和国民经济体系中具有系统重要性，随着金融深化的不断推进，我国影子银行迅猛发展，部分机构金融风险逐步凸显，银行业系统性风险的不断上升需要进一步引起高度重视。具体来讲，一是利率市场化后银行应如何应对利差收窄、盈利下降带来的考验。二是“影子银行”自身风险及其对商业银行体系的系统性冲击。三是综合化经营可能带来风险传染性、复杂性、破坏性加大等问题。四是市场化及金融创新可能引致的信用及流动性风险等。如何在经济增速放缓、金融系统复杂性日益上升的情况下更为有效地识别、评估和应对潜在的银行体系系统性风险，是当前我国银行监管者面临的首要任务之一。

7. 政策性金融需进一步加强

在强调市场在资源配置中起决定性作用的同时，仍需进一步推进政策性金融机构改革，在市场不愿意配置资源或者不能配置资源的基础性、长期性、公共性领域发挥好政策性金融弥补市场失灵的功能，使看得见的手和看不见的手共同发挥作用。例如，中小企业、住房等方面从未建立起有效的政策性金融支持体系，在农业领域靠市场商业化运行的成功模式也相对缺乏依据。此外，政策性金融是市场机制的有益补充，在当前我国经济增速放缓和结构性转型的大背景下，政策性金融的重要性尤为显著，应积极发挥政策性金融的逆经济周期调控功能，平抑宏观经济的波动。

（三）全面推进银行业市场化改革的建议

1. 优化市场准入

进一步优化市场准入机制。第一，坚持对内开放，继续推进银行业混合所有制改革。引导民间资本参与现有金融机构重组改制，提高民间资本占比、扩大民间资本参与机构重组范围。第二，加强对试点民营银行的监管，并持续完善民营银行监管框架。一是探索差异化监管模式；二是强化对关联交易的监管；三是实行严格风险控制和处置。第三，完善民营银行相关法律法规，为使民营银行的设立和经营提供法律依据经营，为民营银行的健康发展提供指引。第四，适度加强对外开放，放宽外资银行进入条件，鼓励外资银行增设分支机构并鼓励中外资银行间的股权合作。

2. 完善退出机制

完善市场退出机制。一是健全银行业市场退出的法律制度。加快构建和完善我国商业银行破产法律制度，尽快制定问题金融机构市场退出规范，建立科学完善的市场退出法律机制。二是完善商业银行市场退出的预警机制。构建风险预警系统、建立银行市场退出的缓冲机制；逐步建立健全的银行业的市场信用体系，并及时披露相关信息。三是建立和规范不良资产处置的二级市场，提高不良资产处置效率。四是加快市场化建设，完善信息披露制度，帮助公众形成理性预期，提高公众对商业银行市场退出机制的认知能力和承受能力。

3. 深化模式转型

加快商业银行盈利模式转型、坚持差异化发展。一是通过优化资产负债结构、强化成本控制等手段维持适宜的净利差水平，为盈利模式转型奠定良好基础。二是提升产品定价和利率风险管理能力，通过构建有效的利率风险规避、分散、转移和补偿机制，实现利润可获得、风险可覆盖、商业可持续的目标。三是建立资本节约型业务发展模式，继续着力推进投资银行业务、现金管理业务、资产管理业务等中间业务以及零售业务等资本占用较低的业务。四是坚持差异化发展，根据银行自身情况（如股东偏好和自身实力）制定发展战略定位和市场定位，在此基础上进行市场细分，确定目标客户群并加强创新开发相应业务，积极提升服务质量、转变服务方式、加快服务升级，为客户提供更加个性化、专业化和综合化的金融服务，进而达到实现业务结构转型和盈利结构转型的目的。

4. 完善治理体系

完善公司治理体系。一是要完善董事会制度。完善股东大会、董事会、监事会、高管层的公司治理，形成董事会与管理层相对独立运作、相互制衡的治理机制，让董事会在战略管理、高管人员管理、薪酬管理和业务风险管理中发挥主导作用；提高董事会专业性和独立性；董事会对经理层授权的范围应清晰界定，防止出现内部人控制的情况。二是促进监事会有效地履行其职责，改进监事会选聘机制，进一步明确监事会的职能，促进董事会与监事会的协调作用。三是完善高管激励约束机制。加快完善与风险挂钩的薪酬体系和延期支付机制，着力解决薪酬与风险不对称问题；逐步推进股权激励等中长期激励方式，改善银行高管行为短期化问题。四是进一步完善信息披露制度，增强银行经营透明度。加强信息披露的完整性、真实性、及时性。

5. 完善影子银行监管

一是完善相关法律法规，健全影子银行规范机制。加强影子银行相关立法工作，填补法律监管真空，将非银行影子银行机构和民间借贷纳入法律管辖范围；并对原有的法律进行修订，定期调整金融法规。二是明确影子银行业务监管原则，根据疏堵结合原则对影子银行业务进行规范，在审慎监管前提下适当鼓励影子银行创新行为，既要引导影子银行发挥其灵活便捷的特点，继续在我国现行金融体系下发挥重要补充作用，促进融资渠道多元化，也要防止影子银行业务的过度扩张引发泡沫经济问题。三是改革监管体制，针对影子银行业务跨机构、跨行业、跨市场的三重特点，在由中国人民银行牵头的金融监管协调部际联席会议制度的基础上，进一步加强监管部门间协调沟通，建立协同配合的金融监管体系，提高监管规则的统一性和有效性。四是完善影子银行信息披露制度，按产品发行主体收集影子银行业务数据、规范信息披露周期和披露内容，统一会计处理方法和数据统计口径，以改善影子银行相关信息的及时性和完整性，全方位提高影子银行业务信息透明度，为影子银行风险监管提供良好基础，为投资者了解和判断影子银行的真实风险提供有力依据。五是建立有效的影子银行风险动态监测预警机制，及时了解影子银行业务的最新情况并对影子银行的相关风险进行评估，同时制定金融风险应急预案，以便在影子银行出现重大风险时及时提出相应的应对措施，确保影子银行相关风险得到妥善处置，避免影子银行风险向整个金融系统蔓延，对我国金融稳定产生威胁。六是进一步加强商业银行和影子银行间的风险隔离机制，密切关注商业银行和影子银行机构间的资金流动，并通过法人隔离、专营事业部和大额风险暴露限额等方式，减少风险传导渠道，防范影子银行风险向商业银行体系渗透。

6. 严守风险底线

完善金融风险监管体系，守住区域性系统性风险底线。第一，健全银行系统性风险的监管体系。一是进一步完善银行内部控制体系，从银行系统内部提高风险防控能力，降低系统性风险的传染强度；二是积极推行宏观审慎监管制度，全面提升防范系统性风险能力；三是创新监管手段，完善银行安全网。第二，完善风险监测预警系统，提升应急处置能力。一是建立有效的风险预警指标体系，加强事前风险控制；二是制定应急预案，出现风险及时化解，防止系统性风险的进一步扩散。第三，针对综合化经营可能带来的风险，一是建立混业监管模式，从机构性监管转向功能性监管；二是实行严格的防火墙制度，即按金融业务性质分别颁发牌照，严格限定子公司的各自经营范围，在从事不同金融业务的子公司之间设置预防风险和资金转移的防火墙，对子公司之间的投资、融资、业务合作等设定限制措施；三是严控内部关联交易，防止不正当利益输送以及风险的内部传递和积累。

7. 优化资源配置

推行政策性金融改革，与市场配置资源机制形成良好互补。一是加快立法，出台专门针对政策性银行的法律法规，对政策性银行定位和发展做出明确规定。二是坚持政策性金融发展方向，明晰政策性业务边界。以清单方式列明政策性业务范围并保持动态调整，切实发挥政策性金融弥补市场失灵的作用。三是强化资本约束，建立多元化资金筹集机制。四是鼓励有条件的地区探索试点地方政策性银行。在地方政府财力允许、风险自担的前提下，可考虑允许有条件的地区探索设立省级地方政策性银行，用于支持地方经济社会发展。

五、资本市场发展改革：进展、问题与政策建议

（一）资本市场发展改革的进展

1. 市场规模与实体经济基本适应

依托于世界第二大经济体，我国资本市场的规模也已位居世界前列。从股票市场来看，我国股票总市值位于全球前列，截至2014年底，沪深两市上市公司达到2 613家，总市值37.25万亿元[①]，居全球第二位，仅次于美国。全市场流通市值31.56万亿元，同比分别增加55.83%和58.14%；流通市值占总市值的84.72%，同比上升1.24个百分点。2014年，沪深两市总市值占国内生产总值（GDP）的58.53%。从期货和衍生品市场来看，国际上主要期货交易所上市的主要活跃品种，除原油期货外，我国基本上都已有相应品种上市交易。此外，股指期货也已推出，市场规模在世界名列前茅。截至2014年底，我国期货品种总数共46个，其中商品期货品种44个，金融期货品种2个，基本覆盖了农业、金属、能

① 数据来源：锐思（Resset）金融研究数据。本部分中的其他数据，如无单独列明，则也源于此数据库。

源化工、金融等国民经济主要领域。

2. 市场广度不断扩大

资本市场日益成为我国企业发展壮大和实现现代化的平台；上市公司成为我国经济中最重要和最具竞争力的群体；覆盖多方面经济社会需求的多层次资本市场结构已经初步形成。与此同时，众多行业龙头和一大批大型企业发行上市，上市公司在国民经济中的代表性日益增强。2014 年，我国上市公司总利润占规模以上企业利润总数的 42.7%。私募股权基金和风险投资基金近年也得到迅速发展，据估计其规模接近 2.12 万亿元。

3. 市场功能日益增强

在发展过程中，我国资本市场的投融资、并购重组、风险管理、财富管理等功能得到了全面发挥。在投融资方面，银行贷款占社会融资的比重持续下降，政府融资已经主要依靠发行国债，金融体系的弹性有所增强。在并购重组方面，2014 年我国上市公司并购重组市场活跃，沪深两市上市公司共发生并购重组 2 920 单，交易总金额 1.45 万亿元，其中产业整合类型的并购重组单数占比 50%；经中国证监会核准的并购重组中，产业整合交易单数占比达 75%，有力地推动了我国经济“转方式、调结构”的进程。在风险管理方面，商品和金融衍生品为企业和投资者提供了规避风险的工具。在财富管理方面，利用资本市场实现财富保值增值的观念被广泛接受。此外，资本市场还促进了我国企业的价格发现和价值重估，推动了公司治理的完善，引领了企业管理模式的改变，普及了市场经济基本理念和现代金融基础知识，使法治、契约、公开、透明，乃至公平、公正、诚信等现代观念日益深入人心。

4. 市场秩序逐步规范

制度体系逐步完善，监管能力显著提高。我国资本市场现行法律法规体系以《公司法》、《证券法》、《基金法》和《期货交易管理条例》为基石，有效的法律、法规、规章、规范性文件共 527 件，构建了一整套与国际通行原则基本相符的法律框架、交易规则和监管体系。近年来对违法违规行为惩罚力度不断加大，五部委联合打击内幕交易，违法违规行为得到明显遏制。2014 年以来，证监会加大处罚力度，新增案件调查 488 件，同比增长 10.4%，94% 的投资者签署了和解承诺①。总体来说，在市场建

① 详见《中国证监会 2014 年行政处罚执行情况》，http://www.csrc.gov.cn。

设的许多方面，我国虽然起步晚，但是进步很快，比如打击、惩处和防范内幕交易等，我国市场已基本达到欧美发达市场的水平。

（二）资本市场发展改革存在的主要问题

由于我国资本市场起步晚、发展时间短，在发展起点上和过程中面临着特有的初始条件和内外部环境。总体上来讲，资本市场仍处于发展的初级阶段，还存在明显的问题和不足。

1. 金融结构中资本市场占比较小

近年来，在银行信贷的快速扩张与股市低迷的背景下，我国金融结构的失衡问题愈发突出。在成熟市场中，直接融资占比很高，而我国基本上是以银行为主，不利于中小企业、民营企业的发展。

2. 市场发展水平有待提高，服务实体经济能力相对较弱

资本市场相对于经济总量规模偏小。我国资本市场在服务实体经济上发挥的作用还比较弱。虽然股债绝对存量较大，但是相对于经济总量而言规模偏小。国内非政府债余额与股市市值之和与 GDP 的比重这一指标，我国仅为 75%，与印度和巴西的水平相当。而美国、英国、德国和日本分别达到了 208%、171%、81% 和 128%。

我国股票市场呈“倒金字塔”型，对小微、成长型企业覆盖少。以美国为代表的成熟市场，股权市场有着明晰的层次，不同的企业有着与其相适应的股权融资平台。市场结构呈“金字塔”型，顶端是少数大型的、优质的企业，底部为大量中小企业。我国实体经济中的大、中、小微型企业分别有数千家、数十万家和 1 000 多万家，这种企业层次在客观上需要一种“金字塔”形的资本市场体系与之匹配，而我国股权市场结构正好相反。主板、中小板和创业板的上市公司总数已达 2 613 家，数量大致为美国的一半。截至 2014 年，全国中小企业股份转让系统，即新三板，也有 1 572 家公司挂牌。各地方股权交易中心的挂牌企业总数接近 2 000 家，但是绝大部分几乎没有成交量，缺乏实质意义。即我国目前的上市公司主要是大中型、成熟企业，对小微企业和成长型企业覆盖少。而美国场外市场有一万多家企业挂牌、灰色市场有几万家企业交易。

新兴蓝筹企业所占的市场份额较低，特别是作为我国经济的重要组成部分的各细分行业龙头企业在蓝筹市场体系中尚未得到较充分体现。这种局面造成蓝筹市场对我国经济的支持和表征作用不够全面，全方位服务实

体经济的功能不够完整。从长远看，蓝筹市场是资本市场的稳定器，应进一步推进新兴蓝筹企业的培育和上市工作。

期货和衍生品市场有待进一步发展。机构投资者与产业客户参与期货市场的程度较低。衍生品市场结构有待完善，品种需要丰富。商品期货方面，虽然大品种中除能源类商品外均已上市挂牌，但是产品深度仍然不足，合约设计、合约标的物和交割仓库布局等需要进一步贴近产业客户的需求，多种多样的交割和结算制度还有发展空间。同时，大宗商品场外市场还缺乏可持续发展的经营模式和必要的监管。金融期货方面，金融衍生品品种仍然较少，国债期货、利率期货、股指期权和股票期权等金融衍生品尚未推出，市场参与者缺少风险管理工具。

3. 市场主体的竞争力有待提高

一是上市公司质量有待提高。很多上市公司脱胎于计划经济及国有企业改制，股权结构和治理结构仍不健全，“一股独大”的现象仍广泛存在，有效的资本约束机制还没有建立，存在重融资、轻回报、信息披露质量不高等现象。上市公司盈利能力不够强，给投资者的回报有限。除垄断型的大型央企外，在国际市场上具有强有力竞争力的上市公司不多，我国上市公司净资产回报率（ROE）低于美国上市公司，这也是我国资本市场近期低迷的原因之一。

二是证券期货机构的竞争力不强。与国际大型金融服务机构相比，我国证券期货机构的资产规模小、盈利模式单一、整体实力较弱的状态并未从根本上得到改变。我国企业每年大量参与海外并购重组，但很少有国内中介机构能为其提供服务。证券期货机构的国际化程度与国际大型金融服务机构的差距更大。

三是个人投资者不够成熟，机构投资者有待进一步发展。个人投资者比例高，交易频繁，换手率高，不够成熟。我国股票市场中个人投资者的参与程度偏高。目前A股市场的投资者账户总数达到1.68亿户，其中个人投资者账户超过99%。根据交易所的统计，个人投资者的平均持股期限也较短，主要集中在3个月内，仍然以短线投资为主。在其他投资行为特征方面，个人投资者倾向于持有和交易小盘股、低价股和高市盈率股，对股票价格和交易量的波动较为敏感，缺乏理性、长期的投资理念。

（三）多层次资本市场改革发展的政策建议

1. 健全多层次资本市场体系

健全多层次资本市场体系，推动公募市场与私募市场、场内市场与场外市场、现货市场和期货市场的协同发展。

一是完善多层次股权市场。继续大力发展主板、中小板和创业板，鼓励符合条件的企业，尤其是创新类的企业发行上市，制定创业板上市公司再融资制度。积极发展“新三板”市场，以较低准入条件和更便捷核准为特色，提供转板机制，逐步增加活跃度和流动性，解决大量中小企业融资问题，缓解 IPO 压力。引导区域性股权交易市场规范发展，解决更多小微企业的融资和改制需求，培育上市公司资源，鼓励区域股权交易市场进行整合，探索建立不同市场层次间的转板机制。鼓励证券公司探索建立柜台交易市场，尝试场外交易和业务，逐步扩展至券商间联网或联盟，亦可与区域性市场相互融合或协作。促进私募股权投资基金和创业投资基金的发展，鼓励创新和创业。

二是建设多层次商品和金融衍生品市场。我国多层次商品和金融衍生品市场体系的建设有利于促进期货市场与现货市场的对接，充分提高市场运行效率。多层次商品衍生品市场体系建设将沿着三个方向展开：一是丰富期货产品，优化合约设计，探索多种多样的交割与结算制度。二是建立多元化的交易平台，在现有期货市场和现货市场之间探索发展多层次的场外市场，其中包括独立的集中清算平台、机构间市场和柜台市场。三是建设场外市场，大力开发商品远期、互换、场外期权等衍生品。同时，在金融衍生品方面应继续研究、推进国债期货、外汇期货、股指期权和个股期权等金融工具创新。

2. 健全市场运行机制

一是继续推进发行体制和再融资体制的市场化改革。进一步完善以信息披露为核心的发行体制改革，充分发挥价格引导作用，形成股票、债券等产品的市场化供应机制，提高直接融资效率，改善金融体系结构。

二是建立证券基金期货等中介服务机构的市场化准入机制。在加强事中和事后监管的前提下，在风险可控的条件下，放松证券公司、基金公司、期货公司等金融服务机构的准入许可，促进证券期货服务行业的竞争，提高服务水平，增强竞争力。

三是建立以市场为主导的金融产品创新机制。当前证券期货品种体系不健全等许多问题，根源在于市场化程度不够，要坚定不移的放松管制，真正把创新的权力还给市场，建立市场驱动的产品创新机制。

3. 打造国际一流的投资银行

一是监管机构应放松管制、加强监管。在未来发展中，需要逐步改善投资银行业的外部发展环境，结合相关法律法规的修订完善，逐步缩小证券监管机构行政审批的范围，下放部分行政审批的权利，提高保留行政许可的工作质量，逐步放松对市场的管制。同时，需要加强监管，完善投资银行指标管理，加强对风险的及时预警，审慎评估和有效处理，守住不发生金融风险的底线。

二是投资银行应树立并贯彻以客户为中心的理念。要逐步转变经营理念，提升服务水平，拓展业务范围和服务手段，丰富产品，满足客户多样化、多层次的需求。另外，我国具有规模庞大的资金资源，也存在缺乏资金的企业和产业，投资银行应积极主动地参与直接融资平台建设，以提高社会资金的使用效率，促进社会资源的最优化配置。

三是推进行业创新，回归投资银行本质。投资银行应扩大自营投资、另类投资业务，不断丰富资金的运用方式。同时，可充分发挥自身在财富管理行业中销售能力强、善于把握客户需求等优势，提高资产管理业务比重。另外，抓住大力发展债券市场和建立多层次股权市场的机遇，在资产证券化加速发展和逐步繁荣的趋势下，围绕柜台交易，开展包括做市商在内的各项功能，推动创新，加快转型。

四是不断提高行业集中度，增强行业整体抗风险能力。监管机构应支持符合条件的证券公司通过 IPO 上市，壮大资本实力，同时打通债务融资渠道，夯实财务基础，增强财务弹性。在控制风险的前提下，要按照市场化原则鼓励行业兼并重组，整合行业资源，做大做强。鼓励行业差异化发展，形成综合经营与专业化经营、特色化经营共存的业态。

五是完善投资银行公司治理结构和内部控制机制。目前，相当一部分证券公司股权结构单一，大股东控制管理层的现象较为突出；而另一些证券公司股权结构则过于分散，容易产生内部人控制问题。在完善公司治理结构方面，需要充分发挥股东会、董事会和监事会的作用，消除内部人控制问题；在内部控制制度上，要加强执行能力，健全部门之间的相互监督和制约关系。同时，可建立并有效运用股权激励机制，促进管理层的长期化行为，提升投资银行的整体竞争力。

4. 加强法制建设和执法力度，打击各项违法违规活动

一是加强法制和诚信体系建设。进一步完善资本市场基础性法律体系，推动《公司法》《证券法》等相关法律法规的修订和完善，推动《期货法》的出台，加快健全、完善证券侵权民事赔偿制度等措施，保护市场正常运作。加强资本市场诚信系统建设，推动全面强化对失信主体的诚信约束和惩戒，提高市场参与主体的诚信意识。

二是加强执法力度，严厉打击各项违法违规活动。尝试建立证券专业法庭和证券违法案件异地审判制度，提高证券违法查处力度，依法提高证券违法的处罚力度，有效遏制各种证券违法违规行为。积极研究推进行政和解执法模式创新，降低执法成本，提高执法的社会收益。

5. 完善监管体系，提高监管水平

一是提高监管能力。资本市场的发展对当前证券期货监管体制机制提出了更高要求，证监会需要进一步提高监管工作的专业性、独立性和权威性。不断健全监管体制，完善监管手段，丰富监管工具，提升系统监管整体效能，切实履行好监管职责，提高市场的透明度和效率。进一步充实监管力量，整合监管资源，提高执法人员素质，培养一支政治素质和专业素质过硬的监管队伍。

二是加强监管协调。加强与其他金融监管机构的监管协作，构建常态化的沟通协调机制，完善部际联席会议机制，实现常态化的信息交流、职能互助和高层对话。

三是发挥行业自律和舆论监督作用。要发挥交易所、登记结算公司、行业协会的自律管理作用。要引导和加强新闻媒体对证券期货市场的宣传和监督。

6. 加强保护投资者的合法权益

一是加强保护投资者的立法和司法。推动《公司法》《证券法》等相关法律法规的修订和完善，制定《投资者保护法》和《投资者保护管理暂行办法》，强化市场公平和投资者保护理念，健全投资者保护的法律体系。此外，探索建立和完善投资者代表诉讼、民事诉讼等司法救济制度，尝试建立调解、仲裁等纠纷解决机制，增加投资者的维权渠道。

二是加强投资者教育。通过多种渠道、多种形式开展投资者教育活动，提高投资者的风险识别能力和投资管理能力，并提高投资者的维权

意识。

三是建立投资者适当性制度、行政和解制度和投资者民事赔偿制度，切实保护投资者特别是中小投资者的合法权益。根据金融产品和服务的风险水平，投资者财务状况、风险识别能力和风险承受能力，确立相应的投资者适当性制度和准入门槛。面对日益庞大的证券市场，投资者因上市公司虚假陈述出现投资亏损后，通过民事诉讼方式索赔，存在耗时长、成本高、举证程序繁琐、投资者分散及结果不确定等问题。逐步建立完善行政和解制度和投资者民事赔偿制度，节约监管资源，以较低执法成本达到较好的执法效果，保护投资者的合法权益。

四是充分发挥投资者保护基金的作用。进一步拓展保护基金公司的职能范围和业务领域，加强保护基金的事前市场风险监测职能，积极探索保护基金公司参与证券投资者司法维权的途径，代理中小股东在股东大会上行使投票表决权，参与上市公司的重大决策，进行投资者代理诉讼。

六、互联网金融发展：历程、问题与政策建议

（一）互联网金融发展的现状

由于体制机制的约束，中国金融要素价格市场化改革进程整体偏慢，而以互联网金融为代表的创新型、市场化金融业务异军突起。互联网金融是借助于互联网技术、移动通信技术，实现资金融通、支付和信息中介等业务的新兴金融模式。互联网金融作为中国新型金融模式的典型代表之一，在过去短短 2 ~3 年蓬勃发展起来。目前，国内互联网金融以第三方支付、网络贷款和众筹等业务模式为主，迅猛发展，并对相应的金融业务、金融子行业、市场以及整个金融体系都带来了不同程度的影响，更对支付体系市场化、利率市场化和服务市场化等产生了实质性影响。

在第三方支付方面，《中国支付清算行业运行报告（2014）》显示，截至 2013 年年末，我国第三方支付市场规模已达 16 万亿元。根据易观智库发表的《2014 年第 2 季度中国第三方支付市场季度监测报告》，2014 年第 2 季度中国第三方支付市场移动支付（不包含短信支付）交易额规模达到 16 353 亿元，支付宝、拉卡拉和财付通分别以 79.55%，7.73% 和 7.34% 位居市场前三位。

在网络贷款（P2P）方面，根据《中国互联网金融报告（2014）》的数据，截至2014年6月，P2P网贷平台数量达到1 263家，半年成交金额接近千亿元人民币，接近2013年的全年成交额。预计在2014年四季度，P2P行业每月成交额将超过300亿元，全年累计成交额将超过3 000亿元。

在众筹方面，根据清科研究中心的《2014年中国众筹模式上半年运行统计分析报告》，2014年上半年，中国众筹领域共发生融资事件1 423起，募集总金额1.9亿元。其中，股权类众筹事件430起，募集金额1.55亿元。

（二）互联网金融发展存在的主要问题

随着市场化的推进，中国金融体系的金融创新层出不穷，综合化经营、影子银行体系、互联网金融等金融创新给金融监管和金融稳定带来了巨大的挑战。以互联网金融为例，除了自身发展的问题之外，还给整个金融体系带来了重大的冲击。

1. 互联网金融基本处于“三无状态”

过去一年来，互联网金融基本处于无监管、无准入门槛、无行业标准的“三无状态”，整体处于野蛮生长的状态。除了第三方支付，由于是央行颁发的牌照而确定由央行进行监管之外，一行三会和地方金融办对于其他形态各异的互联网金融企业的监管归属难以明确。在监管缺失，监管主体混乱的情况下，一些不法分子也打着互联网金融的旗号从事集资诈骗、非法集资等违法犯罪活动，各地方在缺乏前期监管权力和监管职责不明的情况下，难以对此进行预防和管理。

2014年以来，针对互联网金融的监管呼声日益强烈，呼吁对互联网金融监管的声音不仅来自学者，许多互联网金融从业者也呼吁监管。但是具体如何监管，到目前为止，尚未有完整、权威的政策、法律文件出台。传统的监管手段和思路可能会对互联网金融造成过度监管，扼杀创新活力；放任不管则不仅无法控制金融外溢风险，还会造成互联网金融市场劣币驱逐良币和金融消费者的重大损失，如何把握针对互联网金融监管的度，即打击违法违规，又不造成过度监管，是当前关系互联网金融健康发展的重大难点之一。

2. 网络安全问题日益凸显

互联网金融本身由于互联网的特性在网络安全问题上面临严重的挑

战，类似人人贷、好贷网以及民生电商等互联网和互联网金融企业都遭到过不同程度的网络黑客攻击，有的甚至造成暂停服务等后果。网上投资人往往难以及时分辨互联网金融企业是由于黑客攻击，还是因为经营不善导致暂停服务，如果引起恐慌，就会给互联网金融企业带来极大的损失乃至灭顶之灾。根据调研，许多互联网金融企业在网络安全方面投入了大量的人力、物力，甚至是三分运营，七分安全。网络安全问题牵涉了企业极大的精力，严重削弱了企业在正常运营方面的资源投入，负责任的互联网金融企业成本高企，而一些鱼目混珠的"互联网金融"企业则罔顾金融消费者的资金安全，随意购买一个漏洞百出、毫无安全保障的软件就上线运营，对广大互联网金融消费者的财产安全以及隐私保障都造成了严重的威胁，还造成了劣币驱逐良币的后果。

3. 互联网金融存在外资主导趋势

互联网金融的发展还面临外资主导的问题。互联网金融企业作为互联网企业的一种，其资本运作模式秉承了长期形成的美元计价天使轮融资——美元 A\B\C 轮融资——赴美国纳斯达克上市这样的流程。从聚美优品到阿里巴巴莫不如此。这与国内资本市场对盈利及其资本结构等条件的严格限制有关，目前证监会等机构已经就这些问题作出一定程度上的修正，虽然有个别细节待完善，总体上而言，已经打通了从人民币天使轮到新三板再到创业板上市的路径。但是，许多互联网金融企业出于互联网企业资本运作的惯性，仍是以赴美上市为目标。由于金融关系到整个经济体的安全，互联网金融又是基于信息化、大数据的金融形态，大量互联网金融企业赴美国上市实际上是外资对我国金融领域的另类大规模介入，势必对国家经济安全造成重大影响。此外，由于互联网以及进化到移动互联网阶段，手机成为互联网金融的最重要载体，IPHONE、三星等外资主导的手机可能存在的对我国公民个人信息的收集进而对我国的金融安全和信息安全也构成了挑战。

4. 互联网金融带来跨界风险

对于整个金融体系而言，互联网金融使得金融行业之间以及金融行业与其他行业之间的界限日益模糊，金融行业内部混合经营或综合化经营的趋势将更加明显，跨界发展的趋势将更加凸显，期限错配、信用风险、流动性风险等表现更为突出。

（三）互联网金融发展改革与监管的政策建议

互联网金融作为所谓的第三种金融模式，在中国快速发展具有特定的制度、体制、结构和市场根源。同时作为新的金融风险点可能引发技术失败、监管失效、消费者保护等风险，结合国外对互联网金融的监管实践，我们认为，在规范引导和适度监管的基础上，互联网金融才可能走上可持续发展的道路。

1. 互联网监管的基本原则

互联网监管应该是以鼓励、规范互联网金融长期可持续发展作为基础原则，鼓励发展与风险防范相结合。互联网金融发展的发展适应了构建多元化融资体系、多层次资本市场和完善金融市场体系的发展趋势。

从监管上来讲，鼓励互联网金融发展，同时引导市场主体防范技术风险、法律风险和金融风险，加强消费者保护和信息披露。此外，互联网金融监管在防范互联网金融自身的特定风险之外，更要防范互联网金融对传统金融体系的风险外溢效应，守住不发生区域性和系统性风险的底线。互联网金融自身存在操作风险、技术风险、法律风险以及监管失效等风险，需要监管机构出台相应的政策措施加以防范，杜绝监管漏洞和监管失败。互联网金融的风险可能作为一个触发机制或者是“蝴蝶效应”的起点，最终导致系统性风险。这就需要金融监管当局加强对互联网金融风险及其外溢效应的跟踪、研究及应对。

在制度层面，首先，需要国家出台互联网金融监管的制度法规，明确互联网金融监管的框架、原则、目标及总体措施。其次，基于目前分业监管和机构监管的格局，明确相关部门职责，相关部门应出台具有针对性的互联网金融监管规范和条例。再次，建立互联网金融监管协调机制，注重功能监管和功能监管，特别是一行三会与工信部的协调。最后，加强信息技术非现场监管和协调，建立有效的风险监测、预警和应急处理机制。

2. 严防制度性错配

互联网金融发展和监管需要防范混业经营模式与分业监管模式的制度性错配。互联网金融自身的综合混业经营趋势已经非常明显，但是其对传统金融混业经营趋势的催化作用并没有引发监管机构的高度关注。比如，余额宝发展起来之后，银行机构也纷纷创设了银行类的“宝宝”产品，这实际上使得银行的混业经营边界被进一步扩大，同时银行等金融机构亦更加依赖短期资金市场，期限错配和管理压力更为巨大。

在继续探索金融监管体制改革的同时，有必要及时创新互联网金融监管模式。最有效的方法就是加强各类互联网金融协会等社会组织的协调能力，大力推进软法治理和柔性监管。党的十八届三中全会作出的《中共中央关于全面深化改革若干重大问题的决定》提出，“激发社会组织活力……推进社会组织明确权责、依法自治、发挥作用。适合由社会组织提供的公共服务和解决的事项，交由社会组织承担。”面对创新迭代不断涌现的互联网金融，僵化保守的传统监管手段和监管体制往往不是束手无策就是扼杀创新，最好的解决办法，是贯彻三中全会《决定》精神，发挥社会组织作用，引导互联网金融企业自发形成产品的规则、标准流程，进而形成行业标准、社会公约。在互联网金融领域加强社会组织、行业自律组织建设能够起到更灵活有效的作用。例如，市场问题可以通过舆论先传导到社会中间层组织，而监管层的监管政策也可以先向行业协会等寻求意见。这样便形成了有弹性的互动机制和政策缓冲带，这种互动机制贡献，将对我们整个社会的良性运行，制度的进一步规范、优化有极大的好处。

目前，在互联网金融领域已经产生了具有较大影响力的社会中间层组织，为了使社会中间层组织真正起到应有的作用，一是要强化自律与他律相结合，例如，在章程中完善权利义务关系和相关责任的内容；二是实行政社分开，做到监管部门与社团组织人员分开、活动分开、人事安排分开；三是推动各种互联网金融行业协会社会责任的实现。加强社会组织在互联网金融领域自治协调能力的过程，也是推进软法治理的过程。在酝酿和出台规范互联网金融的规范性文件的过程中，要针对互联网金融长于创新的特点，即确保金融行业的底线不被突破，又给创新留下充足的空间，这就要求尽量避免传统金融监管措施更多地以实体规范为主，限定交易额度（比如，发售理财产品必须 5 万元起步），限定交易对象（牌照管理），限定金融服务种类内容这样的硬约束，而是要更多地在程序正义的基础上吸纳社会组织和行业协会自发形成的规则和惯例。此外，有关部门可以以行政指导、行政合同等方式对互联网金融企业进行引导，甚至将政府基金以行政合同的方式通过符合行政指导要求的互联网金融企业进行定向投放，即增强这类互联网金融企业的公信力，又达到政府调控的目的，还降低了行政成本。

3. 建立互联网金融的安全认证机制

针对互联网金融的互联网基础属性，建立互联网金融网络安全认证机制，构建互联网金融实时监测体系。网络安全是互联网经济健康发展的生命线，也是互联网金融健康发展的最重要保障。通过建立统一的互联网金融网络安全技术认证标准，对达到这一技术标准的互联网金融企业颁发互联网金融网络安全技术认证证书。建立权威的互联网金融网络安全认证体系，一方面能够指导互联网金融企业进行有效的网络安全防范，大大降低互联网金融企业被黑客攻击造成严重损失的风险；另一方面还能够为负责任的互联网金融企业增强社会公信力，增强广大互联网金融消费者辨识风险的能力，减少互联网金融领域劣币驱逐良币现象的发生。通过将已经过网络安全认证的互联网金融企业纳入统一检测系统，实时监测各互联网金融企业的运营数据，构建互联网金融实时检测体系可以最大程度地预警风险。还能够为制定互联网金融政策提供最可靠、最及时的参考数据。

4. 强化资本市场与互联网业、互联网金融业的融合发展

加强资本市场支持国内互联网金融企业的力度，在恪守国际条约的基础上，依法保障国家金融安全、信息安全。发展和完善资本市场，加强资本市场支持国内互联网和互联网金融企业的力度，扭转国内互联网企业大部分以赴美上市为目标、并在成长期就大量吸收美元投资的情况。资本市场监管层应当在有效保障投资人利益的基础上，降低针对互联网企业上市的财务门槛，减少法律限制，注重监管的实质。给企业创造市场化的上市环境，使上市不再严重影响企业的日常经营。例如，在发行定价上，避免简单套用传统行业进行行政定价，实现互联网企业 A 股 IPO 的市场化发行及定价，推动形成互联网企业在 A 股上市的示范效应，吸引已在境外上市的互联网企业回 A 股上市。

结合前述行政指导、行政合同的方式，通过对无外资背景的互联网金融企业投放托管资金，在不违背国际条约的基础上，扶持纯内资企业以形成示范效应。互联网金融的发展还有可能使国家间在《服务贸易总协定》中有关金融问题的博弈从传统金融模式的准入和传统金融信息服务的提供转为于有关“金融”的各项基础数据和信息的获取、处理和提供，这就与国家金融安全、信息安全更加相关。除了运用《服务贸易总协定》的保留条款和《反垄断法》这些手段来维护国家利益之外，在互联网金融不断发展的背景下，更稳妥的方式可能是从规范国外金融企业和金融信息服务提供机构在国内获取企业和公民个人基础信息上入手，防止和处罚外

资机构非法窃取和利用企业和公民个人重要信息，并藉此保障国家的金融安全、信息安全。

5. 注重消费者保护

互联网金融监管的落脚点应该是消费者保护和信息安全。由于互联网金融服务在需求方和供给方之间可能存在更为明显的委托—代理问题或道德风险，只有通过更为完善的强制性信息披露机制才可能保障消费者的利益。强制性信息披露机制和消费者保护机制是监管当局强化互联网金融监管最为急迫的任务之一。当前，互联网金融消费者的保护问题最迫切的是在 P2P 领域。根据网贷之家的数据，2014 年问题 P2P 平台 275 家，比 2013 年增长 261%。在所有问题平台中，出现提现困难的占 44%，诈骗或者跑路的占 46%，停业的占 2%。仅仅是 2015 年头两个月，出现提现问题的平台已经达到 132 家，互联网金融消费者保护问题在 P2P 领域集中爆发。由于 P2P 借助于网络进行融资的特点，投资人和 P2P 平台之间分属不同地域，维权成本高企。而在以 P2P 为名的诈骗案件中，追回投资者损失的也微乎其微，因此，互联网金融消费者事后维权难度很大，消费者在投资之前的判断能力十分重要，互联网金融消费者知识培训和教育亟待加强。此外，信息公开、资金托管和产品登记被认为是从消费者保护的角度出发进行互联网金融监管的三个主要手段，由于互联网金融发展时间较短，如何有效运用这三种手段还需要进一步探索。

6. 构建完善的征信体系

最后是重视互联网和大数据的应用，构建更广泛的征信体系。构建更广泛、更有效的征信体系，是促进包括互联网金融在内的整个金融行业发展的最重要的基础工作。互联网金融发展过程中，一些通过互联网和大数据实现闭环运行的金融企业获得了极大的成功，例如，阿里小贷。但是，绝大部分互联网金融企业还没有发挥出互联网和大数据的优势，企业固然要深入发掘这一优势，作为政府部门而言，也要打破信息孤岛，促进全社会互联互通的征信体系的构建，将工商、税务、公安、电力、金融等部门的数据都有机联系起来，形成全面的征信体系。

七、结论与建议

根据党的十八届三中全会的精神，全面深化改革的核心是市场化，而市场化改革的核心是要素价格市场化，特别是土地、劳动力和金融要素等价格的市场化。从未来内部经济发展模式转型、现代经济制度建设和内外经济两个大局的统筹来看，利率市场化、债券市场完善（特别是国债利率曲线形成机制）、汇率形成机制市场化、健全多层次资本市场体系和银行体系的深化改革是金融市场体系完善的五大核心任务。同时，创新型金融业务的发展及监管对金融要素市场化亦是重要议题。

（一）我国金融体系市场化改革取得的主要成绩

一是利率市场化加速推进，2013 年 7 月贷款利率已实现自由浮动，2012 年 6 月和 2014 年 11 月存款利率浮动区间的上限调整为基准利率的 1.1 倍和 1.2 倍，2015 年进一步提升至 1.3 倍，存款保险制度等利率市场化基础设施及配套改革稳步推进。

二是人民币汇率形成机制改革卓有成效。市场汇率已经较好地发挥资源配置的功能，国际收支失衡大大缓解，人民币汇率低估已经得到明显纠正。汇率波动的弹性大幅增加，汇价初步呈现双向波动的态势。外汇市场的行政性干预在逐步减弱，国际收支对国内货币政策的独立性冲击在降低。

三是债券市场发展日益繁荣。债券发行市场和流通市场不断完善，建立了以银行间市场为主、交易所市场和银行柜台为辅、场内和场外市场相互融合的债券流通市场体系。银行间债券市场蓬勃发展，业已成为债券市场的主体。债券品种的期限和收益率结构亦日益优化，债务市场体系不断完善。

四是多层次资本市场初步建立。市场规模与实体经济基本适应，我国资本市场的规模也已位居世界前列。市场广度不断扩大，覆盖多方面经济社会需求的多层次资本市场结构已经初步形成。市场功能日益增强，银行贷款占社会融资的比重持续下降。市场秩序逐步规范，制度体系逐步完善，监管能力显著提高。

五是银行业市场化改革逐步深入。民营资本进入银行业取得新进展，民营资本在中小银行机构的重要性逐步体现。存款保险制度即将出台，银行业市场化退出机制建设取得重大突破。银行业对外开放步伐加快，外资银行准入和经营人民币业务的条件将放宽。

六是创新型市场化业务模式快速发展，以互联网金融为代表的创新型、市场化金融业务异军突起，第三方支付、网络贷款和众筹等业务蓬勃发展。

（二）中国金融体系的要素市场化进程的主要问题

一是利率市场化改革的核心任务有待加速推进。存款利率市场化、政策目标利率、无风险收益率曲线等改革任重道远。基准利率定价机制、系统性风险应对机制、银行违约与破产机制、金融市场完备性等都有待深化改革。

二是人民币汇率机制的行政干预有待进一步弱化。央行还在显著干预每日人民币兑美元汇率的中间价，央行在很大程度上还在试图维持人民币兑美元汇率的稳定性。行政干预可能导致未来人民币汇率水平的高估及失衡，对人民币汇率机制的行政手段可能引发未来的人民币问题的外部政治压力。

三是统一的债券市场体系和管理机制建设任重道远。债券市场监管体系存在多头管理、相对分割的弊端。债券市场主要由政府和公有部门主导，存在重大的结构性问题。债券市场主要是为金融体系自身服务，而不是为实体经济服务。国内债券市场存在较为明显的分割性，市场收益率曲线和定价机制不合理。债券市场的基础设施建设仍然有待大幅改善，缺乏市场化的违约及处置机制。

四是资本市场微观结构有待优化。在整个金融体系中，资本市场占比较小；市场发展水平有待提高，服务实体经济能力相对较弱；股票市场呈"倒金字塔"型，对小微、成长型企业覆盖少。期货和衍生品市场有待进一步发展。市场主体的竞争力有待提高。

五是银行业市场化改革有待全面开展。银行业对内对外开放有待进一步深化和完善。银行业市场退出机制并不完善，系统化破产法律制度和市场退出预警系统仍有待建立。商业银行发展和盈利模式呈现同质化趋势，差异化策略仍未有实质性开展。在公司治理方面仍存在许多不足，如大股东控制、内部人控制和行政控制现象普遍等。银行的利润和风险存在不对称性。银行业的系统性风险应对和监管完善有待加强。

最后是创新性金融业务监管形势严峻。金融体系的金融创新层出不穷，综合化经营、影子银行体系、互联网金融等给金融监管和金融稳定带来了巨大的挑战。以互联网金融为例，除了自身发展的问题之外，还给整个金融体系带来了重大的冲击。

（三）完善金融市场体系，深化金融要素市场化改革的政策建议

一是稳步推进利率市场化改革。稳步有序、把握节奏，继续小幅提高存款利率上限，加快存款利率市场化改革。完善存款利率市场化的参考平价，建立一种有效的市场化存款利率或比较基准。建立存款保险制度、金融产品违约机制、金融机构破产处置机制等基础机制。

二是深入完善人民币汇率市场化机制。应该充分发挥市场的作用，提升人民币汇率双向波动的弹性，允许人民币适度贬值。央行应建立人民币汇率的宽幅目标区机制。为了保持央行货币政策的独立性以及对人民币汇率的掌控力，中国央行在资本账户开放的问题上应该更加谨慎。

三是加强债券市场“矩阵式”发展。在横向发展的角度上，构建一个以国债市场为核心、以公司债券为重点、以金融债、地方债、私募债等为重要支撑、以资产证券化创新发展和债券衍生品适度发展的市场格局。在纵向上，建立以市场化机制为基础，以统一互联共融市场为突破口，以完善市场组织体系、健全市场参与主体、拓展债券市场品种、发展债市交易工具以及加强市场监管体制为抓手，深化体制机制改革。

四是强化多层次资本市场体系建设。健全多层次资本市场体系，推动公募市场与私募市场、场内市场与场外市场、现货市场和期货市场的协同发展。健全市场运行机制，继续推进发行体制和再融资体制的市场化改革，进一步完善以信息披露为核心的注册制改革。完善投资银行业的发展框架，推进行业创新，回归投资银行本质，强化功能，推动创新，加快转型。完善监管体系，提高监管水平，打击各项违法违规活动。加强保护投资者合法权益。

五是全面推进银行业市场化改革。进一步优化市场准入机制，坚持对内开放，继续推进银行业混合所有制改革，加强对试点民营银行的监管，并持续完善民营银行监管框架，适度加强对外开放，放宽外资银行进入条件。完善市场退出机制、退出预警机制、退出缓冲机制和风险预警系统等。加快商业银行盈利模式转型、坚持差异化发展。完善银行治理体系，特别是股东大会、董事会、监事会、高管层等的治理架构。推行政策性金融改革，与市场配置资源机制形成良好互补。

六是完善互联网金融等创新型市场化业务的监管。以鼓励、规范互联

网金融等创新型业务的长期可持续发展作为基础原则，鼓励发展与风险防范相结合。在防范创新型金融业务自身的特定风险之外，更要防范创新业务对传统金融体系的风险外溢效应，守住不发生区域性和系统性风险的底线。

参考文献

1. ［美］A. L. 卡利伯格："美国雇佣关系和劳动力市场的变化"，《国外社会科学》，2001 年第 4 期。

2. 蔡昉、都阳、高文书、王美艳：《劳动经济学——理论与中国现实》，北京师范大学出版社 2009 年版。

3. 蔡昉："中国劳动力市场发育与就业变化"，《经济研究》，2007 年第 7 期。

4. 蔡昉：《中国劳动与社会保障体制改革 30 年研究》，经济管理出版社 2008 年版。

5. 蔡昉："市场配置劳动力，政府促进就业"，《政策》，2003 年第 9 期。

6. 高尚全："市场决定资源配置体现市场经济规律"，《人民日报》，2014 年 3 月 26 日。

7. 吉林大学中国国有经济研究中心课题组："对国有企业分配制度改革问题的探讨"，《长白学刊》，2003 年第 2 期。

8. 孔泾源、胡德巧：《中国劳动力市场发展与政策研究》，中国计划出版社 2006 年版。

9. 李宝元："户籍制度约束、劳动力市场分割与人力资源配置低效率"，《经济研究参考》，2010 年第 62 期。

10. 李亚伯：《中国劳动力市场发育论纲》，湖南人民出版社 2007 年版。

11. 李永捷、向翠萍："我国劳动力市场特征分析及治理”，《宏观经济管理》，2007 年第 2 期。

12. 刘金源：“近代英国劳资政策指导思想的演变”，《史学月刊》，2013 年第 6 期。

13. 刘昕：“论转轨时期政府在我国劳动力市场培育与发展中的作用”，《当代经济研究》，1996 年第 3 期。

14. 吕楠：“二战后英国劳资关系立法分析”，《当代世界与社会主义》，2004 年第 6 期。

15. 马斌、田萌：“发达国家劳动力资源配置的特点及其启示”，《华南师范大学学报（社会科学版）》，2004 年第 8 期。

16. 莫荣、廖钧：“如何看待劳动力价格上升对就业的影响”，《中国发展观察》，2012 年第 12 期。

17. 彭进：“现代劳动力市场：内涵、特征及形成途径”，《华南师范大学学报（社会科学版）》，1995 年第 3 期。

18. 宋晓梅：“对我国人力资源市场配置现状与制度对策的思考”，《商场现代化》，2007 年第 2 期。

19. 宋晓梧：“美国企业劳资关系及劳动管理”，《中国劳动》，1993 年第 4 期。

20. 宋晓梧：“主线、主体与政府职能转换——培育劳动力市场探讨”，《中国劳动科学》，1993 年第 11 期。

21. 宋晓梧：“目前劳动力市场主体的组织行为严重缺失”，《工人日报》，2006 年 1 月 6 日。

22. 孙丽文、孟海涛、孙玉梅、李娜：“从劳动力市场的特征看中国就业”，《工业技术经济》，2006 年第 4 期。

23. 王诚：《促进就业的宏观调控体系》，中国社会科学出版社 2012 年版。

24. 杨广晖、罗建河：“从封闭到开放：日本劳动力市场的发展及启示”，《国际经济合作》，2009 年第 9 期。

25. 杨伟国：《转型中的中国就业政策》，中国劳动社会保障出版社 2007 年版。

26. 杨先明、徐亚非、程厚思：《劳动力市场运行研究》，商务印书馆 1999 年版。

27. 杨宜勇、杨河清、张琪：《回顾与展望——中国劳动人事社会保障30年》，中国劳动社会保障出版社2008年版。

28. 杨宜勇：《大开放的就业——加入WTO后的探索》，中国水利水电出版社2004年版。

29. 尹建龙："近代英国劳资关系的全景透视——评刘金源等著《英国近代劳资关系研究》"，《世界历史》，2013年第3期。

30. 余晖：《管制与自律》，浙江大学出版社2008年版。

31. 袁朝辉："建立我国职工工资正常增长机制初探"，《工人日报》，2010年4月6日。

32. 张小建：《中国就业的改革发展》，中国劳动社会保障出版社2008年版。

33. 蔡昉：《破解中国经济发展之谜》，中国社会科学出版社2014年版。

34. 蔡昉：《中国经济发展的人口视角》，中国社会科学出版社2013年版。

35. 蔡昉：《中国人口与劳动问题报告》，社会科学文献出版社2011年版。

36. 胡舒立：《中国2015看清新常态》，民主与建设出版社2014年版。

37. 刘学民：《中国薪酬发展报告（2013—2014年）》，中国劳动社会保障出版社2014年版。

38. 刘燕斌：《产业转型与就业对策》，社会科学文献出版社2014年版。

39. 罗帆、佘廉："我国企业组织管理的实证分析"，《武汉科技交通大学学报（社会科学版）》，1999年第12期。

40. 宋晓梧：《中国社会体制改革30年回顾与展望》，人民出版社2008年版。

41. 吴江：《劳动力资源配置的理论与实践》，暨南大学出版社2010年版。

42. 冯天伟："依法整治恶意拖欠农民工工资者"，《农村工作通讯》，2015年第3期。

43. 孙波："企业劳动关系评价指标体系构建思路"，《中国人力资源开发》，2014年第1期。

44. 王安熙、谢鹏宇："社会转型时期的'群体性事件'探析"，《法制博览》，2015 年第 13 期。

45. 王峰："群体性事件善后处置到常态治理的路径——一个案例的分析"，《领导科学》，2015 年第 6 期。

46. 王政、陈晨、商意盈、刘彤、鲍晓菁、关桂峰："农民工欠薪又多发"，《瞭望（新闻周刊）》，2015 年第 4 期。

47. 张利萍："我国建立和谐劳动关系的理性思考"，《马克思主义研究》，2014 年第 5 期。

48. 张森林："解决农民工欠薪问题就差一根'木头'"，《中国就业》，2015 年第 2 期。

49. 周晓光、王美艳："中国劳资冲突的现状、特征与解决措施——基于 279 个群体性事件的分析"，《学术研究》，2015 年第 4 期。

50. 安国俊著：《债券市场发展与金融稳定研究》，经济科学出版社 2013 年版。

51. 巴曙松："深化银行改革的新起点"，《中国农村金融》，2013 年第 10 期。

52. 戴慧："对我国银行业开放政策的几条建议"，《中国发展观察》，2014 年第 11 期。

53. 弗兰克·J. 法博齐著，路蒙佳译：《债券市场：分析与策略》，中国人民大学出版社 2011 年版。

54. 何德旭和高伟凯等著：《中国债券市场：创新路径与发展策略》，中国财政经济出版社 2007 年版。

55. 刘明康著：《中国银行业改革开放 30 年（1978—2008）》，中国金融出版社 2009 年版

56. 翟义波："国内金融混业经营模式选择及其风险防范分析"，《金融发展研究》，2015 年第 1 期。

57. 牛锡明："如何深化银行业混合所有制改革"，《上海证券报》，2014 年 5 月 21 日。

58. 荣艺华和朱永行："美国债券市场发展的阶段性特征及其主要作用"，《债券》，2013 年第 5 期。

59. 沈炳熙和曹媛媛著：《中国债券市场：30 年改革与发展》，北京大学出版社 2014 年版。

60. 时文朝主编：《中国债券市场发展与创新》，中国金融出版社2011年版。

61. 王国刚："以公司债券为抓手 推进金融回归实体经济"，《金融评论》，2013年第4期。

62. 王国刚著：《资本市场导论》，社会科学文献出版社2014年版。

63. 王璐："民营银行试点范围将适时扩大"，《经济日报》，2014年12月15日。

64. 王元龙著：《中国抉择：银行业改革与发展战略》，中国金融出版社2012年版。

65. 王宇哲和张明："人民币升值究竟对中国出口影响几何"，《金融研究》，2014年第3期。

66. 阎庆民："顶层设计与银行业改革思考"，《金融监管评论》，2014年第3期。

67. 阎庆民："稳步推动民营银行科学发展"，《中国农村金融》，2014年第8期。

68. 杨枝煌著：《民营银行——中国金融另一种现代化》，经济科学出版社2008年版。

69. 姚枝仲、田丰和苏庆义："中国出口的收入弹性与价格弹性"，《世界经济》，2010年第4期。

70. 中国人民银行：《2013年金融市场统计》，http://www.pbc.gov.cn/publish/diaochatongjisi/4032/index.html。

71. 中国银行业监督管理委员会：《中国银行业运行报告（2014年度）》，http://www.cbrc.gov.cn/chinese/home/docView/58ACEC7E5A834DF295766B009417F4A2.html。

72. 郑联盛："我国利率市场化展望"，《中国金融》，2013年第16期。

73. 郑联盛："新常态下的影子银行体系"，《清华金融评论》，2015年第1期。

74. 中央国债登记结算有限责任公司：《2013年度债券市场统计分析报告》，2014年1月6日。

75. 中央国债登记结算有限责任公司：《2013年度债券市场统计分析报告》，2015年1月5日。

76. 中央国债登记结算有限责任公司债券研究会：《债券市场前沿问

题研究》，中国市场出版社，2007 年版。

77. 中债资信评估有限公司：《2013 年我国政府融资平台债券发行情况分析》，2014 年 3 月 4 日。

78. Rey, Hélène (2013). "Dilemma not Trilemma: The Global Financial Cycle and Monetary Policy Independence", paper presented at the Jackson Hole Symposium, August.

79. Zhang, Ming (2012). "Chinese Stylized Sterilization: The Cost - sharing Mechanism and Financial Repression", China & World Economy, Vol. 20, No. 2.

80. 周学东："加快推进政策性金融机构改革与监管的建议"，《金融时报》，2014 年 3 月 11 日。

一、对当前宏观经济形势的判断

陈兴动

在市场经济学家当中，我对 2014 年以来的经济形势比较谨慎，市场上说我是悲观派。现在从很多指标来看，印证了我原来的判断，这里讲几个基本点：

第一点，我有一个 PPT 叫困惑与风险。2015 年经济上有三个困惑：

第一个困惑是讲不清楚现在经济增长究竟是多少，宏观上的经济增长 2014 年是 7.4%，我们无论如何对不上。2015 年 1～2 月份的数字已经出来了，3 月份的数字不会比 1～2 月份的好，要更糟糕一些。现在弄不清楚中国经济增长到底是多少，宏观大数说不清楚的时候，经济政策就无法制定。

第二个困惑是不知道经济增长的底部在什么地方，现在究竟什么是底？8% 是底还是 7%、6.5% 是底？换句话说，现在中国的潜在增长率是多少，说不清楚，有人认为是 7.6%，还有人认为是 8% 的。我们最近做了一些分析，国际社会特别是 OECD（经合组织）认为中国现在的潜在增长率已经到了 6.2%。如果潜在增长率真的很低了，政策上就要认识清楚，我们在多大程度上还能够推动经济增长。现在不知道底部在什么地方，这样我们就无法判断产出缺口。

第三个困惑是突破底线会产生什么样的风险，这个风险是怎样传导的。大家都知道风险，但是说不清楚现在的风险在什么地方，怎么传导，最后的后果是什么样。市场上一直有一种乐观情绪，认为中国没有问题，中国现在抵御风险的能力非常强。到目前为止，客观上的确是这样，没有出现什么问题。从2012年开始，市场上一直担心，中国可能会出现两大问题：一是出现大规模失业，二是出现财政金融风暴。最典型的是鲁比尼，一直持这个观点。但到现在这两大问题都没有出来，日子过得很好，股市涨了很多。

对于这些困惑，我做一下分析，不是理论上的分析，而是从观察的角度去看，发现我们的底都是6%左右或和6%差不多。如果我们还跟着国家统计局的数字，我们就会发现，2012年、2013年、2014年第一季度的经济增长都差不多是6%左右，季度环比增长年化以后，当然后来调整了，调整之后一季度就不一定是6%了，可能比6%高。但在当初的情况下基本都是6%左右。第一季度经济不好以后，政府就会采取宏观刺激的政策，第二季度增长上去，第三季度差不多满足增长目标以后，第四季度宏观政策不再使力，第二年第一季度又差不多掉回到6%左右。第二年、第三年基本都是这样，这个过程已经重复了3次了。这张图可以看出来，2012年一季度增长率年化以后是5.7%，2013年一季度增长率年化后是6.6%，2014年一季度增长率年化后是6.1%，这是第一个观察。换句话来讲，过去的经济增长是由两部分构成：一部分是内生的增长，另一部分是政策推动的增长。政策推动的增长到了2014年，从季度变化角度来讲，有效性只是一个季度，第四季度经济增长没有持续，而是下降。政策出现了有效性下降，而且时间越来越短。

第二个观察，我们怀疑GDP的实际增长有政治判断在里面。长期以来，我们对GDP的平减指数计算的方法有怀疑，和前面的观察有关系。我从PPI、CPI里面算出一个系数，假设统计局给出的GDP名义总量是对的，然后对它进行平减，得出来的结果很有意思。到2012年第一季度以前，用计算出的GDP平减指数，两者的拟合度非常强。但到了2012年一季度以后，拟合度变得很差。就是说2012年以后中国经济实际增长明显是高估了。把2012年第一季度的数字到2014年第四季度作一个加权平均是5.8，如果按照官方的数来看是7.6，高估了1.8个百分点。

第三个观察，仅就发电量本身来看，从2010~2014年做对比，2014年官方的数字是GDP增长7.4%，如果电力产出与工业增长之间有一个明显的关系，工业增长与第二产业之间有明显关系，第二产业增长与GDP增长有关系，纯粹做两遍观察，如果服务业的比重不变，最终的结果，2014年的GDP增长是3%。第二种方法的观察，工业增长按照与电力相关，但是第三产业和第一产业按照统计局给定的数字，仍然对它进行计算，出来的结果是5.7%。所以2014年GDP大概也就是增长6%，三个角度运行的观察都得出GDP增长从2012年以来大概是6%。

现在的经济运行应该引起关注的是，中国的经济现在已经出现了惯性下滑。PMI已经失去了指标意义，原来观察PMI和工业增长之间大概有两个月的提前量，现在不但没有，基本与工业增长速度是同步的。现在的PMI似乎反映了对形势的一种期待，希望政府用更多的刺激政策来拉动经济增长。

就通货膨胀而言，我的判断是中国已经处于初期通缩的状态。如果说发达国家希望的通货膨胀是2%，中国在目前的增长情况下通货膨胀水平应该是3%～3.5%。我们现在的通货膨胀数如果掉到1%以下，应该说已经是通缩了或在通缩的边缘，是初期通缩，这个问题是很严重的。现在的经济状态当然和PPI有很大关系，这不仅仅是中国一家的事情，与全球的经济有很大的关系，所以后果很严重。

中国经济未来会增长多少？我个人认为中国现在处于非常态状态，在非常态下，我们对很多经济形势需要做非常好的判断：中国未来的经济增长目标的确定需要面对残酷的现实，中国是在急剧转型中。计算潜在增长率要考虑三个因素：一是劳动力的增加，二是资本存量的增长，三是全要素生产率。存量资本是中国经济增长的决定性因素。中国现在的投资处在大幅下滑状态，未来的存量资本增长还能有多少？这是一个大问号。虽然说现在中国有许多投资机会，比如昨天我们开会讨论中国金融风险，李扬说中国现在的产能过剩是相对的，因为很多基础设施、公共设施没有建立起来。如果大力增加公共设施投资建设，产能过剩可能几年时间就能消化掉。但是根本的问题是，那些投资有没有现金流，有没有回报，投融资该怎么办？所以那是需要，不是需求。如果变成需要，还有很长的路要走。

当然，中国若要拒绝经济增长下降，而保持所谓的中高速增长，那必然要扩大潜在增长率，决定潜在增长率的三个因素中，资本形成是决定性因素。尽管劳动生产率的提高可以通过增加对劳动力的培训、改进生产要素的配置而获得，但增加投资，扩大投资需求似乎是唯一的选择。这就需要进行根本性的投融资体制改革和国民收入分配体制的改革。

二、形势判断与改革取向

孔泾源

目前，大家都在谈论宏观经济形势与逆周期管理问题。货币当局也在降准、降息和扩大货币投放。从短期来看，也许是必要的，因为相机抉择的宏观政策通常都是短期政策。但深入分析，我国金融相关度那么高，地方债务那么重，还有影子银行、债券发行规模扩大等问题。一句话，杠杆率过高，通胀的压力潜在其中，近期股市逆势暴涨或是其一个侧面的反映；而另一方面，相当一部分传统产业的产能严重过剩，CPI 处于“1 区间”，PPI 数 10 个月负增长，明显呈现出通缩的迹象。或者说，宏观层面的潜在通胀压力与微观层面的结构性通缩压力矛盾地集中在一起，“滞涨”或衰退性通胀的风险是存在的。解决问题的办法是需要与传统货币政策或宏观管理政策有所不同的“非常道”措施，实际上就是金融深化型改革。其中一是把多层次资本市场尤其是 OTC 市场发展起来，使千百万家中小企业乃至一部分公共资产，实现资产资本化、资本证券化、证券市场化，既解决其融资难的问题，也缓解杠杆率过高、流动性过多问题。二是大力发展中小型金融机构，尤其是草根金融，使那些在股市上兴风作浪、在传统产业中恶性竞争、包括那些从事各类炒作甚至撒丫子跑路的各类资本，有序地转移一部分到中小金融资本形态上来，使虚拟经济与实体经济以结构对称、比例合理的方式实现有机结合。这对保持微观的发展动力和提高宏观的管理水平也是重要的。在政策目标上，绝不能为了短期稳住 GDP 增长一星半点的百分数，规避阵痛、急功近利地采取一些饮鸩止渴的短视政策。具体到时下，就是要在需求中找动力，在供给中促改革，在创新中控风险。

中国的改革从计划体制向市场经济体制转变，刚开始的时候在意识形态方面纠缠不休。邓小平同志南方谈话进行了体制降级，把过去与意识形态纠结在一起的计划与市场统统降级为体制工具，讲社会主义有市场，资本主义有计划，用这种体制降级的方式来缓解意识形态的冲突，使我们确立了改革目标，获得了近 20 年构建社会主义市场经济体制的机会。但是，深层次的意识形态和价值信念矛盾并没有解决。这也是毛泽东与邓小平两位伟人之间的差异，是中共非常宝贵但又经常引起争论的两份遗产。在这两份遗产之间，执政团队甚至主流媒体的任何摇摆乃至倾向性意见，都会引起极为敏感的意识形态之争。我们显然不能继续徘徊或者纠结在体制矛盾乃至价值信念与意识形态的困境之中，不应该迷恋于传统主义的归途或陶醉于虚无主义的迷雾，而是要按照十八届三中、四中全会精神，站在两位巨人的肩膀上，以两份政治遗产为基础，坚定不移地建立和完善社会主义市场经济体制，坚定不移地推进民主法治建设，以此成就中华民族伟大复兴的百年梦想。就具体的改革任务来讲，就是要坚持“六个平等”的制度取向，即市场主体平等竞争、公共资源平等使用、城乡要素平等交换、社会成本平等分担、公共服务平等享有、社会成员平等保护。其中既包括起点与过程的公平，也包括结果与价值的公平，由此明确改革方向，凝结改革共识，获得改革动力，推动改革进程，共享改革成果。

三、当前经济运行中的一些问题深层原因剖析

王　战

中央政策的落实效果与存在的问题，往往从地方层面看更具切身感受。在理论与实践上，我们对于过去十余年来的经济运行还没有研究透彻。这十余年中国经济发展迅猛，通常认为是因为两个主要因素：一是中国加入WTO；二是快速城镇化。其实还有第三点，即分税制改革。分税制对工业增长的市场细分起到了关键作用。但是，分税制的不完善，在运行中也产生了一些问题。财政收入70%在中央，30%在地方，而70%的事权在地方，地方唯一的口子就是“土地批租”。在这种格局下产生了中国经济运行中许多看似奇怪的现象。

譬如，1997年亚洲金融危机时候，银行一片坏账，但是短短几年，中国的银行业成为世界范围内规模最大的，负债率最少的，什么原因？主要是通过上市。也正因如此，2003年后国有商业银行与央企的两大上市，最典型的中石油上市，成为中国股市6 000点跌至1 600点的转折，不仅压垮了中国直接融资市场，而且带来了一系列宏观经济运行与调控问题。

国有商业银行上市给金融调控带来了很大问题。因为中国利率、汇率并没有市场化，所以只能进行窗口指导、存贷比以及后来通过存准率调控。上市前原有的金融调控是平衡的，一方面银行的利率相对固定，存款和贷款之间存在3分利差，银行必定赚；另一方面，银行必须受制于央行存款准备金准率。存准率从9%逐渐上

升到19.5%，最后100块钱只能贷80块钱。但是，国有商业银行上市后，这样的调控方式未必奏效。因为银行要向证交所报送季报、中报和年报，如果利润达不到要求怎么办？于是，银行业开始增加表外业务，从3 000亿直至9万亿。存准率提高与利润最大化的矛盾最终导致了表外业务的膨胀。这对经济影响特别大，银行出来的贷款利率可能是5%~6%，但是通过个人理财、信托、基金，到实体经济层面，都达到15%~20%。表外业务扩大以后，整个产业结构调整、实体经济发展的空间就被挤压。当前，许多企业在发展过程中面临着资金多、资金贵的问题，结构无法调整。进而更加促使许多实体经济企业布局赚快钱的地产行业，高成本的银行表外业务资金也汾涌进房地产业，大大影响了这一轮产业结构的调整。

央企上市也面临着同样的问题。由于要向证交所送季报年报，为保证上市后利润的持续增长，大多数央企都开始涉足房地产行业，反而偏离了国计民生和国民经济命脉的定位。之后，中央要求央企退出地产行业，但事实上并没有真正落实。结果是国民经济导向由财富驱动，不是由创新驱动。2003年，我们在一个发展报告中提出："从投资驱动走向创新驱动"，但是当前许多地区要从"财富驱动往后退到创新驱动"，这个事情难度很大。

再看地方政府热衷的土地批租。地方土地财政背后问题的实质就是中央和地方的财权事权问题，是分税制不彻底的副作用。在土地批租初始，象征性收1%的土地出让金，其他都给地方，事权都交给地方。财权在中央，土地批租权交给地方，这就等于鼓励地方政府搞"土地财政"。因为一块地出让可以带来30%的本金和70%的银行贷款。官员任期是5年，现在的平均任期不到3.7年，如何能在任期内出政绩？地产商就配合各地政府搞地标的需求，建造最高楼，圈地搞地产，把钱赚回来，这样地方政府的注意力也倾斜到了房地产上。

最后，财富驱动大大提高了产业发展与创新创业的成本。地方政府的注意力在批地上，当然希望批地价格高点。而房地产成本提高必然带动工资成本提高。工资成本上去了，决定了很多产业，尤其是制造业没有办法继续做。譬如创新，交大学电子工程出来的学生，做投行的第二年每月拿2万~3万块钱；而搞技术创新的只有几千元，只是面上给一点天使基金，谁去创新？我们还可以从成本看外资。现在有关部门总是理直气壮地说外资没有问题，进出口没有问题，但是我认为一定有大问题。为什么？这十余年我们的成本大幅提升，除了汇率高估，资金成本高，劳动力成本都很高。国际金融危机已经过去7年了，经济增速年年下行，而我们要求最低工资每年都要增长13%，全世界没有这样规定的。因此，现在外商感觉完全不一样，认为现在中国不需要外资了，这是资金成本、汇率成本、劳动力成本和大宗商品成本高企、优惠政策取消、反垄断罚款等综合事件分析的结果。单一政策方向都正确，但叠加效果令人担忧。

这个问题首先反映在中西部地区的外资引入堪忧。目前，外资走向主要有两个：一是去东南亚。越南利用外资的数量增长很快；二是我们所期望的是从东部走向中西部，应该说也出现过这种势头。但是，2012年房地产企业从三四线城市撤退，意味着前一轮复制东部加工贸易粗放型增长模式的结束。本来中西部要复制东部搞开发区、新区，引进外资，带来就业与购房者。房地产企业按照原来的模式造好了房子等着企业进来，结果没人进来，房地产企业就从三四线撤退了。因此，中西部要消化房地产的问题，为时还长，9年房地产宏观调控，为什么70个城市房价依旧居高不下？从地方上看是很清楚的，因为指标设置不科学。中央按照规划人口给指标，比如，上海规划人口1 850万人，实际人口2 400万人，欠缺几百万人口的土地指标。而在人口导出地区的土地指标却虚高，这样70个城市肯定是房价居高不下，同时在很多人口导出地区一定有空城和鬼城。我曾到一个地级市，总人口73万，造了一个46平方公里的新城，可以容下46万人，我问当地领导，人哪儿来？他说我们的房价便宜，很多人会来买。问题是周边城市都这么做、这么想，人反而成了稀缺资源。

这些问题如果不研究清楚，很多政策就难以对症下药。经济学除了理论研究之外，更重要的是实证研究，如果把这些问题研究透了，相信中国的回旋余地还是很大，弹性也会很大。工具箱里面的东西很多，关键在于判断，如果判断准确，解决办法一定存在。我对整个经济并不悲观，讲到潜在增长率，大家的基本看法一致，我们还有很长的路走，存在许多机会。现在有很多创业企业生存得很好，北京和深圳在创新方面走在前列，这与中小板、创业板有很大关系。上海也希望走快点，其中需要在天使资金、风投、对冲基金、中小板市场等科技金融上全面跟进，上海在创新配套环境方面还需要加大制度建设力度。总理谈大众创业、万众创新，在政府工作报告中讲了5遍。创新要从小微企业做起，但力度不够，可考虑将减免税额提高到20万。

四、坚定稳增长信心，关注长期发展的深层次问题

曹文炼

我认为对当前经济形势的分析，既要重视困难和严峻性，又不要过于悲观，形势并没有那么糟。2014 年年底我在一个会议上讲，从我们所经历过的改革开放以来，至少是 20 世纪 80 年代末以来的情况来看，现在并不是最困难的时候。当前不管是企业面临的问题，还是宏观的回旋余地，我个人觉得比 1993 年、1998 年的形势都好，不比 1998 年亚洲金融危机更困难，比 1993 年更好。最困难的时候是 1993 年的通货膨胀，1997 年、1998 年亚洲金融危机，我们又经历了应对通胀紧缩，因此，我们有一次或者几次应对通货膨胀的经验。从目前政府财政政策的回旋余地，以及政府的治理效率来讲，不会有太大的问题。

为什么经济这轮下行会这么久？虽然有周期性、结构性因素，但是我个人觉得最主要因素是认识不一致，特别是 2014 年、2013 年以来对经济出现的下滑问题，要不要对原来的紧缩政策进行清理，适度放松，实际上看法是很混乱的，因此，政府部门也很难决策，说要有定力，实际上是观望，非常小的微调，但是总体还是保持着 2009 年下半年以后应对 4 万亿元后遗症的适度双紧的政策，包括我们的一些措施，当时我还没有离开宏观部门，也参与了制定，我觉得主要是这个问题。

2015 年年初以来，经济运行的一些指标进一步恶化并超过了我们的预期，因此，这时候各部门的意见反

而一致了，坚定信心了，现在把稳增长放在第一位。一旦统一了认识，在中国现在的体制和格局下没有问题，我觉得 2015 年最迟下半年，快的话二季度末就能够从谷底往上爬了。我认为形势方面没必要过于慌张，只要统一了认识，我们的财政政策回旋余地还很大。值得反思的是，今天上午有一些同志的发言，特别是金融部门的发言，我不太同意其中一些看法。2014 年很值得反思的，从货币政策来讲有两个问题：一是人民币汇率，实际上 2014 年是贬的，很多企业做了套期，损失很大，所以加剧了企业的困难。二是互联网金融炒得很热，我到浙江一些地方，没有及时地坚定地推进利率市场化，一些传统的企业家认为是民间的互联网金融抬高了利率和融资成本，这两个问题是很值得金融当局反思的。

2014 年上半年，我去新加坡访问时和淡马锡负责中国市场投资的高级经理讨论过一些问题。实际上国外的金融学家，包括国外的投资者，现在主要是机构投资者，他们看中国就是看几个主要指标，看分析和数据的结果，他们对中国并没有到基层进行深入的调研和分析。因此，一些重要的指标如果低了或者不好，就会造成国际资本的逆向流动。整个国际资本现在是 90 多万亿美元，现在我们的管制并没有那么严格，也不可能管制那么严格，资金在境内境外的调出调入对一些机构投资者来讲是比较容易的事情。我们的一些认识，包括 GDP 掉到 7% 以下没有问题，人民币应该贬值等等，这些对企业特别是对国外投资者的投资导向造成不好的影响。股市 2014 年下半年升起来了，我觉得总的来看这表明国内外投资者对中国经济未来看好。

还有一个问题就是债务问题，地方债的问题也被夸张地说得很严重。实际上我们完全有余地解决资产负债表问题，3 年前在第二次莫干山会议上，我写的文章主张进行第二次国民债务大重组，通过新华社内参反映上去之后，中央领导也有批示，包括批给楼继伟、肖捷等等和徐绍史主任。2015 年发的置换债 1 万亿元就是实行债务大重组，如果我们早一两年动手做这个事情，那么我们现在经济结构的调整可能就会更加主动有利。但是当时我看到金融口的观点都主张通过信托或资产证券化的方式搞债务重组，当时如果真的那么做的话，会进一步抬高融资成本，幸亏我们没有采纳这个建议，还是采取用财政的办法，当时我主张用外汇储备抵押，发行专项财政债券。我们国家发展到现在必须解决金融的期限错配，找到低成本的融资方式，必须进行扭转性操作，改变过去的资金融资短期化，我们的建设投资需求多数是长期化的，像大部分基础设施建设等等。我们要坚定不移地发展完善基础设施，降低融资成本，这是中国模式成功的最重要经验之一。刚才讲政府动力也好，企业动力也好，到最后还是要转为有效需求。这是我对形势的一点基本看法和基本判断。

从我以前长期参与宏观经济政策研究制定的感受来看，当前宏观经济没有太大问题，只要我们统一认识，坚定调控，肯定能度过难关。

对于下一步的改革走势，我想强调以下几点：一是2014年讲的，还是要坚定不移地把要素价格的改革作为“十二五”期间就应该完成的事情，加快推进利率市场化。刚才讲到深圳，我最近刚从深圳回来，深圳已经完全没有农村人口，而且深圳的财政很好过，一季度财政增长22%，中国各个地方的情况不一样，上海的财政也挺好过，难过的这一轮调整还是中西部，中西部大部分省市，我看了有关调查，中部的经济和2014年同期比只有一个省是上升的，其他八九个省都是下降的，西部好象是两个省上升，其他六七个都是下降的，东北也是最困难的。现在实施的三大区域战略：一带一路、京津冀一体化和长江带，不要形成对中西部发展的忽视，对中西部困难地区还是要研究一些办法，特别是在财税政策改革方面。前些时候要求清理税费，有些政策的出台可能会影响区域性政策发挥更好的效率。

二是要坚定不移地放宽市场准入，下放审批权限，或者解除审批权限，这届政府在这方面是前所未有地做得很好的。比如，放宽注册现在不强调实交资本了，但是强调随机监管，随时抽查，工商所也是随机的，不是这个工商所负责这片企业，哪个工商所查哪个企业也是随机挑选。政府在监管方面的一些创新，包括金融机构、一行三会都值得借鉴，过去监管者和被监管者往往是猫鼠合谋的关系。

三是推进混合经济，这里最难的还是国企改革。最关键是看混合经济怎么搞，最难的还是这个，这是微观基础，所有制基础下一步怎么改革，我也建议体改研究会可以组织专题，好好深入地讨论怎么搞好混合经济，这一点社会上的看法也很不一致。

最后一点建议，要关注研究一些超长期的问题，今天下午听了在计生委工作过的同志讲的看法，我也觉得我们中期计划做的不错，每年有个五年规划，现在在讨论编制“十三五”规划，前不久我们国际交流中心的学术委员会开会，我作为学术委员也讲了一个观点，我觉得过去做得五年规划主要是一个项目规划，确定一些大项目，但是对于真正中长期发展的一些深层次问题，这些规划的引导性和分析关注的不够。这几年我做智库研究之后，接触国外的智库很多，国外虽然没有这样中长期的规划，但是智库做了很多超长期的研究，人口问题、资源问题，甚至对传染病的问题，医疗健康的趋势变化，他们做了很多数量分析，这都是关系一个国家、一个民族很重要的问题。目前的“十三五”规划讨论稿新意不足，或者说基本没有新意，虽然不说 GDP 导向，但还是从怎么实现全面翻两番，GDP 指标确定多少，然后去论证研究各方面的问题，所以五年规划的作用除了对项目一些大的布局有明显的作用，对其他方面的约束作用也不太明显，应该和超长期的问题结合起来研究。

五、改革要注重微观主体

李　铁

开门见山，我们研究城镇化问题，看起来是一个宏观问题，实际是研究微观的事情。我们这么多年注意到，大家对于宏观的事情过于关心，但是对于微观的事情关注度严重不够。今天上午很多专家也谈了关于微观的问题，比如，房地产的问题，经济下滑的问题，但是微观研究的问题到底在哪里。

（一）微观研究的三个问题

第一个问题，我们在微观经济总体对经济增长的制约和推动作用方面研究得不够。我们学习西方经济学都知道，在西方国家推动微观经济增长的主体只有一个，就是企业家。企业家由于自身整体利益的放大，对经济增长会起到推动作用，在一定程度上将导致经济周期的波动现象。然而，推动中国微观经济的主体不仅仅是企业家，在某种程度上企业家起不到主导作用，起主导作用的是政府。中国的经济增长实际缘于双主体的推动力。为什么讲“双主体”？无论是国有企业还是民营企业，都有各自的增长作用，但是政府对于推动经济增长的兴趣不亚于企业家，而且推动力非常强。第一个推动力是政府可以压低要素成本，压低土地价格、压低劳动力价格、压低环境价格，这在世界上没有哪一个国家的政府可以做到。第二个推动力是政府可以调动资源，不仅可以调动公共资源，而且可以调动社会资源。

在推动经济增长的过程中，既解决了中国成为世界工厂必须降低企业成本的一个很重要的前提条件，也通过调动资源完成了每一届政府所干的事情。与企业家不同的是，政府不是以效率最大化为目标，而是政绩最大化。在双主体推动力的作用下导致了一种反差，一方面企业希望通过效益最大化获得企业最高的利润，而政府是政绩收益最大化，但是要通过短期行为形成“政绩最大化”，腐败问题就随之而来，导致中国经济出现了畸形发展。在畸形的发展态势下，宏观调控手段往往在顶层到基层的传递过程中被扭曲了。我在文章中写到“房地产对经济发展的驱动作用”时特别强调，我们判断房地产会出现结构性过剩，就是由双主体特别强烈的驱动作用造成的。我们知道房地产既是一个商品，也是一个投资品。如果认为它是商品，那么随着市场经济的增长就一定会出现过剩和库存。如果仅仅从企业家利益来讲，库存过剩也只是一个有限的规模。但是一旦政府继续推动，那它的波动会严重放大，会超出我们的预期，这是导致目前经济结构调整难度越来越大的一个重要原因。

我们研究中国经济、研究改革，但是，我们到底要研究什么？过去双主体的推动力量呈现形成了一个良性的互动过程，毕竟降低了企业成本，造就了世界工厂的地位，然而，现在却出现了严重的制约作用。在这样的阵痛期，怎样才能通过改革，把双主体推动下的政府机制调整回来，这不仅面临着非常大的压力，而且也没有得到足够的认识。如果宏观调控政策没有解决这个问题，还再继续刺激房地产，那么就还会继续放大政府的压力。我们现在到地方去调查，绝大多数地方政府都不知道以后要怎么干了，前任已经把地卖光了，而且未来多年的地都卖光了，房子又卖不出去，同时金融体制改革各方面跟不上去，所以地方政府的压力很大。我想，这时候是最艰难的时候，却也是调整机制最好的时候。

第二个问题，我们对于中国实体经济发展困境的研究不够。我们对中国整个社会经济发展的推动机制有一个忽视，因为在双主体房地产发展过程中，我们投机所获得的利润机会远远大于创新所带来的机会。20 世纪 80 年代我们到地方调查，一个乡镇企业家一年十几万的利润，辛辛苦苦的手工作坊，一年两年的干着，比如，温州的德力西、正大集团都是从手工作坊发展起来的，一年十几万利润，干得很辛苦，但是现在由于房地产市场、股票市场的畸形发育，我们投机的诱惑力远远大于投资的动力。正因为整个社会提供了这么一个环境，在中小企业发育伊始，其创新愿望大幅度下降，企业家不愿意再脚踏实地搞企业，一套房子一年的利润远远超于经营小作坊十几年的利润。社会的心态和制度环境把实体经济的创新能力大大压抑了。

第三个问题，我们还要研究土地问题。尽管也要研究金融问题、财政问题，但是中国的土地问题是大问题。中国土地问题既兼金融功能又兼财政功能，而且又涉及到整个农村的发展。如果土地搞不活，那么我们整个经济发展的动力就很难得到进一步的发挥。先不说土地到底是私有、公有，怎么调动城乡土地资源的流动，目前中国整个城市发展所开发的土地规模之大是世界上前所未有的。日本和中国台湾地区肯定不是一个发展模式，韩国有点类似，我们调查北京平均土地开发规模是150亩，所有土地在经过房地产过度开发之后，大大抬高了城市成本，一边招商引资降低土地成本，一边通过房地产开发大大抬高城市成本，使服务业的发展受到了很大压制。今天上午，有专家说中国服务业比重有问题，我不大同意这个观点。如果我们未来还要靠工业发展，而资本和技术是要替代劳动力的，那么未来就业一定会出现很大的问题。很多人说中国的劳动力供给不足，我的观点是过剩长期存在。如果研究一下农村问题就会发现，目前中国农民在常住口径下人均占有3亩地，在户籍口径下人均占有2亩地，相当于韩国的40%，如果我们未来达到韩国的人均占有耕地水平，那么农村还可以释放出2.7亿劳动力。我们农村还没有实现规模经营，河南省、四川省人均才1亩多地，怎么会出现劳动力供给不足？在这种情况下，未来我们要走创新型发展模式，走资本密集型发展模式，资本和技术替代了劳动，我们的就业问题怎么解决？农业问题怎么解决？所以当我们站在更宏观的角度来讨论时，我们发现问题非常严峻，长期来讲，我们的劳动力过剩是不可避免的趋势，而不是劳动力不足。

从这个角度怎么看土地问题，其大大抬高了成本，既包括了创业成本也包括了服务业的成本。我们现在的服务业和同等发展水平的国家、同等收入水平的国家、同等城镇化水平国家相比要低8个百分点左右，也就是说，服务业带动就业增长的潜力还没有得到发挥。如果我们按照韩国的模式，地方政府大规模拍卖土地，虽然简单方便，但是会大幅度增加社会矛盾，因此，未来我们可以改革的突破点还很多。

（二）改革的三个突破点

第一，通过什么手段来提高资源配置的效率，遏制地方不讲效率的政府性投资和调动社会投资搞政绩工程的短期行为。许多地方建一个文化中心、建一个生态城，几亿元、几十亿元就花进去了，随便到任何一个地方看，这种无效率的投资太多了。如果我们把这些投资放到好项目中去，它会发挥什么样的作用，这是值得我们认真分析的。地方政府要干些什么？提高资源配置效率，提高土地利用效率这是第一要务。

第二，要解决政府治理创新的问题。这涉及一系列的行政管理体制改革。到目前为止，我们看到所有出台的改革文件，都是大家能欣然接受的文件。比如，国家新型城镇化规划出台了，新型城镇化试点政策也出台了，但是政策出台之后等于没做，谁都认为这个政策是可以接受的。大家都能接受的政策，还能叫改革政策吗？所以我想未来的改革政策中恐怕会触动一个核心问题，就是利益结构的调整。

第三，通过什么样的方式来解决创新问题，在制度创新和技术创新上还有很大的空间可做。

（三）改革战略三要点

我们的改革战略主要有三个方面：

第一，要了解地方政府发生了什么。过去我们改革总强调顶层设计，现在我们抓微观的成功经验来进一步推广的政策几乎没有，全部是顶层设计，而且是根本不了解地方实际的顶层设计，行政层次又多，执行阻力又大，因此，我觉得未来改革，这是非常重要的。那么，抓企业还是抓地方政府，还是抓小点？北京、广州、上海，这些城市怎么抓？全抓了，就等于没抓。如果抓了某个城市的一个点、一个社区、一个基层、一个镇，或者是某个企业，也会见效，然后我们再拿不同的经验进行复制，中国最大的特点就是复制特别快，这是改革的第一个方面的内容。

第二，要抓住薄弱环节，进行战略性突破。我们一提到改革，总是以为所有的都要改，东边改西边也改，全方位作战，全面开花，最后哪个都改不成。怎么抓住薄弱环节推进？其实这和打仗是一样的，宁断其一指也不伤及十指，一个个部门、一个个企业进行攻坚，哪个企业不行了就把哪个彻底改掉。如果从这些试点经验推起，那么很多改革措施就能更有效地推动。

第三，要结合国情，不能完全走教科书的方式。最近这些年教科书可归为两类：一类是比较保守的传统理论；另一类则完全西方化。我认为两者都不可取，中国的实践应该是在特别复杂的利益结构中找出我们改革的突破点。这几十年中国的增长是由两种体制来推动的，双重利益主体的推动是30年经济高速增长的重要原因，这点不能轻易否定，但是怎么从现在已经制约经济发展的被动状态调整为继续降低经济和社会发展成本的主动状态，需要我们去认真研究。

我讲的是怎么样提高资源配置效率，进行治理创新，继续降低经济社会发展的成本，这个成本的降低还有很多空间可做。我觉得这是需要在未来改革中进一步探索的。

六、经济结构对中国经济增长的影响

王小鲁

我想重点谈谈经济结构问题对中国经济增长的影响。当前经济下行的原因究竟是什么，结构问题的关键在什么地方，这个问题并没有讨论清楚。

20 世纪 80 年代到 90 年代，中国多数年份经济增长率高于资本存量增长率，90 年代中期以后经济增长率低于资本存量的增长率，2008 年以后资本存量的增长率大幅度上行，同时经济增长率大幅度下行。这种现象说明我们当前增长率的下行并不是供给问题导致的。资本生产率下降，说明投资规模扩大的同时，投资效率在下降。

平均资本生产率从 20 世纪 80 年代和 90 年代的 0.4 ~0.5 下降到 2013 年 0.3 以下，边际资本生产率从 0.4 ~0.5 下降 0.146。从资本存量的增长来看，不存在供给方面的障碍，直接的原因有出口增长放缓因素，也有大规模刺激政策退出的因素，但是更根本的原因是国内结构失衡，主要表现为投资过度和消费不足。结果是 2009 年以后产能的扩张快于消费的增长，产能过剩的问题变得非常突出。

凯恩斯认为投资可以解决有效需求不足的问题。但是，固定资产投资中建筑安装工程是主体，大部分是原材料的投入和机械设备的使用，大量消耗不可再生能源和资源，人工费占不到 15%。无效投资对经济增长的拉动短期是有限的，同时造成国民财富的大量浪费和损失。我们现在处于超高储蓄率和消费率的水平上，不断用刺激性的政策扩大政府投资，用货币政策刺激投资这套常用手段刺激经济增长，只能带来短期的效果。长期看只会加剧结构失衡，造成新的产能过剩，导致地方政府债务更加严重。

从能源和资源消耗也可以看到，我国固定资本形成从2000年的不到5万亿增长到2013年的25万亿，同期化石能源消费从不到14亿吨增长到34亿吨，带来严重的空气污染问题。这都是过度投资的副产品。高储蓄、高投资是高增长的保证，但过高的投资率导致生产能力扩张过快，与较慢的消费增长并存，必然导致产能过剩和无效投资。

在基础设施领域和房地产领域，这些投资不直接带来产能扩张，但同样会形成泡沫。各地房市不景气，说明存量房过度积压，反映房地产市场过去若干年的过度投资。基础设施领域当然还有很多有效投资的空间，但是已经出现大量无效和低效投资，有很多政府所谓的政绩工程和形象工程。因此，投资不是越多越好。经济增长理论中有一个叫资本储蓄的黄金律，指的是过高和过低的储蓄率和投资率都会劣化资源配置，导致资源配置低效率以及全民福利的下降。

这种过度投资与政府行为相关。过去这些年政府投资起到引领投资增长的作用，2013年全社会固定资产投资44.7万亿，至少有14万亿是政府和国有企业的投资。政府投资来自预算内一年2万多亿，来自土地收入和其他政府性基金收入的4万亿以上。

我国储蓄率过高、投资率过高和消费率不足，有以下原因：

第一，我国政府承担过多的投资责任，但是公共服务和社会保障不足，存在强制储蓄的问题。公共服务和社会保障的不足迫使中低收入居民要提高储蓄，抑制消费。而发达国家的政府支出把公共服务和社会保障放在重要的位置上，投资作为市场功能主要由市场来执行。

第二，我国长期存在收入分配失衡。20世纪90年代中期到现在，政府和企业的收入占比在上升，而居民收入占比在下降。同时，政府收入在扩大，但是政府没有把更多的资源用于公共服务和社会保障，而是在投资方面耗费很多资源。政府投资过高和行政支出过高并行存在，相对而言，公共服务和社会保障支出有增长但仍然不足，表现在我国政府医疗支出、教育支出占财政支出和GDP比重相当于低收入国家的支出水平。城市1亿6千多万农民工，大部分没有社会保障，医疗保险和养老保险对他们的覆盖率不到20%。我们的专项支付缺乏效率，而且存在腐败和浪费。

第三，居民收入差距在扩大。基尼系数从改革时期的0.3%左右上升到目前接近0.5%，在世界上是收入差距特别大的状况。由于边际消费倾向递减，收入差距越大，富人收入占的比重越高，增长越快，储蓄率也相应越高。

如果储蓄率和资本形成率从50%左右下降到40%或者更低，消费率相应提高10%，结构平衡后，内需充分，经济增长就有了带动的力量，就会恢复到相对更高的增长率，因此，需要经济结构调整和通过改革来改善收入分配格局。

短期的改革政策重点不应当是经济增长，因为现在用传统的思路保经济增长也保不住。政府带动投资，政府扩大货币供应来刺激投资，只能在短期带动一点增长率，接下来则会使得消费和投资之间的结构失衡更加严重，带来的长期问题更难解决。如果继续采取传统的保增长思路，中国的经济增长率不但会继续走低，而且有可能陷入长期停滞。

长期的改革政策重点应当放在调结构和促改革，减少政府不必要的干预，改善收入分配，努力实现公共服务均等化、城乡一体化、财税体制改革、户籍制度改革等。这一系列改革如果能够到位，将会有利于收入分配的改善和国内结构的再平衡。

短期而言，建议货币政策保持中性，财政政策相对积极，但重点不在固定资产投资上，而是把重点放在企业减税、减轻企业负担、改善公共服务和社会保障上，鼓励国内的消费回升，使市场更加活跃。

七、宏观经济分析的方法和思路需要与时俱进

张思平

今天来参加宏观经济形势和改革走势座谈会，听了各位专家的发言，我受到很大的启发。我讲两点感受，供大家参考。

第一，宏观经济分析的传统方法和思路需要与时俱进，不断调整完善。今天上午几位同志用发电量、货运量、投资额等指标分析和预测经济形势，对国内未来的宏观经济走势都持悲观态度。我觉得这些工具和指标对分析传统产业结构，分析全国传统的支柱产业的发展，应该比较切合实际，具有重要的意义。但是，近几年我国的经济结构发生了很大变化，科技创新、产业创新、企业创新在一些地区层出不穷，用传统的分析方法未必能够真实反映中国的经济状况。

以深圳为例，这些年深圳经济在发展的过程中，用电量增长一直不高，甚至在负增长；运输量和港口吞吐量也没有明显的增长；万元 GDP 的能耗、水耗都在下降；投资规模比内地相同规模的城市小得多，只有天津、武汉、重庆的几分之一。但与之形成鲜明对比的是，经济却出现了可持续增长，而且税收、利润反映经济质量的指标也不错。究其原因，这与深圳的新兴高科技产业发展密不可分。近些年来，深圳的互联网产业、生物产业、新一代信息技术产业等新兴产业通过商业模式、技术等创新，带来产品消费的快速增长和相关产业的高速发展。这样的经济增长，未必需要消耗多少电

量、多少水量、多少货运量，也未必需要多大规模的投资。当然，我讲的是深圳，全国不一定都是这样。因此，我建议大家在分析宏观经济形势时，起码要分地区、分行业、分层次，这样才可能有比较准确的预测结果。

第二，对改革走势我有一点担忧。党的十八届三中全会《中共中央关于全面深化改革若干重大问题的决定》（简称《决定》）出台之后，全国欢欣鼓舞，理论界也十分振奋。2014 年，中央成立了全面深化改革领导小组，习总书记任组长，协调各个方面的改革。在习近平总书记的领导下，中央顶层设计，出台了上百项改革措施，取得了很大成绩，这都应当充分肯定。我相信，未来几年国家出台的各项改革会在深化改革领导小组的推动下不断前行，一步一步落实。

但是从地方或者基层的角度来看，我对改革的未来有点担心。中改办把十八届三中全会《决定》的内容分解成 300 多项改革项目，又把 300 多项改革项目分解成 900 多项任务，具体到每个部门、每个季度、每个月甚至每一天的完成时间。中央改革领导小组 2014 年几次会议已经审定通过了 100 多项改革方案。这些改革方案一旦通过，全国都要遵照推行。这种方法我觉得可能会带来几个问题：第一，可能影响地方改革创新的积极性。十八届三中全会《决定》刚出台时，各个地方的积极性都很高，但现在很少能听到地方的声音。为什么？因为中央要求地方的改革不能越位、不能突破，要按照中央的部署一项一项来做。中央设了 7 个专项小组，省里、市里直到区县也都设 7 个专项小组；中央出台什么方案，地方也出台什么方案，上行下效。2014 年中改办穆虹主任到深圳时，我跟他讲了这个问题，提出了如何调动地方，尤其是像深圳这些地方的改革积极性，后来在中央改革领导小组会议的公告也提到了“发挥地方的积极性”，但是实际上地方的积极性并没有真正发挥出来。第二，改革方案标准全国统一，可能会脱离部分地区的实际。中央出台的改革方案非常细，涉及政治、经济、文化等方方面面。但是如果全国上下都遵照一个方案来改革，比如，车改都是一个标准，户籍改革都是一个原则，只有一个标准、一个方案，中国这么大，各地情况差别很大，全国各地一个方案、一个标准，对一部分地方来说，肯定会有脱离实际的。第三，改革力度不够，缺少有影响力的改革方案。据我所知，中央近期出台的一些改革方案基本上先由中央各部门提出，由中央改革领导小组办公室进行协调，最后由中央改革领导小组会议审议。这些方案的创新性、可行性、改革力度等，决策者们可能未必都清楚。我看了几个改革方案，比如，电力体制改革、户籍制度改革等等，改革的力度远没有预想的大。为什么？中央一些部门不敢“向自己开刀”，不愿让渡既得利益；有些部门虽然主观上支持改革，但是陈旧的观念理念和部门利益都降低了方案的创新性和突破性。目前的改革缺少一些能够统领全局的、有影响力的方案，党和国家要让老百姓能够切实感觉到改革的力度和深度，享受到改革带来的红利。

最后，我提一个建议——抓住重点改革，激发改革热情。1998 年朱镕基同志担任总理时提出了“一个确保、三个到位、五项改革”，这“五项改革”就把全国的社会主义市场经济的改革体制框架搭建起来了。我们当前几百项改革中，也要抓住“牵一发而动全身”的重点领域和关键环节，使重点突破与整体推进相结合，通过重点领域改革，取得实质性的突破，激发全社会的改革热情。

八、有效汇率高估导致经济低迷

鲁政委

从全球范围来看，经过7年的“稳增长”之后，中国经济数据全面大幅下滑，而全球的经济状况却比2008年好很多。从产业结构来看，中国当前第二产业的发展远远差于第三产业，第二产业不仅小型企业，连巨无霸都已经出现巨大的问题，很难仅仅用金融不支持实体以及利率偏高来解释。中国目前城镇化还没有完成，而工业占GDP的比重迅速下降，因此，第三产业占比超过第二产业并不是好现象。从附图1来看，第三产业占比和有效汇率走势一样。而人口结构的缓慢变化无法解释2007年以来中国经济增长的快速放慢。

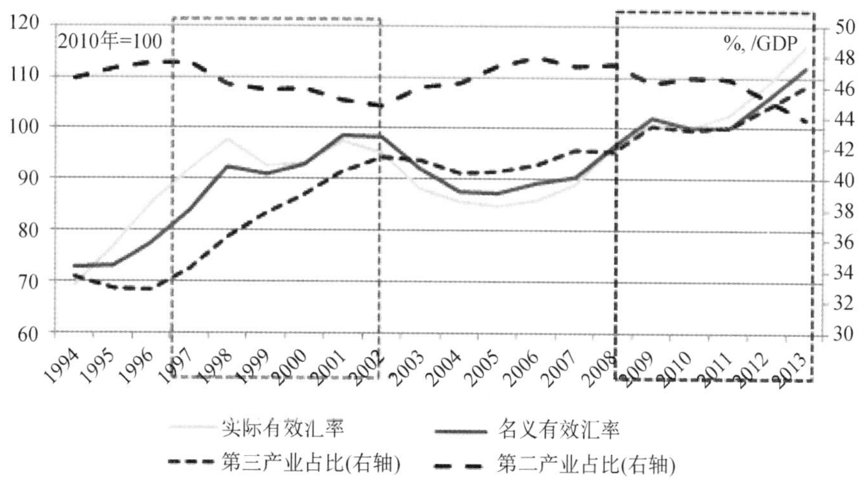

附图1　有效汇率与不同产业表现

目前中国大宗商品、矿产以及制造业比较差，而第三产业相对较好。原因在于汇率对可贸易程度高的领域和可贸易程度低的领域影响不一样。第二产业的可贸易程度最高，第三产业的可贸易程度比较低。名义有效汇率和实际有效汇率相差很小（下文统称“有效汇率”）。当有效汇率高的时候，中国的工业企业利润增速就很低，当有效汇率比较低的时候，中国工业企业的利润都比较好。2012 年我根据附图 1 判断，中国的工业企业好不了，因为有效汇率还在持续向上走。

经济增长率的下降有人归因于劳动生产率，但是给定资本和劳动，不可解释的那部分就是劳动生产率。1997 年亚洲金融危机时，朱镕基总理保 8% 的增长率很困难，可是随着有效汇率高估被纠正后，我们的经济又由保 8% 的增长率回到 13% 的增速，汇率高估对中国经济巨大的影响被忽略了。

2000 年前不同行业负债率最高和最低相差不到 10%，而 2011 年企业负债率最高和最低相差 35 个百分点；隐形分水岭是可贸易程度越高的行业负债率越高，可贸易程度越低的行业负债率越低，医疗保健由于政策的管制基本不可贸易，是唯一负债率下降的行业。工业可贸易程度最高，而负债率也是次高，所以银行的坏账率在上升（见附图 2）。

分行业和地域来看，可贸易程度高的商贸和制造业以及沿海出口的强省强市坏账严重，因为沿海地方集中分布着可贸易程度高的行业。反倒是中西部地区的坏账率相对较低，因为中西部地区出口比重少，分布的是一些可贸易程度相对较低的产业。

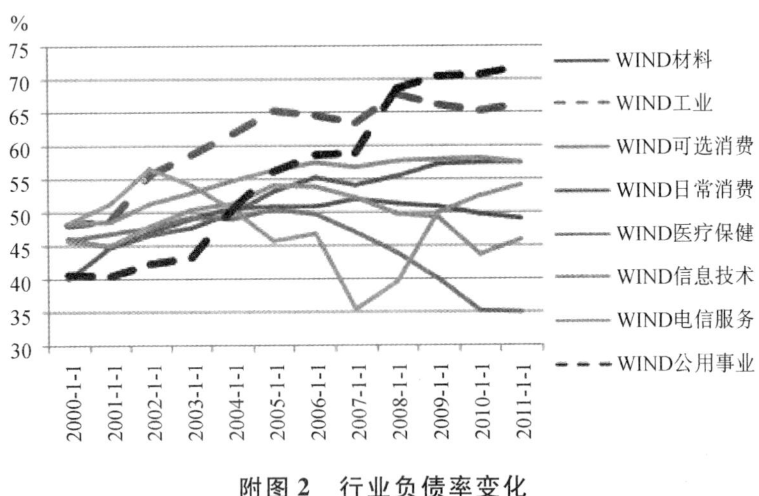

附图 2　行业负债率变化

内需乏力用降息来应对，外需乏力的情况下汇率应当下调。外贸依存度是进口加出口和 GDP 的比重，2008 年危机后中国的外贸依存度下降，2011 年下降到比全球平均水平还低，并持续降低，进而对国际市场的依存度在大幅降低。

人民币实际上是爬行盯住美元，有效汇率持续升高。人民币对美元该升的时候升得不够，该贬的时候贬得不够，其他所有政策都自觉不自觉地围绕这样的盯住汇率设计。所以国际货币基金组织一直将中国的汇率视为盯住汇率。汇率可以逻辑一致地解释中国的政策安排和经济走势的变化。

从人民币与 11 个新兴经济体货币汇率的比较看，中国汇率比 11 个新兴经济体低时经济增长良好，汇率高时经济增长较差，这可以从 1994 年到目前为止汇率的几次调整和经济增长走势中得到印证。人民币汇率低时中国的产品有竞争力，经济就不错，反过来就有问题。1994 年 1 月至 1997 年上半年人民币准备升值时，中国的经济非常好。亚洲金融危机后，1997 年上半年到 2003 年 3 月人民币汇率高，经济开始有问题。2003 年 4 月、5 月开始到 2008 年初，经济都很好。随后又高估了，推出 4 万亿的刺激计划。2010 ~2011 年初，没有高估也没有低估，中国经济是不错的。随后被大幅高估，主要原因是人民币波动幅度小，其他货币大幅度贬值，人民币被相对高估（见附图 3）。

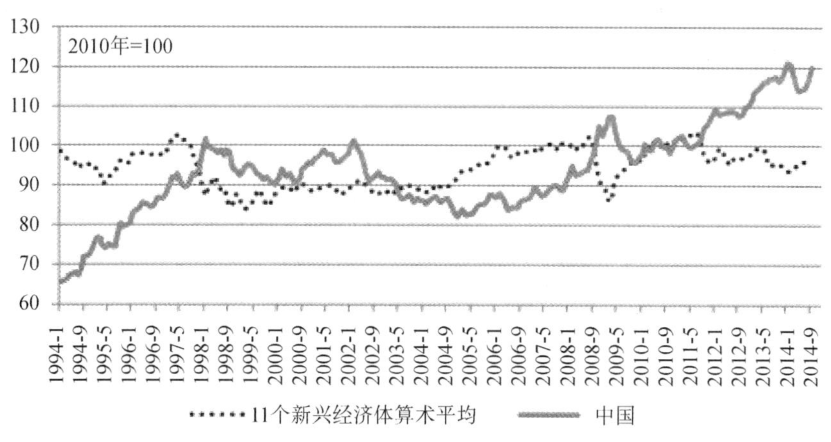

附图 3　有效汇率持续走高，汇率高估制约中国经济复苏

用附图 3 中的实线减去虚线，得到附图 4 中的虚线。可以看到该线与中国 GDP 走势的一致性非常强。这个线越低表示人民币汇率高估得越厉害，和中国经济的轨迹是完全一致的。从图形来看，原本中国的经济增速会更低，因为财政政策的刺激才略有缓和。

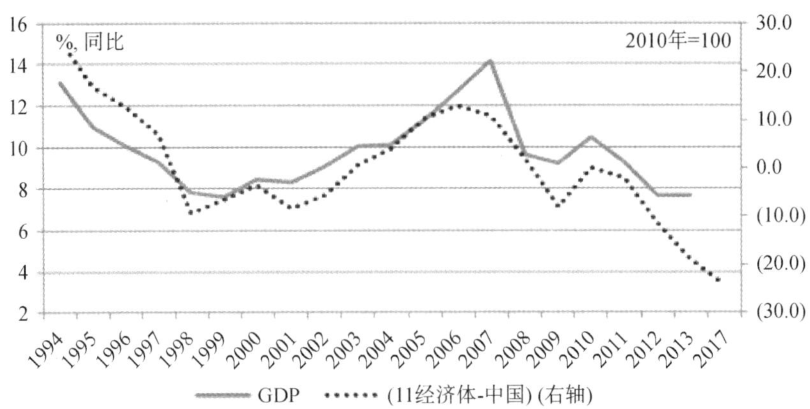

附图 4　有效汇率高估，抑制经济增长

汇率高估时国内消费低迷，汇率低估时国内的消费才能起来，原因在于汇率高低决定的是把钱花给国外的产品还是国内的产品。2014 年是中国出境游首次超过境内游的一年，居民的国外购物规模明显扩大，从性价比的角度来看，汇率高估导致在国内消费不合算。中美之间的服务贸易是逆差，1/3 来自于旅游贸易。不是不消费，而是消费支出用于外国的产品了。以按摩服务为例，日本街边以及酒店里的按摩价格换算成人民币与中国国内是一样的，而按摩是最单纯的人力支出。中国工资及社会保障比日本低得多，而日本按摩的人工成本与国内一样，说明是汇率高估带来的，而不是劳动力成本上升那么多。因此，这种汇率比价关系是有问题的。高估的汇率还会导致通缩，这与当前的物价表现也是一致的，上一年的汇率高估将导致下一年的经济下滑压力。

中国经济运行中，企业负债率太高，政府负债率偏高，同时汇率高估直接损害企业的盈利能力，导致企业负债率不断上升。汇率高估直接导致政府负债率的上升，因为企业不赚钱，经济下行，政府刺激，导致政府负债率上升。再看汇率与货币投放的关系。汇率越高估，信用相对 GDP 膨胀得就越厉害。理由在于经济下行，在财政刺激政策下，央行没有办法坚持稳健的货币政策，只能换一个措辞出来释放流动性，这时候不释放流动性是不可能的（见附图 5）。

另外还有一个现象非常发人深省，利率的“市价”与“官价”背离。最近两年一直在说要降低企业融资成本，但是官方利率不断降息时，市场利率却在上升，所谓“有一种降息一宣布，利率水平就上去了”。2003 ~ 2007 年之间，官方利率在上升，银行给企业贷款的 40% 是上浮的，而现

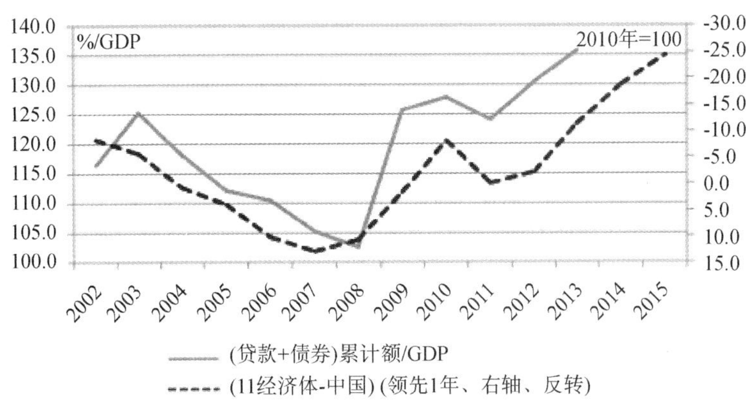

附图5　有效汇率高估：经济低迷迫使货币放松

在降息过程中银行给企业的贷款利率却有70%是上浮的。理由是汇率水平较高，资本外流，因此市场流动性较为紧张，而且准备金率较高，导致市场利率向上走。从附图6可以看出，2014年4月开始外汇占款已经不再增加，但却有大量顺差。原因是人民币不贬值，资本外流，出现在境内买美元到香港结汇，这种套利将导致外汇储备的减少。过去10年美元收益很低，在大量学者的压力下，外汇储备出于提高收益的考虑，流动性是下降的，外汇储备的结构中很大一部分都是不能动的。包括亚投行的出资、贷款换石油，都是在降低储备的流动性，中国的外债中有80%是短债，而中国持有美国国债占美国财政部以外总持有量的55%，这样的高比例便于变现吗？因此，这种持续套利对储备的安全性形成很大的威胁。

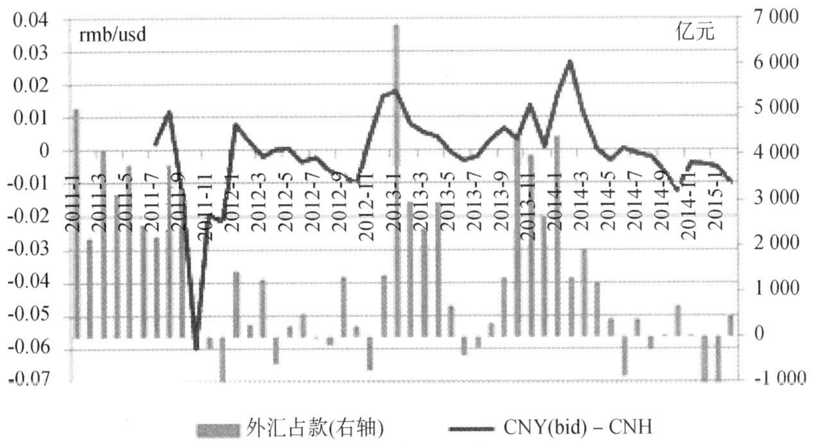

注：CNY（bid）－CNH 指人民币在岸价格减去人民币离岸价格，当人民币在岸汇率更高时该值为负。

附图6　有效汇率高估：资本外流与流动性持续偏紧

从2014年11月21日官方利率下降后，市场利率都没有降低过。因为市场利率水平没有降低，所以银行利率也没法降低。央行在这期间释放不少短期流动性，但是对于银行一年、三年的贷款期限而言，暂时流动性宽松不足以改变对未来市场利率水平的判断。现在我们的物价水平偏低，GDP偏低，但是利率水平却是过去15年中偏高的水平。这些说明什么？因为汇率扛着不动，官方利率可以降，但市场流动性紧张，又不快速降准，这样带来的问题是市场利率往上走，导致最近几年政策持续的错误。《货币错配——新兴市场国家的困境与对策》中讲到，当外需减少的时候，货币政策的正常反应应该是降低利率并让本币贬值，如果不贬值那么就必须保持高利率。因为如果不贬值，资本外流的背景下，市场利率只能维持在高水平。这样企业的财务负担会加重，经济衰退会更严重。当前大家都不谈汇率，但是老说“融资难”、“融资贵”，这就是问题的关键。

有的学者将有效汇率、劳动力成本、出口退税作为解释变量，计算有效汇率对于出口的影响。但是，劳动力成本和出口退税是有效汇率的组成部分，从这个角度来看，这种模型犯了多重共线性的错误，因此，认为有效汇率的系数比较小而认为有效汇率对出口的影响不够大是错误的。

我列出的有效汇率示意公式“有效汇率 =（Labor + Land + Rate + Tax + …）· EX”中，有效汇率是各种国内成本和本币对外汇率变化的乘积。示意公式的意思是，假定出口产品的国际定价不变，无论是人民币定价上升还是本币对美元的升值，对出口商的影响是一样的。汇率是一个乘数项，达到相同的效果需要其他项目进行更大的调整幅度。目前的结构性减税、降低融资成本，都是在做让有效汇率降低的事。减税会导致政府收入下降，降低融资成本会导致银行的利润减少，从而难以吸收坏账。劳动力成本是该乘数项中占比最大的，劳动力成本的下降必须要企业破产和解雇工人。

伯南克（Ben Shalom Bernanke）说过，那些在大萧条早期就放弃金本位制度的国家从大萧条中复苏得更快。2008年美国金融危机以后，美国和英国货币贬值最早，也复苏最早。日本和欧盟贬值慢一些，恢复也慢。菲利普·阿吉翁（Philippe Aghion）在《比较》杂志上发表一篇文章，叫“寻求竞争力”。他认为，刺激内需是小国寡民时代的政策，全球化时代更重要的是竞争力，刻画竞争最重要的是有效汇率。

1997年亚洲金融危机后中国的有效汇率大幅度上升，经济一直到

2003年才确认基本复苏，1997～2002年形成地方债的上一轮高峰。而印尼、马来西亚、菲律宾、泰国、新加坡、中国台湾、韩国等东南亚国家和地区的经济，在2009年四季度前后已经大体恢复，或者在此之后再次短期下滑后即基本恢复。总体上，中国GDP增速和美元指数强弱是相反的。美元指数强，中国经济增长就慢；美元指数弱，中国经济依然增长慢，因为中国对美元以及一揽子货币在升值，没有用到弱势美元的好处。因此，我认为实际有效汇率高估是中国经济低迷的主要原因。在持续提高资本开放程度的背景下，刚性汇率还积累坏账和资本外逃等金融风险。建议有关部门评估企业货币错配的程度，货币错配的程度高可以平稳地向下贬值；货币错配程度低，可以进行一次性较大程度贬值以避免资本外逃。

九、把促进就业作为“十三五”宏观调控的首要目标

宋晓梧

经济增长、促进就业、稳定物价、平衡外贸，这四大宏观调控指标在一国不同的经济社会发展阶段可以各有侧重。改革开放以来，我国一直把 GDP 增长作为首要目标，在物质财富十分匮乏的国情下有一定的合理性。跨入中等收入门槛后，经济处于换挡期，消化长期积累的过剩产能，调整产业及技术结构，将使各类就业问题凸显。建议在“十三五”及今后一个时期，相对弱化 GDP 指标，明确把促进就业作为宏观调控的首要目标。

就业本来就是宏观调控的发轫之处。1936 年凯恩斯发表《就业、利息与货币通论》，为罗斯福新政提供了理论基础。1944 年贝弗里奇发表《自由社会中的充分就业》，英国政府颁布《就业政策白皮书》。1946 年美国通过《就业法案》，把促进就业作为政府的重要职责。其后，澳大利亚、比利时、加拿大、法国等国家都把促进就业作为政府的重要调控目标。GDP 指标 1965 年才诞生，迟至 1991 年才正式纳入美国官方统计。2008 年爆发世界经济危机，至今发达国家衡量经济是否复苏的第一位指标仍然是就业状况。

就业是民生之本，但长期以来我们强调保增长，经济工作往往最终落脚在 GDP 增速上，大型重化工业项目和大规模的基础设施建设又是拉动 GDP 增长的捷径，

致使各级政府很难从依靠投资拉动的粗放型经济增长模式中摆脱出来。明确提出促进就业是“十三五”及今后一个时期宏观调控的首要目标，将十分有利于经济发展方式转型，实现可持续发展。有人可能质疑，当前中国处在老龄化中期，每年新增劳动人口已经是负数，就业还是突出问题吗？请环顾一下欧、美、日等国，那些人口老龄化高于我国的国家，至今仍然在为各类就业问题发愁。再说，就业不仅有总量问题，还有就业结构、就业质量、就业保障等方面，需要统筹考虑。一是从促进就业总量来看，急需大力发展就业弹性高的第三产业和大量容纳就业的中小微企业，这将有利于调整产业结构。二是从优化就业结构来看，急需打破各类行政性分割对劳动力合理流动的阻碍，当前特别需要下大力气解决农民工和大学生群体的就业问题，这将有利于农民工市民化，推进新型城镇化，并深化教育体制改革，调整职业教育与高等教育的布局。三是从提高就业质量来看，急需加强职业安全，建立合理薪酬制度，注重人力资源开发，这将有利于杜绝“带血的GDP”，提升就业者的技能，并提高劳动报酬比重，扩大消费。四是从构建就业保障来看，急需完善职工基本养老、基本医疗及失业保险制度，解除就业者的后顾之忧，这将有利于亿万劳动者全身心投入创业和工作之中。作为民生之本，就业是牵一发而动全身的家事、国事、天下事。

许多地方官员担心，淡化GDP指标会造成考核失去目标，工作没了抓手。多年来不少地方“党政工团齐动员”，分解投资和招商引资指标，层层考核直至考核街道的GDP，现在要淡化甚至取消一些地方的GDP考核，他们一时感到很不适应是完全可以理解的。我们承认GDP指标是20世纪经济学的一项伟大发明，衡量一国的经济总量，还没有其他指标可以完全替代它。但也应该看到，从诞生之日起，GDP指标就有天生的缺陷。它不能反映投资的效益和结构的优劣，也难以反映收入分配状况和资源环境代价，这些缺陷原本可以在实际工作中加以适当修正和补充，遗憾的是在我国前一阶段激烈的地方GDP竞争中却被大大放大了。审视当下我们面临的突出经济社会问题，有许多正是GDP指标的缺陷，从某种角度也可以说，这是唯GDP论的必然结局。中国已经进入转变经济发展方式的新阶段，如果我们还被低收入阶段的地方GDP竞争路径锁定，就难免陷入中等收入陷阱。

新的发展路径应当以促进就业为主要调控目标，就业所包含的经济社会内容比 GDP 丰富得多。各级官员不是工作没抓手了，而是工作视野更开阔，更贴近民生了。当然，把就业作为“十三五”及今后一个时期宏观调控的首要目标，绝不是简单以失业率取代 GDP 增长率作为各级官员的考核指标，而是要转变发展理念，坚持以人为本，全面协调发展。首先要发挥市场配置劳动力资源的决定性作用，让一切创造财富的源泉在竞争中充分涌现出来；同时要更好地发挥政府的作用，为城乡广大就业者提供一个公平、公正的竞争秩序和职业安全、社会保障网络，并加强监管。在具体工作中，很重要的是完善对就业状况的统计调查，真实反映就业总量与就业结构的变动情况，绝不允许虚报瞒报。那种“官出数字、数字出官”的积弊，在全面依法治国、全面从严治党的新常态下，必须坚决铲除。至于经济增长，依然是一个很重要的宏观调控指标，因为促进就业本身就要求适时的经济增长速度和合理的产业技术结构。关键在于工作的出发点不一样，最终结局将有很大差别。

十、对创业创新的认识

高尚全

最近，我在考虑一个问题，创新也是一场革命，不知道这个看法对不对。我看 2015 年的 8 号文件，党中央、国务院关于落实创新驱动的意见，文件里讲到了创新是推动一个国家和一个民族向前发展的重要力量，也是推动人类社会向前发展的重要力量，提到这样一个高度，我很赞成这种提法。过去，我们对这个问题的认识还不够，包括我在内。为什么把创新提得那么高，因为它是一场革命，因为有的创新是颠覆性的创新，那还不是革命吗？所以创新提出来要全面创新，包括政府创新、企业创新、个人创新，包括技术创新、金融创新、互联网创新等等，各个层面、各个领域都要创新，核心是科技创新，重点是企业创新。

我对这个问题认识有个过程，这个过程大致可以分为五个阶段：

第一阶段，对人力资源配置的认识。参与十四届三中全会文件起草的时候，要不要提出劳动力市场，我还是坚持这个意见。原来是提出劳动就业市场，我觉得既然搞市场经济，建立社会主义市场体系，最重要的要素——劳动力要素不进入市场，市场体系建立不起来。当时争论很大，上不去。中央常委讨论这个稿子的时候，还是用了劳动就业市场，我有幸参加了中央常委会的讨论，起草小组组长是温家宝同志，我是下面分组组长。我看如果不提意见的话，劳动力市场出不来，所以我在常委会上举手发言，讲了五条意见，后来经过温家宝同志的努力最后上了文件，当时是从劳动力资源的配置方面来认识的。

第二阶段，对浙江五千精神的认识。从 1998 年到 2008 年我兼任浙江大学管理学院院长，虽然我也没管过具体工作，只是挂了一个名，但是去的比较多，去浙江调研，浙江人为什么很有活力。浙江过去是人多、地少、国家投入少、资源少，“一多三少”，这样的小省为什么老百姓很富裕，为什么经济发展很快，国有经济比重那么低，因为地处沿海国家投入少。我经过调研以后概括了“五千精神”：千辛万苦来创业，千方百计搞经营，千家万户抓生产，千山万水找市场，千头万绪抓根本。原创还是浙江人，浙江人是千辛万苦、千方百计、千家万户，我是在这个基础上发挥了，认识前进了一步。

习近平同志当时任浙江省省委书记，他发现我在杭州浙大，有一天在浙江西湖国宾馆宴请我。我跟他宣传，我说浙江的经验不光浙江来享用，应当全国来推广，因为浙江的经验——“五千精神”，集中到一点就是政府是创造环境的主体，老百姓和企业是创造财富的主体。计划经济是倒过来的，计划经济是政府是创造财富主体，政府让各行各业去投入，实际证明是不成功的，政府是创造环境的主体，为老百姓创业、创造财富创造环境。他都听进去了。我在浙大兼任管理学院院长，成立了民办经济研究中心，专门研究浙江的经验，我说你要支持，他说肯定支持。

第三阶段，在广东、吉林、陕西等地作解放思想的演讲，阐述解放思想、全面创新。2008 年是中国改革开放 30 周年，全国各地都搞了隆重的纪念活动，这些活动一个共同的重要方面就是再次作解放思想的学习和总结。我受邀到广东、吉林、陕西等地为当地省委省政府组织的大会作了多场演讲。除了回顾我国改革开放的历程之外，我还着重讲了解放思想和体制创新、鼓励全面创业、金融创新、发展方式转变以及建设服务型政府的五个方面的内容。准备这些演讲的过程，也是我自己对解放思想与创新创业、全面创新的关系的理解的一个梳理过程。

在这些地方作演讲时，我特别提到了华为公司。我为什么关注华为，因为 1997 年参加十五大报告的时候，有几个老同志给中央写信，说华为姓资不姓社，我看了以后觉得奇怪，这个问题是改革必须要弄清楚的事，他们为什么说是姓资？一是因为华为没有国家投入，私人资本起家的，二是华为搞了职工持股，所以没有坚持社会主义方向。这样的问题不弄清楚，姓资姓社这个问题到底怎么解决？所以我主动要求去深圳调查，当时的深圳书记厉有为同志思想比较开放，他说我陪你一道去，调查的结果华为确实没有国家投资，认真分析，是21000块钱起家的。经过运作以后，华为解决了大量就业问题，为国家上交了大量税收，这有什么不好，如果这样都姓资的话，我想大家都要搞资本主义的，所以在十五大报告中有一句话加上去了，就是劳动者的劳动联合和资本联合，这样一个新型集体经济尤其应当鼓励和支持，这句话写上去以后，不仅为华为撑了腰，而且也是对民营经济发展理论上的创新。

2014年11月，任正非同志来拜访我，他说你对我们华为也不熟，为什么对华为那么关心。我说从改革的角度，华为是作为改革当中的一个典范提出来的。他为什么来？因为华为与浙江大学搞了一个研究所，现在的浙江大学管理学院院长吴晓波说，我们高院长早已给你们华为宣传了，任正非专门来拜访感谢，我说不用感谢，这是改革的需要。华为这样的企业2014年的税收300多亿，利润也是300多亿，现在没上市钱多了，不知道怎么花了，我说你钱多了以后，将来劳动收入和资本收入的比例要重新配置，劳动者收入比例要高一点，资本收入比例要低一点，不然资本和劳动者收入的比例不平衡了，差距拉大了。他目前解决了15万人的就业，而且其中3万人是外国人，在德国的一个研发中心就有1000多人，连美国人都怕他，因为他有创新，mate7卖的很好，比三星还好，这种手机有很多功能。我认为华为是“三创”的典范。

创新要有动力，要有这个能力，20世纪80年代的创新摆个摊子就可以赚钱，现在创新主要依靠对象比如大学毕业生，有知识的人是主力，没有创新能力不行，要从培养提高创新的能力上下功夫。华为之所以成功，有个机制，这个机制非常重要，职工跟用户利益共享机制，它赚了300多亿利润跟职工分享，跟用户来分享。到现在这个时代，企业要与用户捆绑在一起，不是过去的甲乙方关系，而是利益共同体，有这样一个机制，就把各方的积极性调动起来了。另外它有投入机制，销售额的10%以上都要投入研发，职工当中48%是搞研发的。它为什么能成功？这里有规律性的东西，就是要创新，特别是企业创新，要提高创新的能力，创造一个环境。

第四阶段，学习十八大以来的创新驱动战略。党的十八大报告在论述加快完善社会主义市场经济体制和加快转变经济发展方式时明确提出，要实施创新驱动发展战略。十八大报告明确提出，科技创新是提高社会生产力和综合国力的战略支撑，必须摆在国家发展全局的核心位置。十八大创新驱动战略的提出建立在我国经济社会发展的现实基础之上，经过30多年的发展，我国经济已经进入重大转型期，企业原先熟悉的投资驱动、规模扩张、出口导向的发展模式已经发生了重大转变。支撑中国经济发展的要素条件正在发生变化，劳动力、资源、环境成本都在提高，旧的发展模式空间越来越小。单纯靠规模扩张推动发展将会产生严重的产能过剩，这条路不能再走下去了。只有提升价值链，提升产品附加值，通过提高质量和效益来赢得更长时间的可持续发展。中国经济发展要从规模扩张为主转向提升质量和效益为主，必须依靠创新。党的十八届三中全会以来，习近平总书记、李克强总理都多次强调创新。习近平总书记在2014年参加中国科学院第十七次院士大会、中国工程院第十二次院士大会时曾经讲到："实施创新驱动发展战略，最根本的是要增强自主创新能力，最紧迫的是要破除体制机制障碍，最大限度解放和激发科技作为第一生产力所蕴藏的巨大潜能。要坚定不移走中国特色自主创新道路，坚持自主创新、重点跨越、支撑发展、引领未来的方针，加快创新型国家建设步伐。"李克强总理在两会工作报告中指出，推动大众创业、万众创新，既可以扩大就业、增加居民收入，又有利于促进社会纵向流动和公平正义。

全面创新中的政府创新是非常重要的，这次政府工作报告大家注意了，叫法治型政府、创新型政府、服务型政府。创新型政府过去重要文件中没有提过，这次提出来了。李克强同志为什么提出创新型政府？概念怎么来的？他去浙江义乌，到了一个村，700多户人家，有2000多个网站，10000多人就业，他看了以后非常受启发，千人创业，万人创新，这个概念是从那里来的。李克强同志吸收新事物很快，对新的事物经过调研以后马上概括总结出来。我过去提过政府创新，参加十五大报告的时候提出来的，互联网时代怎么样利用先进的互联网工具为我们中央决策服务。政府可以建立一个网站，或者搞个E—mail地址，让大家献计献策。我总是感觉到，老百姓广大党员都是被动的，开会了出了公报，老百姓才知道中央开了个会，讨论了什么问题。能不能把这个前移，从一开始让广大党员老百姓参与进来，我们不是搞群众路线吗，这是活生生的群众路线，为什么不利用？当时我们的起草小组组长温总理非常重视，但是这不是他决策范围内的。

十八届三中全会召开前，我提出两条建议，第一是发挥智库的作用。中央选择4～5个智库布置任务，限期交卷，方案到底怎么搞。智库和起草小组两条腿走路，第一可以发挥智库的作用，第二起草文件的方式可以改进，我认为起草小组人员的结构还可以改善，现在大部分人是第一把手，有少数学者、个别地方的领导人，这样的结构有局限性，往往把部门的利益反映上去，中央文件当中有部门利益的痕迹。如果发挥智库的作用，可以提高文件的质量，也可以提高智库的水平。

第二是怎么样发挥广大党员群众的参与感、积极性、创造性，希望中央设立一个网站，大家来献计献策，使得原来的被动变为主动。这就不一样了，原来是被动的，不知道都做了什么决定，现在我也开始参与了，有参与感。起草的过程也是参与的过程，广大干部群众参与的过程。这样群众的积极性、创造性就能充分发挥出来。这个建议我先说给了李克强同志，李克强同志第二天让他大秘书给我打电话，他说你的报告总理看了，他问了有没有给其他主要领导同志送，我说还没有，先给总理看看。下午他又打电话来说，你给其他主要领导同志送。我估计他看了以后一方面很重视，这个意见接受了，另一方面起草中央文件的时候决策权不在他那里，所以要我给其他同志送。后来这个建议也给其他领导同志送了，他们也看了，也做了批示。

这次政府工作报告在政府网站内设了“政府工作报告我来写”专栏，一个月里有4万多条意见。政府报告里有914条吸收了广大干部群众网上的意见，效果很好，大家参与搞，而且把大家的智慧都能够聚集起来。“政府报告我来写”这个网站的专栏建立起来，我原来的梦想实现了，非常高兴。现在政府怎么放权，过去把本来是企业的权都掌握在政府手里，大家跑步钱进，结果门难进，脸难看，事难办，是这样的结果。现在发改委成立一个政务大厅，我最近到海南去了解，10年以前就搞了，效果很好。政府建立政务大厅也是创新。

第五阶段是学习和实践《中共中央国务院关于深化体制机制改革加快实施创新驱动发展战略的若干意见》。2015年3月23日，中央发布《中共中央国务院关于深化体制机制改革加快实施创新驱动发展战略的若干意见》（以下简称《意见》）。该《意见》分总体思路和主要目标；营造激励创新的公平竞争环境；建立技术创新市场导向机制；强化金融创新的功能；完善成果转化激励政策；构建更加高效的科研体系；创新培养、用好和吸引人才机制；推动形成深度融合的开放创新局面；加强创新政策统筹协调9部分30条。《意见》指出："创新是推动一个国家和民族向前发展的重要力量，也是推动整个人类社会向前发展的重要力量。面对全球新一轮科技革命与产业变革的重大机遇和挑战，面对经济发展新常态下的趋势变化和特点，面对实现"两个一百年"奋斗目标的历史任务和要求，必须深化体制机制改革，加快实施创新驱动发展战略。"

在认真学习这个《意见》的基础上，最近我参加两次会议，并发表了一些学习体会。一次是 iPhone 研究院请我当顾问，让我讲，我讲了三创，三创可以改变中国这个题目，第一是创业，第二是创新，第三是创牌。创业是基础，创新是关键，创牌是目标。创牌是广义的，不光是一个产品的，包括政府的信誉、个人的信誉，也是创牌的内容。

我的发言没有稿子，他们帮我整理了，我经过修改以后给徐绍史同志送了，他很认真地看了，他说尚全同志的三创很有见地、很重要，请林念修同志研阅，他是管高新技术的，林念修同志有批示，请高新技术司认真研阅，这个建议很重要，你们要经常请教高老，做了这样的批示。这样对高新技术司是一个压力，后来他们派了个司长带了两个人拜访我，我跟他们做了比较广泛的交流，包括现在到底是第四次工业革命的初期，还是第三次工业革命的末期，包括创新、高新技术、华为的经验，我们都做了交流。

发改委的技术司司长带了两个人来，我们谈了一个下午，最后我提出来，你们高新技术司有这个能力，政务大厅非常好，能不能完善，能不能提高，现在是互联网时代，能不能搞互联网+政务，现在人还是要到大厅办事，在互联网时代，怎么通过互联网，不到发改委照样也可以办事，这样效率就提高了，不是更透明了吗？这个建议司长回去写报告，给发改委主要领导同志报告了，主要领导同志又批示了。最近我在学习，包括互联网，学问很深的。在互联网时代，许多要素也发生了变化，过去农耕时代，土地加上劳动力，工业化时代是技术还有资本。互联网时代信息、大数据都可以货币化，都是要素了，时代变化了，革命以及各方面的变化我们都要跟上。我现在很注意对新生事物的学习，希望大家共同努力。